福建省本科高校教育教学改革重大研究项目：基于立德树人的“课程思政”
教学评价体系研究（ 项目编号：FBJG20190325 ）

多维视域下
思想政治教育创新研究

刘新玲　著

人民日报出版社
北　京

图书在版编目（CIP）数据

多维视域下思想政治教育创新研究 / 刘新玲著 . —
北京：人民日报出版社，2022. 12
ISBN 978 - 7 - 5115 - 7636 - 1

Ⅰ. ①多… Ⅱ. ①刘… Ⅲ. ①思想政治教育—研究—
中国 Ⅳ. ①D64

中国版本图书馆 CIP 数据核字（2022）第 254891 号

书　　名：多维视域下思想政治教育创新研究
DUOWEI SHIYU XIA SIXIANG ZHENGZHI JIAOYU CHUANGXIN YANJIU
作　　者：刘新玲

出 版 人：刘华新
责任编辑：曹　腾　季　玮

出版发行：人民日报出版社
社　　址：北京金台西路 2 号
邮政编码：100733
发行热线：（010）65369509　65369527　65369846　65369512
邮购热线：（010）65369530　65363527
编辑热线：（010）65369518
网　　址：www. peopledailypress. com
经　　销：新华书店
印　　刷：三河市华东印刷有限公司
法律顾问：北京科宇律师事务所　010-83622312

开　　本：710mm×1000mm　1/16
字　　数：228 千字
印　　张：13. 5
版次印次：2023 年 10 月第 1 版　　2023 年 10 月第 1 次印刷

书　　号：ISBN 978 - 7 - 5115 - 7636 - 1
定　　价：85. 00 元

目　录

CONTENTS

第一章

思想政治理论课的教学模式与教学改革

第一节　传统口述史实践教学模式

高校思想政治理论课实践教学，是教育部、中宣部对新课程改革提出的明确要求，是以教学计划为依据，以实践基地为依托，以多种活动为载体，以了解和服务社会、在实践中受教育、长才干为目标的理论联系实际的教育活动。在实际操作层面，因受到经费、安全、实践资源有限等现实因素的影响，要实现长效、全覆盖，体现课程特色等教学目标，还存在很多困难。从现有成果看，具有推广价值的成功模式十分有限，一些实践教学看似轰轰烈烈，但只能少数人参与，多数学生游离于有效的教育之外；一些偏离课程内容，培养目标随意性大。积极探索能够消解现实制约因素、具有可操作性的和推广价值的实践教学模式，对于培养大学生创新精神和实践能力，落实“05 方案”具有重要意义。

将口述史作为模式引入思想政治理论课实践教学活动，是一种全新的尝试。这种模式的运用既符合思想政治理论课课程的要求，又可以保证实践教学的全员覆盖，为每一位大学生提供了自我发挥的素材和空间。以一种叙事的方式，引导大学生观察社会，描述并分析社会现象，让学生深刻体会蕴含在各门思想政治理论课中的人类文明成果，感悟人生，体验世间真爱，可以达到实践教学的目的与要求，真正实现长效育人机制。

一、口述史作为思想政治理论课实践教学模式的依据

（一）口述史简介

口述史（Oral History），是一门兴起于西方的史学研究方法与学科。它是立足于叙述者个人经验之上的一种对历史资料的记录方法，主要表现为历史事件当事人或目击者回忆口述凭证的记录，也包括口耳相传的民间传说、神话、歌曲等。

在文字广泛传播以前，历史通常是通过口头转述而流传下来的。古希腊的《荷马史诗》，就是在民间艺人口头创作的基础上，把战争中的英雄事迹吟唱成曲，口耳相传，经过不断补充和修改，最后由荷马加工整理而成。中国西汉时期司马迁撰写的《史记》中也大量采用了口述史料。现代意义上的口述史，起源于20世纪40年代。录音机、录像带等现代多媒体设备的发明，让访谈内容得以鲜活和完整地记录和保存下来，口述史记录工作更加便利和准确。

目前，国内史学界普遍认为，口述史学是运用一切手段收集、保存和传播即将逝去的声音，然后整理成文字稿，并对这些口述史料进行研究的历史学分支学科。①

（二）口述史引入实践教学的依据

思想政治理论课的实践教学是以马克思主义理论为指导，以课程教学计划和内容为依据，由教师引导，学生自主参与的实践活动。将口述史引入思想政治理论课的实践教学，主要依据有：

1. 口述史实现了对教材内容的辅助和补充

研读四门本科生思想政治理论课教材发现，课程在内容上都采用了大量历史资料来进行理论阐述。例如《思想道德修养与法律基础》课程中关于中国传统历史文化、儒家思想等内容；《马克思主义基本原理概论》中关于原著的历史背景；《中国特色社会主义理论体系概论》里关于中国共产党的发展历程、党的工作与建设等；《中国近现代史纲要》中对于中国的国史、国情等。

口述史虽区别于文献历史，但又与文献历史相辅相成。口述的资料既能对文献资料进行验证与深化，也能对文献资料未涉及的部分进行补充，运用口述史的方法，往往能挖掘到许多宝贵的第一手资料，对教材的史料进行补充。

---

① 杨祥银．试论口述史学的功用和困难［J］．史学理论研究，2000（3）．

2. 口述史凸显了各门思想政治理论课的课程特点

口述史是立足于叙述者个人经验之上，对历史事件当事人或者目击者回忆的口述凭证的记录。它既可以是对历史重大人物及事件的口述，也可以是普通民众生活的记述；既可以是百千年历史的相传，也可以是当事人某段经历的回忆。因此，口述史不局限于某一门课程，可以突出各门课程的特色。比如《思想道德修养与法律基础》的实践教学，学生通过采访一些成功人士的典型案例，学习他们身上的优秀品质，分享成功的经验；《中国近现代史纲要》，可以通过学生对老红军的访谈，了解党的奋斗历程，体会建党的艰辛过程；《中国特色社会主义理论体系概论》可以组织学生对地方乡、镇进行调查和访谈，体会改革开放以来国家的飞速发展。

3. 口述史的引入符合实践教学的目标

思想政治理论课的实践教学是大学生在理论学习基础上展开的综合实践，其目的在于：引导大学生运用马克思主义的观点去认识中国国情、帮助他们客观、辩证地看待中国改革开放的发展历程和各种社会问题，加深对党的路线、方针、政策的理解。口述史的应用恰恰可以通过叙事的方法，引导大学生观察社会，让他们在访谈中记录历史、认识国情、体验建党建国以来发生的翻天覆地的变化，深化对教材的理解，更好地实现实践教学的目标。

二、口述史实践教学模式的创新和探索

（一）口述史实践教学的前期准备

1. 确定口述访谈的主题

首先，访谈的主题与课程相关。学生在确定访谈主题时，不能脱离课程的基本内容和教学目标。例如《思想道德修养与法律基础》侧重于从道德层面来看社会的发展，访谈范围应能反映人们对人生、道德、法制的认识、感悟。《中国特色社会主义理论体系概论》课程则围绕我国社会主义建设的一系列理论和现实问题。总之，不同的课程在选题时的侧重点和要求不同。

其次，考虑选题的意义。思想政治课实践教学中的口述史，有别于史学的口述史，其选题意义不在于学术性是否很强，而在于能否提升大学生对课题理论的理解，以及启迪他们对人生、社会的深入思考。因此在选题的意义上重点考察题目是否具有教育意义，具有启迪作用，符合历史或现实的真实性等。

再次，选题可结合本地资源。结合本地资源来确定访谈主题，便于学生利

用返乡时间进行实践，同时也可避免实践内容的千篇一律。拥有红色资源的地区可以选择红色遗址、革命根据地、老红军的革命经历等设定访谈主题；海西地区可以选择闽台文化、闽台发展、客家文化等方面的内容；农村乡镇的学生可以侧重于新农村建设的发展与研究。

2. 确定受访对象

思政课实践教学中的口述史，采访对象既可以是有着丰富阅历的老者，也可以是朝气蓬勃的年轻人，只要能反映主题所要表达意义的人，均可作为受访对象。

3. 收集相关资料

收集资料是访谈前的一项重要准备工作，它主要包括两个阶段：

第一阶段，主题确定前的资料搜索。这个时期的资料搜索有如漫天撒网，是一种大范围的、模糊的资料搜索。在查阅和整理资料的过程中提取自己感兴趣的内容，筛选出有意义的主题。

第二阶段，采访前的资料搜索。主要目的是对受访者初步了解，确定采访的重点，帮助访谈顺利进行。采集的信息包括：受访者的背景资料，如健康状况、起居习惯、特长爱好等；受访者工作、人生经历，同时代的一些有代表性的物品、相关历史事件等。这些内容有助于设计出针对性强的和有价值的访谈题目。

4. 制订采访计划，配备必要采访器材

根据所搜集的资料，制订出包括访谈时间、地点、方式等内容的翔实访谈计划。还要准备好访谈所需器材，例如录音设备、笔记本等。采访前需认真检查设备是否携带齐全，避免出现访谈中少带设备、电池不足等问题。

5. 编制访谈提纲以及采访中意外情况预案

根据选题和受访者的具体情况编制采访提纲。虽然口述史的采集过程表面上看是聊天的方式，但访谈始终围绕主题进行，所以，事先设计好提纲很重要。另外，采访过程具有不确定性，随时可能出现突发事件或准备中未发现的新资料、新问题。编写采访提纲时还要准备意外情况预案，以便应对访谈时的偶然事件。

6. 确定与受访对象的联络方式

访谈前最好先通过电话等方式与受访者联系，说明访谈目的和访谈流程，让受访者有一定的心理准备。事前的接触有助于双方初步了解，建立融洽关系，对访谈的顺利进行有很大帮助。

（二）口述史实践教学的过程

1. 重视互动，营造轻松的谈话氛围

正式采访前，采访人要自我介绍，让受访者对自己有一定认识；向受访者说明来意与目的，就采访内容进行简略沟通，降低受访者的心理防备。大部分受访者在采访过程中面对录音器材容易情绪紧张，这种状态会导致表达不畅、记忆困难等问题，影响访谈质量。因此，访谈过程中要注意受访者的心理变化，认真倾听，尽量不要打断受访者的陈述；重视和受访者的互动，保持中立观点，将访谈过程保持在一种轻松、没有压力的氛围中。

2. 实施采访计划，随机应变

采访要以访谈提纲为基础，运用各种技巧，争取从受访者口述中获得更多符合访谈主题的真实资料。由于口述者的文化程度、生活经历不同，采访者与口述者的交谈方式也不能固定不变，特别对于突发事件或新情况、新资料，要运用预案，沉着应对。

3. 采访结束后要向受访者对采访工作的配合表达谢意，与受访者建立良好的关系，利于下次其他的访谈工作。

（三）口述史实践教学成果的制作

1. 做好口述采访记录

现场成稿的记录资料，应请受访人确认并签字。未成稿的记录资料需要做后期加工的，要告诉受访者，并约定资料返回和确认签字事宜。在处理录音文件时，原话抄写，以尽量保持口述者的原意，避免产生误差。为维护受访者权益，未经受访者同意，不得公布口述文字及录音文件，如在互联网上发布，或向报刊投稿等。在公布受访者资料及采访内容前，须有口述者书面授权。

2. 制作口述史论文成果

在完成访谈后，学生独立分析和研究访谈的记录资料，围绕自己所设定的访谈主题，结合访谈前搜集的背景资料、访谈资料以及自己对访谈过程的心理体验，撰写调查报告。报告包括选题背景、意义、主题报告以及对访谈内容的认识与个人见解。

学生撰写论文的过程也就是学生观察、分析社会现象，体会蕴含在各门课程理论的人类文明成果的过程，既有利于提高学生的写作水平，也有助于学生对理论知识的巩固与深化，起到自我教育的效果，达到实践教学的目的与要求。

三、口述史实践教学模式的优势与时代价值

口述史作为思想政治理论课实践教学的一种方式，在福州大学已经实施4年，经过尝试、摸索、规范化的过程，我们发现口述史具有明显的优点，值得推广。

（一）实现实践教学的全员化，增加实践教学覆盖面

“05方案”明确指出要加强实践教学环节，使大学生在参与实践过程中体会蕴含在各门课程中反映人类文明成果、弘扬民族精神、体现科学精神、揭示事物本质规律的内容，培养大学生的创新精神和实践能力。方案要求实践教学的主体不仅仅局限于个别学生，应该覆盖到每一位参加课程学习的学生。但是，我们发现，很多实践模式在操作过程中重“点”轻“面”。例如，在几千名学生中选取个别优秀学生进行重点培养，组织下乡挂职。虽然教学成绩斐然，但从实践教学整体来看，只能局限于个别学生，无论是从经费还是操作层面，这种模式都不能实现人人参与。显然，忽视90%以上的学生，很难具有推广价值。相反，口述史克服了学生数量庞大、不易操作等困难，化解了时间、空间的限制，实现了实践教学全面覆盖的可操作性、可控性和稳定性和实效性。

（二）人人有话可说，让实践教学不流于形式

思想政治理论课实践教学的开展，往往受到时间、经费、资源不足等因素的限制。由于实践教学环节没有具体的课时保证，学生常常只能通过课余时间以及寒暑假返乡的机会进行。而数量庞大的学生和地方实践教学资源的匮乏，让实践教学困难重重。实践教学针对性不强也使学生穷于应付，教学效果更是难以控制。因此也出现了一些学校为了操作的便利，简化实践教学，把课堂上的案例分析、课堂讨论充当为实践教学的情况。

口述史模式是在教师和学生充分调研的基础上，针对课程目标和学生家乡资源而设计的实践教学，学生只要利用假期或课余时间，随时可以进行访谈。每一位学生都可以根据自身的人脉优势或者地缘特点，发挥自身特长，谈出自己的真实感受，使实践教学不再流于形式。

（三）提高了思想政治认识，得到了科研训练

口述史通过口述、叙事的手段，引导大学生观察社会、认识国情。在分析社会现象的过程中，培养他们理论联系实际的思维方式，教会了他们科学运用理论客观、辩证地分析中国改革开放的发展历程和各种社会问题，加深了对党

的路线、方针、政策的理解，提高了思想政治认识的水平。

同时，口述史也是一个完整的科研培训的过程。在教师指导下，学生学会了选题、论证、查阅资料、采访、撰写报告等全过程，也体现了实践教学与一般的社会实践的不同之处。

（四）口述史实践教学模式的学术价值

将口述史纳入思想政治理论课的实践教学，学生们利用当地资源和返乡机会进行自主调查访谈，这种实践教学不仅能锻炼学生的研究分析能力、创新探索能力、信息处理能力，还有助于挖掘宝贵的地方资源、抢救第一手资料。档案、文献所呈现的历史资料有时是有限的，一些重大历史事件，往往只有事件的时间、过程等一般情况的介绍，但是事件背后所隐藏的信息和真实细节经过，往往需要通过口述史的形式进行挖掘和补充。例如抗日战争时期，出于安全需要，很多资料和文件只能销毁。一些老红军对于抗战时期的回忆和口述资料为后来的历史研究提供了宝贵且丰富的资源。这些历史事件的见证者，可能由于文化水平限制，并不能记录下当时的情况，而实践教学通过口述史的形式进行记录，可以挖掘到一些文献所没有记载的资料，甚至对地方文献资料的鉴别以及考证工作，具有一定的学术价值。

第二节 基于微信公众平台的混合教学模式

习近平总书记在全国高校思想政治工作会议上指出，要运用新媒体技术使工作活起来，推动思想政治工作传统优势同信息技术高度融合，增强时代感和吸引力。中共中央、国务院印发的《关于加强和改进新形势下高校思想政治工作的意见》里也强调，要加强互联网思想政治工作载体和“两微一端”建设，运用大学生喜欢的表达方式开展思想政治教育。高校思政课作为全体大学生的必修课，承担着为夺取新时代中国特色社会主义伟大胜利输送人才的责任和使命，其教学理论和实践要与先进的技术同步发展与革新，实现思政课教学与新媒体技术的深度融合，形成教学线上线下的完美契合。因此，面对大学生主体性增强、社会交往私域化和信息传播渠道多元化的新特点、新趋势，开发辅助高校思政课教学的微信公众平台（以下简称“平台”）尤为重要，新时代如何实现思政课教学方式的现代化和有效化，已成为高校思想政治教育改革的重要课题。

人的认识是从问题开始的，发现问题既是知识之果，又是对未来问题的探究。正是在对问题的追问、探索和解决的过程中，学生的注意力牢牢集中在问题上，从而潜在的求知欲得到释放，学习兴趣大大提高，思维表达和创新能力逐渐增强，对人生的思考、价值选择和观念认同趋向主流意识形态的要求。所以，以问题为导向的思想政治理论课（以下简称“思政课”）教学模式备受关注和欢迎。然而问题式教学有其局限性，仅靠课堂的时间，很难有效引导学生感知问题、分析问题、讨论问题、解决问题。特别是四五十分钟的课堂，很难照顾到全班学生在认知程度、心理反应、价值认同等方面的差异。平台的兴起和应用，为创新高校思政课带来契机，它的介入不仅破除了大班授课、课时有限等窠臼和羁绊，更能延伸课堂教学，形成线上线下的完美契合，对达成思政课问题教学功能，提高教学的有效性具有重要的现实意义。

一、微信公众平台辅助思政课教学的前提分析

平台是腾讯公司于2012年8月在微信的基础上新建的功能模块，以力图打造一个能和特定群体进行文字、图片、语音的全方位沟通和互动的移动平台。微信公众号与大学生的学习、生活密不可分，从校园官微到学院、学生社团，甚至学生班级都建有自己的平台。以“思政课”“思想政治”等作为关键词，对微信公众号进行搜索发现，全国许多高校相继建立了思政课平台成为“95”后高校学生获取信息、交流学习的重要场域。思政课微信公众平台之所以迅疾发展，主要基于平台应用的便捷性、学生群体使用微信的广泛性和思政课教学创新发展的内驱性等前提条件。

（一）平台应用的便捷性

平台应用于思政课的便捷性主要体现在注册申请、使用操作、获取信息等方面。首先，作为轻量级的移动学习载体，无须单独下载和安装，教师只需要在微信官网根据提示进行注册，待官网认证之后即可创建个人平台。对于思政课教师来说，这几乎是零技术门槛，在操作方面也没有高技术含量的复杂要求，所以平台较容易被创建与运营，从而使其更有助于辅助思政课教学。而对于学生来讲，只需登录个人微信，即可在教师推荐的平台上阅读所需内容。其次，平台的图文、音频、视频等多样化呈现形式，摆脱了报刊、网页等一成不变的格调，并以简洁、“声”动的方式传递信息，其不仅实现了学生与学生之间的交

互式学习，还满足了师生之间的探究式答疑需求，体现了平台应用于思政课的便捷性、趣味性和实效性。

（二）学生群体使用微信的广泛性

网络通信技术的高度发达导致信息传播渠道更为快速和多元。据2017年微信用户的生态研究报告显示，截至2016年12月，微信月活跃用户数达到8.89亿，其中86.2%的用户为18岁至36岁，大学生是最主要构成群体之一。根据2016年APP与微信公众号市场研究报告，78.8%的中国网民使用微信公众号是为了获取信息咨询以及学习知识的服务，这其中也不乏大学生群体。另外，笔者曾对所教班级的116名学生进行了“每天关注平台花费时长”的调查，发现93.1%的学生每天在平台浏览内容的时长为1小时左右。当前，思政课的教授对象以“00”后大学生为主体，而其正处在信息大爆炸式发展的时代，他们思想开放、好奇心强，已不拘泥于传统思政课的授课形式。所以，新时代微信公众平台与思政课教学相结合，具有创新性、文化性和互动性，符合大学生求新立意的心理特点和成长成才规律。

（三）思政课教学创新发展的内驱性

思政课教学创新发展的内驱性，主要体现在两个方面。第一，平台辅助思政课教学是破解思政课教学难题的必然选择。目前，思政课面临着一系列的教学难题，如教学内容丰富而课时少、大班授课致使未能解决学生的思想困惑等。而将平台应用于思政课之中，教师因不受时间和空间的限制，可在课前、课后及时向学生推送相关教学内容，并以留言、点赞、投票等方式，激发学生的学习兴趣和欲望。同时，借助平台可以灵活便捷地与学生进行沟通与交流，解决思政课中存在的“配方”陈旧、“工艺”粗糙、“包装”过时等问题，进而提高升思政课的生动性和实效性。第二，平台辅助思政课教学是思政课改革发展的趋向。教育部党组高度重视高校思政课建设，提出要打一场提高思政课质量和水平的攻坚战，使教学做到“有虚有实、有棱有角、有情有义、有滋有味”。在“无人不网、无处不网、无时不网”的新时代，越来越多的一线教师意识到思政课要因时而新，开始探索新媒体与教学相融合的教学模式，以实现思政课教学的创新发展。如前所述，平台辅助思政课教学是思政课发展的必然趋向和选择。

二、微信公众平台辅助思政课教学的功能阐明

（一）微信公众平台辅助思政课教学的功能划分

根据思政课的教学需求，平台的支持功能主要划分为素材推送、导航互动和数据统计三种，这些功能共同营造了一个自主探究与协作学习相结合的学习氛围。通过将平台的支持功能融入思政课的教学活动之中，为师生提供良好的互动式教学、体验式学习，激发了教师教学、学生学习的积极性。

1. 素材推送功能

所谓素材推送是指支持教师根据教学安排向学生推送相关的教学资源。平台支持教学资源的编辑，尤其是多媒体资源，如图文、音频、视频等形式，以丰富教学资源的呈现与传递形式。此外，素材推送功能还向学生设置留言和点赞功能，学生可以通过留言或点赞的方式有效表达自己的观点与见解。留言专区一般增设于推送文章的末端，所有学生都可在文章的留言专区进行留言，当留言内容被平台管理员筛选通过之后，其他学生即可浏览和点赞，从而在群体之间产生思想和文字的碰撞。以我校“思想道德修养与法律基础”课创建的“思嘞个儿修”平台为例，笔者结合“人生价值观”的专题教学实践，利用此平台推送了“人生路上，个人奋斗与家庭背景哪个更重要”“人生的转弯”等多篇图文信息，便引发学生对此问题的热烈讨论。部分学生阅读后在平台的留言专区发表了个人意见，如学生 A 留言：“优越家庭背景在一定程度上给了我们比别人高的起点、更便捷的途径，这是不可否认的，但是，这些条件是可以通过个人的奋斗所能达到的。不得不承认人生路上是不平等的，但是你对此抱怨的话，那么你的一生就是抱怨的一生，如果你奋斗的话，那你的一生就是斗士的一生。”所以，通过素材推送与留言评论相结合的互动模式，使学生对“人生价值实现”这一论题的认识更加深刻和理性，这也在一定程度上确证了素材推送功能是平台辅助思政教学的重要一环。

2. 导航互动功能

导航互动主要是支持师生与生生之间的互动沟通。教师可以根据思政课的教学内容，合理设置平台的自定义菜单，提供直观明确的平台导航，以方便学生对学习资源的获取和搜索。建构主义理论认为，学生与周围环境的交互对于学习内容的理解起着关键性作用。而平台提供的关键词回复、留言、投票等功能，都恰好地为学生与教师、学生与同伴之间的互动提供良好条件，从而引导

学生对思政课的知识和体系进行建构。基于此，笔者在“思嘞个儿修”平台上设计了“思修课”和“多有趣”两个一级菜单。“思修课”菜单主要呈现课堂教学的相关内容，如习近平总书记系列重要讲话、教师的答疑解惑以及学生对理想信念、人生观、价值观的感悟等内容；“多有趣”菜单主要有时事热点、蕴含正能量的人生哲理等内容。通过菜单的区分编辑，学生更容易选择和了解推送信息的内容。另外，笔者还善于利用平台进行投票、辩论等互动式的教学模式，以缩小师生之间的距离、提升思政课的亲和力，实现在交流互动中促进学生“内化于心，外化于行”。

3. 数据统计功能

数据统计主要是支持教师获取学生在平台上的学习情况的反馈信息。平台上的统计分析包括用户分析、图文分析、菜单分析、消息分析、接口分析和网页分析六个部分。教师根据平台自带的统计分析功能，能够了解学生的学习偏好，以便更好地进行有针对性的辅导。以“思嘞个儿修”平台的图文分析为例，教师可以根据图文分析功能，了解学生在任意时间段的图文阅读情况，见图 1。

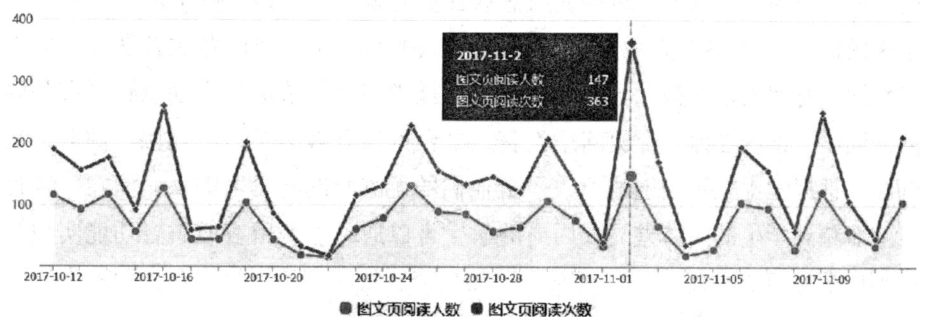

图 1 2017 年 10 月 12 日至 11 月 12 日全部图文页阅读趋势图

如图 1 所示，通过平台的图文分析的数据统计功能，教师可以知道每日的图文页阅读人数、阅读次数以及阅读人数与次数的变化趋势。这种将每次的推送内容与数据统计相联系，以平台资源的阅读数量来判定学生最喜爱的教学资源类型，实现了将平台的数据统计功能作为思政课教学素材推送的“风向标”。

（二）微信公众平台优化思政课问题式教学的功能分析

将平台运用到思政课问题式教学之中，对学生而言，只需要微信应用便可随时随地学习交流；对教师而言，既可以通过平台群发推送问题式教学的相关资料，也可以通过微信应用直接与学生交流。这种将问题式教学与平台深度融合的方式不受时间和空间的限制，使师生更加灵活、自由、便捷地就普遍关注的社会热点等问题即时地进行交流沟通，弥补问题式教学的局限性，把问题式教学的效果发挥得淋漓尽致。

由于课堂时间有限，理论课堂上不可能将大量的案例或问题放置在课内。而平台的后台操作终端既可以是电脑，也可以是手机，因此，只要在网络覆盖的环境下，教师就可以随时随地将学生关注的、与课程相关的社会热点问题、教学材料以及新闻资讯等内容，经过编辑，创设成问题式教学的情境材料，并以图文、音频、视频等形式上传推送到平台上。学生同样可以通过手机或电脑在线接收平台信息，提前熟悉本专题欲讲授的内容，课前介入新课的问题材料，并就问题发表自己的观点，与同学展开交流互动，整个过程不受时间和场地的限制，同时，可以把宝贵的课堂时间用于问题的深入探讨、理论讲授和价值观引导上。

思政课运用平台，打破了课上课下时空界限，一方面能够更好地关注学生的个体差异。尽管“05 方案”后大班授课的现象得到改善，但目前，百人左右的班额对一周要上四五个班的高校思政课教师来说，还是难以了解班上每一个学生的情况及学习需求。加上个体差异导致的每个学生对问题式教学的反应不尽相同，有些人习惯被动地接受知识，在课堂问答环节缺乏主动意识，有些内向的同学，不敢在课堂上提问或发言，平台可以有效弥补以上局限。同时，教师可以根据学生在平台上的留言了解他们的思维状况与学习需求，能在一定程度上照顾到学生的个体差异，内向的学生可以通过匿名留言或语音功能实现与教师或学生间“一对一”“一对多”的交流，从而打消直接在众人面前发言的顾虑。

另一方面能够深化学生对课堂教学内容和主流价值观的接受。思政课的特殊性主要取决于其教学内容本身的政治性和理论性特质，这在一定程度上决定了其教学目的承载的不只是知识的传递与接受，而是在知识传授基础上的价值引导和价值认同。习近平总书记指出，努力做到每一堂课不仅传播知识，而且传授美德，让社会主义核心价值观的种子在学生们心中生根发芽。

引导学生思想观念、形成价值认同的过程远远比知识传递的周期更为漫长，即便是利用课前、课内、课后的全过程，也不能保证观念影响的程度，更何况在课堂时间有限的情况下。当课堂教学结束后，对教学内容的思考也就容易中断。而平台的延展功能较好地解决了上述问题，学生在课前、课后对教师推送的各专题讨论话题深入思考、反复交流，思想观点不断碰撞和融合，逐渐向教师引导的价值观念趋同。另外，学生也可随时随地向平台输入关键词获取相关教学材料，促使其对课堂教学内容进一步的理解。

（三）微信公众平台在思政课问题式教学中的应用

问题式教学的优势在于：将学生关注或困惑的理论与现实问题、与课程内容相关的社会热点问题、教材本身蕴含的理论问题，整合在思政课教材逻辑的框架下，并按照专题内容和学生认知规律设计出具有逻辑关系的问题链，以问题的提出，引发学生思考、回答、讨论的循环过程来促进教学目标的达成。问题式教学法通过创设问题情境、设计关联问题、组织问题研讨、反思与迁移、归纳总结结论五个环节，最终实现对学生价值共识的引导。① 微信公众平台在思政课问题式教学中的应用主要分为课前、课内和课后三个阶段，来对接问题式教学的五环节。以下将以我校“思想道德修养与法律基础”课的微信公众平台——“思嘞个儿修”为例，作进一步的应用分析。

第一，课前利用平台创设问题情境。课前，教师在平台上推送与教学内容相符的案例或结合学生实际的时事热点，创设特定的问题情境，从而引出问题。如讲人生观专题前，教师在平台上发布近期网络热词“佛系三连”的相关表情包和事例，然后提出问题：佛系三连（都行，可以，没关系）是一种看淡一切、不争不抢、不求输赢、不慕名利、一切随缘的人生态度，有人说这是一种豁达高尚的人生态度，有人说这是一种颓丧迷茫的人生态度。你如何评价？学生利用碎片时间浏览平台内容，搜集相关资料，将自己的想法发送到平台上，课前就积极参与到问题讨论中。在此环节，一方面教师可根据平台的留言记录，了解学生对问题所持观点，为上课引导做准备；另一方面能激发学生对新课程的关注与参与，提前引起学生对问题的探究与思考，弥补课堂时间的不足。

第二，课内利用平台实现问答互动。在课堂问答过程中，平台为师生提供了互动的移动支持条件，给全班每一位学生提供了发表观点、深化讨论的机会，极大地调动了学生参与课堂学习的积极性与主动性。课堂上，根据平台的留言和投票功能，可以有效实现问答互动。教师根据学生课前在平台下方的留言，挑选出思考得较为深入的若干学生代表发言。同时，将微信公众号和第三方软

① 徐树森．接受理论视阈下提升高校思想政治理论课教学效果的对策［J］．思想教育研究，2012，（10）．

件绑定，在教室投影仪设置弹幕功能，其他学生在微信公众号后台端发表各自观点，以弹幕的形式呈现在屏幕。另外，教师也通过设置关键词投票功能让学生表明观点。比如在讲授“弘扬中华传统美德”时，以“穿汉服对弘扬传统文化有无必要”为投票话题，全班同学持不同观点的结果就会及时且直观地呈现在平台投票界面上，这也便于教师及时了解价值引导的效果。

“思嘞个儿修”的后台数据显示，一个学期中，任课教师班里的137名学生，10个专题的图文点击阅读量达7117人次，学生留言、关键词回复等师生、生生互动的次数达1726次，课堂弹幕回复828次；平均每一位学生在每一次专题教学的点击阅读达5.1次、互动1.9次。而传统上课时平均每个专题每位学生发言0.2次。两者相比，平台提供给每一个学生参与课堂互动的机会是传统上课的9.5倍。

第三，课后利用平台提供反馈和引导。教和学的过程实质上是师生间信息不断流动、深化的反复过程，其中，反馈是信息量调控的前提和基础。对学生而言，通过教师的反馈可以强化正确认知，改正错误认知，改进学习方法等；对教师来说，学生的反馈有利于及时改进教法、掌控教学效果。微信公众平台使师生教学信息的反馈更加及时和便捷，尤其是课堂结束后，学生依然持续地针对教学过程中的问题继续思考、提出疑问、表达感受、确证理解、阐述观点；教师将其中具有可读性、思考性、代表性的文章通过平台推送出来，形成平台的“生言”板块。由于朋辈间相互熟悉，“生言”更容易引起学生的阅读兴趣，从而产生思维碰撞和情感共鸣。教师还可以推送相关的阅读资料，包括党的最新理论成果、方针政策、经典文献、美文欣赏等，形成“师说”板块，进一步加强价值引导。

（四）微信公众平台在思政课问题式教学中的应用效果

以微信公众平台辅助教学的班为实验班，与没有使用平台的传统方式上课的班进行对照研究，通过调查问卷、分析微信平台的后台数据以及参阅学生平台上留言，我们发现：将平台与问题式教学深度融合，能够有效地提升学生的思辨能力，促进学生对思政课主导的主流价值观认同，增加学生对思政课的喜爱程度。

第一，提升了学生的思辨能力。平台的后台数据显示，学生点击阅读量最大、留言最多的板块是平台推送的“争鸣话题”，这个板块是基于叙事材料的基础之上，设置一连串由浅入深、具有关联性的问题链，引发学生的思考和发言。

经过一段时间的学习后，学生留言的内容在思想性、深刻性上已经有了显著提升。为了对比实验，平台在前后两个不同时间曾推送了两个相似的关于“道德”的教学材料，学生对前一篇的留言大致表达了要讲道德的想法，而在后一篇的留言中，学生已经开始辨析道德本质与道德现象的区别，讨论影响道德现象的社会现实因素，提出经济发展与道德发展的不同步性等较为深刻的问题。

在实验班级里，当问到学生“微信公众平台促进了你哪种能力的提升”时，“深入思考问题的能力”“逻辑思维”“语言表达能力”排到了前三位。实验班同学亲切地称“思想道德修养与法律基础”课是“小思”，有的留言说：“小思真的很特别，让我知道原来课还可以这样上，有争鸣，有创作，有抢答，更重要的是有公众号。相比有的思修课看看视频听老师讲讲书，咱们的小思厉害了不止一点点哟！非常难忘的思修课！”有的留言：“很喜欢‘思嘞个儿修’的留言和创作环节，小思一直鼓励我们培养自己独立思考的能力，这是很难能可贵的。”

大多数学生认为，平台之所以能促进思辨能力的提升，在于其具备导向性的沟通与对话功能。一方面，平台的留言为师生、生生间的思维碰撞创造了条件。平台定期推送各专题的情境话题材料，学生课前、课内、课后都可以就关注的某一话题留言，甚至是辩论。由于平台没有时间限制，又不像课堂那么严肃，而且不是面对面，因此，每一个学生都可以在平台上畅所欲言，逐渐培养成批判性思维的习惯。教师利用平台的回复功能也能很好地与学生进行平等的交流沟通，产生师生间的思想和情感共鸣。另一方面，平台推出的话题贴近生活又引人思考。有同学留言说：“小思更多地渗入我的生活，教养和道德这两个话题也是第一次这样深刻地印在我的脑海里。争鸣环节不仅仅是给每个人机会来阐述自己的观点，更是给了大家勇气，让大家发现说出自己想法的快感，从此不再畏惧表达观点。同时，思维的碰撞也让我更希望以后可以思考得更深刻一些，撞出更绚烂的火花。我曾经排斥过争鸣，认为创作环节是为了得平时分不得不去做这些事情，有些功利。但是，有时候就是需要逼迫自己才会明白，有些事情做了有多值得。”

第二，促进了学生的价值认同。价值认同是思政课的最高追求，也是思政课区别于其他课程的本质特征。经过思考、选择，接受且认同思政课传递的主流价值观，并在日常生活中自觉践行，即所谓的思政课入脑入心。缺乏思想的碰撞，观念的转化和形成都是无本之木，微信公众平台为思想碰撞和交融提供了实现路径。

我们在课程后期对实验班和对照班提出相同的问题："你认为什么是教养?"实验班选择"教养主要是人与人之间互相尊重，懂得换位思考；教养就是要通过约束自己的言行让别人舒服"的人次达71%，高于对照班26%。在"假如你骑车去上课，当你骑到教学楼时，忽然发现快要迟到了，此时你会"的选项中，实验班选择"即使上课迟到，也要把车子停放在指定位置"达78%，高于对照班34%；而选择"没时间解释了，随便找个位置停放车子，然后飞奔去教室"的占16%，低于对照班28%。在"当你坐在公交车上吃完一根香蕉，想要丢弃果皮时，发现车上没有垃圾桶，而且你还要坐很久才会到站，此时你会?"实验班选择"就算车上只有我和师傅，我还是会等到有垃圾桶时再扔"的占87%，高于对照班29%。

有的同学留言："距离小思考试只有两个小时了，很想最后说两句。以前总觉得专业课更重要，但学习之后才明白，思想品德是人的灵魂，良好的思想品德是一个人立足于社会的基础。小思让我知道了什么时候'为'、什么时候'不为'，知道我在做什么事、热爱做什么样的事、什么事做成什么样；知道了用学习积累经验、用勇气放弃包袱；对弱者，光关心不够，要帮助；对下属，光公正不够，要善良；对别人的失误，光原谅不够，要忘记；对自己的未来，光梦想不够，要行动。如果一个人缺少智慧，又不愿意流汗水，谈何成功。对于当代大学生而言，学习这门课程意义重大。"还有这样一条留言："这一个学期的思修课上，我流连在道德的塑造中，徜徉在知识的海洋里，甚至常常往返于观点的升华所给我带来的思考与反省。这一个学期里，我与思修一起成长。"

第三，增加了学生对思政课的喜爱程度。微信公众平台与思政课线上线下的深度融合，使教师充分关注到学生的差异性，深度了解并解答了学生学习和现实生活中的问题，满足了学生成长成才的需求和期望。它以新颖的教学方式，改善了传统思政课中存在的"配方"陈旧、"工艺"粗糙、"包装"过时等问题，做到"有虚有实、有棱有角、有情有义、有滋有味"。正是由于平台辅助思政课教学提高了亲和力和针对性，调动了学生学习的积极主动性和创造性，为师生提供了多渠道的互动机会，学生因此消除了对思政课的偏见和误解，增加了对思政课的喜爱程度。

实验班关于"平台让你在课堂上有何变化"的多选题中，57%的学生选择"在课堂上更加投入"，63%的学生选择"终于不觉得小思是一门拿来睡觉、写作业的课了”，55%的学生选择“比以前更爱思修课”。有同学留言说：“大学里面最美好的事情是接受最适合的引导。而我们就是那样的幸运，遇到了这样富有创造力的小思课。”还有的留言：“小思教会我用另一种思维去思考问题，同学们留言时思维碰撞的火花也时常闪瞎我的眼睛，不知不觉就欢乐地被灌“鸡汤”了。当然，自己也很乐意喝就是啦。给小思点个赞。谢谢小思陪我度过了大一上学期，时间总是匆匆而过，最后没了思修课了才知道对曾经的熟悉面孔有点不舍。”结课前的这些留言里，洋溢着对“小思”的爱和不舍。

三、提升思想政治理论课教学实效性的启示分析

微信公众平台在思政课教学中应用的根本目的是引导平台使用主体（一般指教师）将平台发挥到最大的效用，从而服务于教师的“教”和学生的“学”。教师是否具有良好的创新意识、平台是否能充分发挥素材推送与交互等功能，决定了思政课教学实效性能否真正实现。因此，将着重从教师素养、内容质量、界面设计以及互动功能四个方面，提出发挥思政课教学实效性的策略。

（一）提升教师素养，创新教学方式

如果要开发一个辅助思政课教学的微信公众平台，那么教师一般是平台的使用主体，其素养以及业务能力是微信公众平台促进思政课教学有效性的基本前提。一是要有政治素养。思想政治理论课不仅具有教育性，也具有政治性。面对错综复杂的网络信息，思想政治理论课教学必须具备坚定的政治信仰、高度的使命感，时刻掌握社会主流意识形态上的话语权，开拓思政课教育传播的新领域，以帮助大学生树立正确的人生观、价值观以及世界观。二是要有业务能力。面对现代信息技术的高速发展，教师要对新生事物充满探索欲。教师必须掌握一定的网络基础知识，能够熟练运用相关的操作技能。比如教师要能够熟练掌握微信公众平台的运营技能和图文编辑等能力。三是要有创新思维。一个微信公众平台的良好运营不是一朝一夕就能完成的，它需要教师不断地注入新鲜的点子以更好地辅助思政课教学。教师应不断丰富平台与思政课融合的形式，围绕思修课内容展开教学，以实现思政课教学的实效性。

（二）提高内容质量，迎合学生需求

思政课教学的有效性在很大程度上取决于接受客体和接受主体的融合程度。从微信公众平台辅助思政课教学的角度来说，这里的接受主体是指关注平台的学生，接受客体就是指平台向学生传递的教学内容。一方面，内容要反映学生

的需求。平台在推送教学资源的时候，首先要考虑学生的“前结构”及其“期待视野”，即学生对所学内容的认知程度和心理期望。推送的教学内容要紧密联系学生实际，贴近学生的生活，切实地满足学生的学习需求，以帮助大学生解决实际问题为旨归。另一方面，在满足学生需求的同时，还要有丰富的表现形式。微信公众平台不仅可以插入文字、图片，还可以添加音频、视频等。因此，在推送教学内容时不要纯粹以文字来进行编辑，应该综合应用多媒体的表现形式来丰富内容的呈现，以吸引学生的阅读兴趣，从而达到内容的真正传递。

（三）完善界面设计，优化用户体验

微信公众平台的界面设计决定了用户对平台的第一印象，一个友好的平台界面可以提高平台的亲和力、提升用户的整体体验。一方面，对于平台的主菜单和各级子菜单的设置，要简洁直观。简单明确的菜单导航让人一目了然，使关注平台的学生用户能够容易理解各个模块内容并且快速操作。这些细节体现了从用户的角度出发，方便了学生对教学资源的获取和搜索。另一方面，界面要符合学生的审美。在进行教学资源编辑的时候，图片与文字应该协调搭配，不应该为了追求界面的新颖而忽视内容本身；风格与内容要具有一致性，避免对学生造成一定的认知负担。总之，在进行界面设计时，要考虑到“00”后大学生的审美观，以他们乐于接受的方式来开展思政课的教学。

（四）丰富互动功能，增强教学效能

微信公众平台具有交互性的特点，要充分发挥平台的留言、点赞、投票等互动功能，使思想政治理论课呈现高效能的教学状态。首先，平台推送的教学材料应以“开放型”问题为主。开放型问题是指学生能够针对提出的问题进行分析、综合与评价，探索各种可能性以及新的发现，不存在唯一的答案，学生可以根据问题展开自由且深入的思考。已有研究表明，开放性、认知层次越高的问题，越能引发学生的求知欲、表达欲和创造欲。其次，要对学生的留言进行及时回复与引导。大学生思维比较活跃，自我意识较强。他们希望通过在微信公众平台上留言来找到自我价值的认同，也希望能得到回应。但是，他们往往思想上还不够成熟，这时就需要教师发挥应有的指导作用，对学生的留言进行及时的回复，引导学生更深层次地思考，以提升学生对事物的认识。

综上所述，将平台的各项功能应用于思政课教学中能有效改善传统思政课教学的限制条件，提升教学的实效性。

（五）微信公众平台应用于思政课问题式教学的建议

教学实践中，平台有效地改进和优化了问题式教学，如何发挥其最大优势，真正做到“平台有用、学生爱用”，还需要注意一些问题。由于平台每天只能群发一条消息，在教学过程中，推送材料需要注意以下几个方面：

第一，坚持政治导向性与平台服务性相统一。高校思政课的立身之本是立德树人，在应用微信公众平台时，教师不能一味迎合学生话语接受的意趣，在内容选择时应坚持政治导向性，坚守课程自身最为根本的意识形态属性是一条基本原则，而平台的定位只能是辅助教学。因此，微信公众平台的菜单界面在设计时应始终以营造亲和力为核心，通过设计者的提炼概括和巧思妙想，将思政课的魅力充分展现出来，满足学生的审美品位和心理需求。具体来说应注意两个方面：首先，菜单界面设计要与时俱进，以视频、音频、图文等丰富的形式、简洁明快的界面呈现教学内容，凸显鲜活性和时代感，使学生在美的感受中受到启迪和熏陶。其次，菜单界面设置要给予学生更多的选择权限，使其可以灵活调控学习活动的频率和强度，帮助学生更好地实现自主学习和观念建构。

第二，坚持知识理论话语向生活实践话语的转换。微信公众平台有效实现了用户对信息的实时共享、交互协作，将平台应用于辅助高校思政课教学，势必要把知识理论色彩较浓的教材话语转变为现实生活话语体系，用大学生熟知的时代话语、生活话语、流行话语来表达宏大的政治叙事和道德叙事，使思想政治教育成为大学生真正的生活指南。思政课教学内容嵌入微信公众平台，若要吸引学生关注，启发学生思考，教学设计时优化“开放型”问题是关键。开放型问题是指学生能够针对提出的问题进行分析、综合评价，探索各种可能性以及新的发现，不存在唯一的答案。已有研究表明，开放性、认知层次越高的问题，越能引发学生的求知欲、表达欲和创造欲。① 另外，开放型的问题要紧密联系学生的生活，对其成长有实际的帮助，满足其发展自我的需求。只有这样，学生才能产生对平台推送内容的阅读兴趣。以“思嘞个儿修”推送材料为例，平台上6组开放型与非开放型的材料推送后台数据显示，开放型问题的阅读数与留言数更高。这证明开放型问题更能激发学生参与话题讨论的热情，提升学生的阅读兴趣，培养学生的创造性思维。

---

① 刘新玲，何映红．问答行为的课堂观察实证研究——以“思想道德修养与法律基础”课为例［J］．思想教育研究，2013，（7）．

借用公众平台的思政课教学，其最大优势无疑是将线上与线下、课内与课外、理论与实践、育德与育心相结合而产生的协同效应，这在一定程度上确实增强了思政课教学研讨的覆盖面与时效性，满足了学生学习自主性、建构性和个性化的诉求，但面对面交流的传统课堂，却是教师传授核心理论与知识的主渠道，尤其对以传播马克思主义理论为价值旨归的思政课来说，课堂教学是主导思想、传递价值、实施德育的重要阵地，是高校思政课权威性、真实性和有效性的重要保证。因此，教学设计者要根据课程内容的目标导向与教材体系的内在逻辑来合理安排、灵活分配线上线下教学工作的切换时间和实施场域。只有让师生真正认识传统课堂与微信移动学习平台各自的利弊，懂得如何发挥各自的优势，明晰何时进行切换效果最优，才能真正保证线上线下教学工作的顺利开展。

要充分发挥平台的作用，还要及时更新平台内容。平台推送教学材料的其中一个目的就是潜移默化地影响学生的思想和行为，要想实现这一目标，教师就要及时地在平台上以视频、音频、图文等多种教学材料推送形式对学生的疑惑进行反馈，对国家相关的大政方针、马克思主义理论、中国特色社会主义实践的最新成果等内容进行有亲和力以及生动化的宣传，培养学生的创造性思维和政治敏锐度。如果平台更新不及时，学生对问题的思考与探究也就容易中断，甚至会取消对平台的关注，平台也就失去了用户的黏合度，利用平台提升思政课教学效果也就无从谈起。

2016 年，习近平总书记在全国高校思想政治工作会议上强调，思政课要坚持在改进中加强，提升思想政治教育亲和力和针对性，满足学生成长发展需求和期待。① 将微信公众平台应用于思政课问题式教学的课前、课内以及课后三个阶段，能有效改善传统问题式教学的限制条件，进一步提升学生思辨能力、价值认同以及对思政课的喜爱度，这对建好思政课具有重要意义。同时基于平台展开问题式教学，需要教师在课外花费较多的时间和精力，加重了教师的负担。怎样将平台更好地融入思政课的问题式教学尚处于初步尝试阶段，需要我们继续进行研究和探索。

---

① 习近平在全国高校思想政治工作会议中强调：把思想政治工作贯穿教育教学全过程 开创我国高等教育事业发展新局面［N］. 人民日报，2016-12-09（1）.

第三节 思想政治理论课的课堂表现

一、学生课堂表现行为的观察分析

课堂问答行为是指教师根据学生实际和教学内容，在课堂上有针对性、有计划地提出问题，启发学生积极思维，并根据学生的回答加以讨论、点评、总结的教学活动。好的课堂提问，不仅能启发学生在知识运用上的创新思考以及训练其表达、分析和思辨能力，更能影响学生价值观的形成，同时还可以为教师了解学生对教学内容的掌握以及思想、情感动向提供直接的信息。评价课堂问答行为优劣较为客观的方法是课堂观察，观察者对课堂中有关“问”和“答”的一系列整体或局部细节运行状况进行描述和记录，并据此对课堂问答效果的优劣、特点进行分析和研究，从程序和内容上保证评价的客观、准确性。

（一）思想政治理论课问答行为课堂观察的基本环节

思想政治理论课问答行为课堂观察具有很强的专业性，它有一套系统而完整的程序，主要包括以下几个方面。

1. 观察前准备阶段。了解思想政治理论课课程教学标准，准确把握本节课教学目标和难点、重点，结合课堂问答相关知识储备，选择观察维度，设计观察框架。这一观察框架必须是简洁、可操作的。

2. 观察阶段。观察者熟悉、牢记观察框架里所有条目及所在位置，在课堂上快速、准确记录。可借助录音、录像等方法，详尽记录教师在课堂教学中每一环节所提出的问题及问题情境、提问方式、提问时长、教师理答、反馈以及学生的反应和回答等方面的情况。

3. 观察结果及分析。及时整理观察资料，做好定量、定性分析，以免时过境迁。分析主要以教育理论为支撑，以思想政治理论课培养目标为落脚点，评价中重点把握：课堂问答是否促进学生批判性思维的发展、如何有效促进学生价值观认同等，并可提出切实可行的改进意见和建议。

（二）思想政治理论课问答行为课堂观察的实证分析

本书以《思想道德修养与法律基础》教材第四章的第一讲“道德及其历史发展”为例，为思想政治理论课一般课堂观察提供观察框架设计和分析的思路。

1. 课堂观察框架的设计与思考

（1）问答行为的观察框架。根据问答行为所涉及的主体及环节，本书从“教师提问”“学生回答”“教师反馈”三个板块来设计观察框架，旨在清晰地反映问答教学的完整过程。

（2）问答类型的观察设计。课堂提问，目的是加深学生对课堂内容的理解和掌握。对思想政治理论课而言，更是实现学生对主流价值观的认同。从教学目标的角度对问题和回答进行分类，不仅有利于观察者判断提问和回答的质量，而且对总结高效问答行为特征、促进有效教学具有重大意义。根据布鲁姆教育目标分类学中认知层次分类法。① 教育目标分为识记、领会、应用、分析、综合、评价6类，本书将提问类型依次分为2类6层次，即封闭型问题（知识型、理解型、应用型）和开放型问题（分析型、综合型、评价型）。其中，封闭型问题一般以对基础知识的记忆为主，不求有新发现；开放型问题，意在激励学生探索各种可能性以及新的发现，重视容多纳异，不强调唯一答案。学生回答类型是根据提问类型的划分而来的，包括：“无回答”、“机械判断是否”、“认知记忆性回答”、“推理性回答”和“创造评价性回答”5种。师问生答基本上形成了对照关系。

（3）关于提问方式等设计说明。已有研究表明，当教师直接呈现问题时，学生表现出的积极性不高；而问题情境能促使学生很快进入思考者角色，产生强烈的求知欲和高涨的热情。② 因此，本书将教师提问方式设计为“直接提问”和“创设问题情境”两种。同时，从提问时长、教师反馈等方面加以设计与观察。其中“教师反馈”一栏，主要观察教师有无反馈。若有，则以何种方式反馈，是对原有提问或学生的回答追加提问，还是根据学生的回答进行归纳与引导；教师的反馈效果如何，是否回归了教学内容、教学目标或者对学生的学习有指导作用。

2. 课堂问答观察结果统计分析

课堂教学内容和目标，是教师设计课堂提问以及对教师提问质量进行评价的主要依据。本节课教学重点是“道德历史、本质与功能”，通过课堂教学，在知识上要使大学生了解道德的起源与本质，道德的功能与发展规律；理解道德

① ［美］伊凡·汉耐尔．高校提问——建构批判性思维技能的七步法［M］．黄洁华，译．汕头：汕头大学出版社，2003：113-115.

② 瞿利红．基于“课堂观察”的历史课堂提问研究［J］．新课程研究，2011，（5）．

对个人、对经济和社会发展的作用；在思想观念上，促成他们认同“做一个有道德的人”这一基本价值理念，这是本节课教学的落脚点。

从观察结果看，本节课教师共提出 8 个与教学目标紧密相连的问题（详见表 1），这些问题集中体现了本节课教学重点和难点。其中，直接提问和间接提问所占比例均等；提问类型中开放型问题占 75%；学生回答类型基本上和教师提问类型对应，教师对学生的回答均有反馈；问答时长共 27.5 分钟。具体分析如下。

表 1 提问要点记录

1. 感动中国人物，他们凭什么感动了中国？
2. 道德是天生就有的吗？请说明理由。
3. 如何理解经济对道德的决定作用？
4. 你对这一观点“延安时期经济落后道德水平反而高，今天经济发展了道德水平反而下降了”如何评价？
5. 据此，谈谈人为什么要有道德？
6. 道德之于人类生活的绝对必要性究竟意味着什么？
7. 为什么说无条件的道德行为会成为可能？
8. 假如我们的生活世界没有了道德，我们的世界将会变成怎样的呢？

（1）教师提问的观察分析。首先，创设情境问题导入新课，增加吸引力。教师以“感动中国人物”这一现实热点问题情境导入新课，并设问题 1 引导学生在自由开放的思考、回答中，明确“感动中国人物”凭借的就是他们自身的道德行为和人格魅力。通过 2 分钟课堂情境互动，不仅吸引了学生的注意力，还顺其自然地引入了新课主题：道德起源及其历史发展。

其次，设计自问自答介入新知识，突出科学性。“道德起源”是本节课新授内容和教学难点。教师采取自问自答的形式，先提出问题 2 这样一个封闭性问题，留出 3 秒钟思考时间，目的在于引起学生注意。随后介绍学科史中诸如神启论、天赋论等几种非科学的道德起源学说，分析并指出它们各自的缺陷，进而引出科学的道德起源说。教师通过对比式解答，突出了马克思主义道德起源说的科学性，不仅有利于学生树立唯物主义价值观，而且还通过揭示道德产生的社会基础，揭示利益冲突是道德产生的根本原因，为讲解“道德本质”奠定了理论基础。

再次，利用追加提问层层递进，激励创造性。在讲解了道德本质之后，教师通过1个封闭式（理解型问题）提问“如何理解经济对道德的决定作用”加深学生对道德本质的理解。在此基础上，又以问题4（开放式追问）更深入地引导学生辨析道德本质与道德现象的区别，分析道德现象的社会现实因素，认识经济发展与道德发展的不同步性。通过这种从易到难、层层递进的追问形式，启发学生在知识运用上的分析和思辨能力、综合和创新能力。

最后，通过情境体验感悟人生，形成价值认同。在知识理解的基础上，使学生接受和认同社会主流价值观，是思想政治理论课教学最主要的目的。在道德功能的讲解中，教师不是直接把知识展示给学生，也不是简单地用几个案例让学生增强感性认识，而是创设了“4万巨款，10年折磨”的教学情境，让学生在体验“人因为自身的不道德而带来巨大痛苦”的情境中，感悟道德对个人行为的调节、教育作用。老师接着以问题5引导学生深思“人为什么讲道德”这一哲学问题。紧接着，又提出3个结构相关但难度更大的追加问题。其一，道德究竟只是某种外在于生活的规范性条件，还是内在于人类生活之中的价值维度。学生在热烈探讨之后，逐渐形成共识：道德的存在或有道德的生活本身，就是人类文明的生存方式和生活方式，因此，道德或道德的方式也就内在地成为人类生活和生存的一部分，而不是外在于人类生活的某种约定置或工具。其二，对问题7的激烈辩论后，越来越多的学生认同下面观点：利益是人类行为的主要动机，但是并不绝对，人类的道德行为或道德现象显然还有非功利或超功利的根源，这就是人性。其三，老师以逆向思维的方式提出问题8，使学生在正反两面的思维交流碰撞中认识到：没有道德的生活世界，是原始的、野蛮的、自私的、不文明的世界，与人类的追求相悖。

从观察中也可以看出，这部分问答所花费时长最多，共18分钟。这个过程学生不仅发展了思辨能力，而且还逐渐深化了对道德的认识，最终形成了观念上的认同。

（2）学生回答的观察分析。从回答状况来看，对于整节课堂提问，除了问题2由于完全是新知识，学生感觉比较陌生，其余的7个问题学生均积极参与到思考与讨论中。对问题1的回答，学生明显感觉轻松。问题3属于对新知识理解类型，所以回答难度也不大。问题4则必须对道德现象与道德本质做出推理、辨析后，才能作答，而且还需分析延安时期的历史特殊性。因此回答难度比前两个问题大大增加。特别是最后一组问题（问题5~8），均属于创造评价性回答类型，学生需要综合前面讲过的道德起源、本质、作用的基础上，创造性地思考：道德与人类、与人性、与文明社会的关系。但恰恰是从问题4之后，学生们表现出更高的兴致、更加积极、活跃的思维状态，希望参与的人明显增加。总体而言，学生回答类型中“创造评价性回答”所占比例最高，占总数的1/2，其次是“推理性评价”回答占25%，“认知记忆性”回答只有1处，无“是否”判断。从观察来看，开放性、认知层次越高的问题，越能引发学生的求知欲、表达欲和创造欲。这类问题在很大程度上反映了教师提问的有效性水平。

3. 教师反馈分析

课堂提问的效果不仅与问题本身的质量有关，也与提问后教师的理答、反馈紧密相连。从反馈的方式来看主要有两种。

一是追问，占总数的62.5%。从形式上来，除了问题3以外基本都属于对学生回答的追问，是在学生回答的基础上提出的结构相关或难度更大的问题。比如问题6和问题7，是在讨论“人为什么要有道德”之后，教师抛出的更深层次的问题，引导学生对“为什么生活需要道德”“为什么人性影响着人的道德”等进行更深入的思考。紧接着，在学生们发表了自己对问题8的看法之后，教师并不以简单的总结形式反馈，而以与生活息息相关的“社会公共物品”为分析载体，从随处可见的“践踏草坪”，到当前频频报道的“食品安全问题”等诸多社会现象切入，以“近期受损”“远期受益”对比的角度进行分析，得出：行为主体以道德作为的方式会带来高质量的生活。课后大多数学生都表现出对“人要有道德”的信服感。

二是对学生回答作与主要教学内容、教学目标相关的总结、归纳和理论提升。例如问题4，首先引导学生讨论：是否真是如此？延安时期作为战时与常态下的道德状况相比有什么特殊性？道德本质和道德现象分别是什么？在尽可能多的学生发表自己的看法后，老师筛选了有价值的要点，对“道德现象与道德本质的区别”“经济发展与道德发展的不同步性”进行归纳和总结。

基于以上分析，我们不难看出，本节课教师设计的问题独具匠心，是以问题链的形式，巧妙而自然地串联起整个课堂教学的重点和难点。问题贯穿课堂教学始终，引发学生分析、思考和判断，从对知识的理解到形成对新理论的情感共鸣，最终引发他们产生价值上的认同，整个课堂教学显得有思想、有深度。

（三）关于问答行为课堂观察的理性思考

1. 课堂有效提问的特征

新课导入、讲解基础理论、促进价值认同形成，是思想政治理论课课堂教学的 3 个主要环节，关乎整堂课的教学效果。本书试图对这 3 个环节有效提问的特征作一般性的规律总结。

（1）新课导入时的提问。针对这一环节的课堂提问，主要目的在于吸引学生注意力，激发其学习兴趣，引入新课主题。因此，此环节巧妙地设置问题情境显得尤为重要。教师要根据学生的实际经验、思想特点，结合新课主要教学内容，选取社会热点、学生关切的或教师曾经的社会体验等多种鲜活情境的一种，以新颖的形式，设置有针对性的问题，激发他们探求新知识的主动性，引导学生快速进入课堂状态。

（2）基础理论理解中的提问。这部分的课堂提问主要为了使学生在互动交流中，理解或加深理解课堂上教师所传授的基础知识，对所学知识有系统化的认识。这就要求教师准确把握提问时机，及时提出问题。问题指向要明确、内容有层次，教师最好能从易到难、层层递进地提出问题，并以理论上的总结与提升为主要方式，反馈学生的回答，才能更有效地引导学生深入系统地理解知识，接受观点。

（3）促进价值认同时的提问。与其他以传授知识与技能的学科相比，思想政治理论课课堂教学最主要的目的是促进学生对主流价值观的认同。这类提问要以开放式问题为主，设置发散式的问题情境，为学生提供开放、自由的思考作答空间。尽量给大多数学生回答、争辩的机会；认真倾听并尊重他们的想法。在反馈时，能够结合社会实际，根据学生的回答采取递进追问方式，必要时还要从正反不同的层面追问，让学生在思维的交流碰撞中更深入、更全面地认识问题的本质，最终形成价值认同。

2. 课堂观察应注意事项

（1）处理好部分与整体的关系。课堂问答行为互动，是一个连续性的过程。这就要求观察者必须具备细节意识，敏锐地捕捉课堂师生问答互动中典型、关键的行为细节表现，作出精细的描述和准确的数据统计；同时，必须有整体观念，不能因某一细节的观察而延误整个观察的进程。只有这样，才能对整个问答行为课堂教学作出完整、合理的分析，保证整个观察的科学性。

（2）处理好现象与本质的关系。从现象上看，通过问答行为的课堂观察，所获取的只是与“问”和“答”直接相关的显性教学内容和信息，例如教师的提问次数、时长、学生的参与状态、回答情况等。然而，仅就这些来评价问答的有效性是很难深入的。决定问答质量本质的则是反映在一些隐性因素上，如任课教师的知识储备、对学生回答的倾听行为、对课堂反应的观察和调整行为等。只有将两者有机结合起来，才能更深入地研究课堂问答教学行为的有效性，促成教师教学能力和教学评价的提高。

二、教师教学行为的比较分析

（一）高效能与低效能课堂的教师教学行为比较

课堂效能是指课堂教学活动的目标达成程度以及保证目标实现的教师教学能力。课堂教学目标的达成主要表现在三个层面，一是教学质量，即教师能够清晰地教授教学内容，讲清重点难点；二是教学效果，达到或超出既定的教育目标，学生在学习上或情感、观念、思维、行为上获得进步；三是教学效率，能有效或高效地实现课堂教学目标。从教师角度而言，课堂效能的实现主要取决于教师的教学观念、专业素养、知识储备、教学能力、人格魅力以及这些要素的综合运用。上述所有要素的运用，都要通过教学行为得以实现。因此，教学行为长期以来都是效能研究的重点。虽然个体的行为会因人而异，但重要的教学行为，依然可以作为分析辨别教师课堂效能的重要依据。本书拟借鉴已有研究成果，根据高校思想政治理论课特点，通过对高、低效能课堂的观察、对比，归纳出高效能课堂的教学行为特征，以期为高校思想政治理论课课堂教学评价、为教师专业化教学水平的提高提供实用性参照。

1. 研究方法与内容

本书主要采取课堂观察法，观察的样本为高校 4 门本科生思想政治理论课。样本分为两组：第一组作为高效能教学行为观察分析的对象，共 8 个课堂，包括 5 个省级以上精品课主讲教师的网络视频课堂，3 个 F 省教学竞赛的参赛课堂；第二组是对照组，选取 F 省两所学校的 24 个课堂。选取方法是从学生评教系统中，按排名从后向前的顺序选 30 个课堂，再综合学校督导和同行教师的评教情况，选出 24 个对照课堂，作为高效能课堂的比对观察对象。

教师课堂教学行为的观察维度本书设定为四个，即新课导入行为、语言呈示行为、对话交流行为、教学媒体运用行为。主要依据如下：

第一，行为四维度包含了课堂教学的主要历程，可以综合展现教学目标的达成程度，实现对课堂效能的评价。现有研究成果显示，国内外学者多是从课堂教学历程来分析教学行为的有效与否。从教学历程看，围绕教学目标系统地呈现教学内容、有效提供训练、检查学生学习情况是实现课堂效能的必要环节。而现代课堂教学中，内容呈现的主要方式，一是语言呈示即讲授，二是借助多媒体的文本呈示。由此，“语言呈示”“媒体运用”两个维度，可以有效实现对教学内容呈现方式、效果以及教学目标实现程度的观察和评价。“新课介入”则侧重于观察导入新课的效率、效果以及学生进入学习的状态。提供训练、检查学生学习进步情形、回馈等在“对话交流”中可以得到观察和评价。

第二，四个维度涵盖了高校思想政治理论课课堂教学的主要行为，保证了课堂观察和评价的有效性。我国较早研究教学行为的施良方教授提出，主要教学行为包括：呈示行为（讲述、板书、声像呈示等）；教学对话行为（问答、讨论）；指导行为（练习指导、阅读指导、活动指导）。[①] 傅道春教授将教学行为分为基础行为、技术行为和组织行为，教学基础行为包括口头语言、书面语言、课程语言行为；教学技术行为包括教学导入、讲解、提问、媒体使用、练习与试卷编制等；教学组织行为包括人格适应、环境适应、师生关系。[②] 将他们的观点结合高校思想政治理论课的特点和现代教育技术可以发现，行为四维度不仅涵盖了教学的主要行为，即内容呈示行为（以导入、讲述、多媒体为主）、教学对话行为（以问答、讨论为主），同时，教师的教学能力、技巧、效果以及学生对知识掌握、观念提升的情况，均可有效体现。

2. 观察结果及分析

两组 32 个课堂的观察结果显示，第一组教师对以上四类教学行为的运用，整体上要比对照组把握得好，且更为有效。不过在语言呈示时机、多媒体操作等方面，二者表现水平大抵相当。高效能组与对照组教师教学行为的显著差异主要体现在：

（1）新课导入行为的差异

新课导入是一堂课开始时，教师为新课讲授而设计的环节。现有的研究成果显示，新课导入可有效吸引学生的注意力，调适教学气氛，衔接新旧知识，为新课的顺利进行打下良好基础。

---

① 施良方，崔允漷．教学理论：课堂教学的原理、策略与研究［M］．上海：华东师范大学出版社，1998.

② 傅道春．教学行为的原理与技术［M］．北京：教育科学出版社，2001.

观察发现，第一组教师上课之始，均有这一环节。在导入方式上，以案例、声像、图片、故事或数据为线索，引导学生简短地思考或讨论，然后切入新课。导入的内容与新旧知识关系紧密，而且时长大多控制在5分钟之内。对照组的教师大多直入新课主题，只有不到18%的教师有新课导入行为。导入方式相对比较单调，案例、图片展示后，没有相关分析就切入新课。

在随后对部分教师的访谈中发现，造成这一差异的主要原因在于，对照组相当比例的教师认为，大学课堂平时上课，新课导入环节可有可无。课堂教学的关键在于讲清、讲透重点和难点。而一些教学成效好的教师和部分新入行的教师则普遍认为，在新课伊始，若能以巧妙的方式介入新课，往往对吸引学生注意力、激发学生学习兴趣产生意想不到的效果。

以《马克思主义基本原理》课中"真理和价值"的课堂教学为例，对第一组一个课堂的观察发现，教师首先以一句"上节课我们了解了认识的发展规律，知道了人类的认识是在实践基础上的一种真理性的认识"作为新旧知识的衔接点，紧接着以短视频《两小儿辩日》创设教学情境，抛出问题"两个孩子针对太阳到地球的距离产生了不同的认识，孔子不能决。你们能帮助他们回答这个问题吗?"学生们放下手中东西，抬头看视频并参与讨论。教师在学生讨论的基础上，解说道：从地理学的角度，同一天，太阳离地球的距离是相同的，它的误差可忽略不计，那么为什么两个孩子针对同一现象产生了不同认识呢？显然我们不能说这两种认识都是真理。"那么，真理是什么？真理与认识有什么关系?"教师自然而又巧妙地引导学生进入了本节课的第一部分"真理含义及特征"。语言简洁，富有激情。从学生的神情状态来看，注意力集中，表现出浓厚的学习欲望。

同一节授课内容，观察对照组的两个课堂，上课之始，其中一位教师开门见山地说"这节课，我们来学习第二章第二节：真理和价值"，直入新课教学，开始了真理含义的讲解。此时，观察到的大多数学生尚未进入学习状态。另一位教师首先用多媒体展示了两组名人名言及图片：一组是关于亚里士多德，"吾爱吾师，吾更爱真理"；一组是关于夏明翰，"砍头不要紧，只要主义真，杀了夏明翰，还有后来人"。教师复述上面两句话后，接着提问："古往今来，多少志士仁人勇敢地追求真理，那么真理是什么?"从学生状态来看，新课的导入没有与学生的思维发生对接，大多数学生的注意力尚未集中，没有表现出期待新课的兴奋感。

通过以上两组教师的对比观察发现，教师在新课呈现时，有无导入环节以及怎样导入，对教学效果，特别是对激发学生学习新课的动机影响非常明显。这一影响与学生年龄大小的相关性不大，而与导入时教学情境的设计、所授教学内容的相关性密切相关。设置问题情境，让学生在体验中深入思考、参与讨论，是比较有效激发学生学习兴趣的方式。

（2）语言呈示行为的差异

课堂中语言呈示是指教师通过口头语言，向学生讲授教学内容、讲解重点难点、表达观点倾向、传递价值取向的教学环节，是课堂最基本和最重要的教学行为，在很大程度上决定着教学目标的实现。呈示行为因为是以教师为核心，所以具有单向性。

首先，根据对四门课程的观察发现，教师这一行为的运用表现出明显的“课程差异”。《中国特色社会主义理论概论》和《中国近现代史纲要》两门课，语言呈示普遍占用大量课堂时间；相比之下，“基础”课堂上教师更注重以对话、互动的形式进行教学。与不同课程的教师访谈，他们普遍认为，这主要源于四门思想政治理论课自身的特色。比如《中国近现代史纲要》课，向学生传递清晰的历史史实，使学生形成科学的历史观是教学目的，而科学历史观的形成也是基于对史实的准确了解和把握，因此，清晰、系统地讲述是这门课的主要表现形式。《思想道德修养与法律基础》课的特点在于，学生价值观的认同是基于对社会现象、社会现实问题的分析、判断，因此，探讨、分析、辩论等互动行为与教师的语言呈示行为同等重要。

其次，两组教师的语言呈示行为最明显的差异表现在：选用什么方法让理论阐述清楚、重点讲得突出、观点让人心悦诚服。第一组教师往往不是把理论观点简单、直接地呈现给学生，而是通过层层递进的分析，或多角度、多层面、有逻辑地组织内容，把理论讲透彻，重点突出，学生对观点的认同便水到渠成。比如在“新文化运动和五四运动”教学中，讲述“为什么历史和人民会选择马克思主义”时，教师并不是完全按课本的逻辑展开，而是二次开发许多教材以外的资源，重新整合教学内容。首先从马克思主义理论自身层面来剖析，向学生阐述了什么是马克思主义，与其他学说相比其科学性何在。接着，从文化视角讲解人民选择马克思主义的文化心理。马克思主义与中国几千年文化具有相容性、切合点，相近的社会理想、实践唯物主义本体论和价值立场以及相近的信仰体验方式等，是中国人民选择的心理基础。最后，教师转向基本史实的讲述，说明选择马克思主义是中国革命发展的客观必然。中国人学习西方的几次失败以及第一次世界大战的爆发，使中国先进知识分子对资本主义产生了怀疑甚至是抛弃；俄国十月革命的胜利给中国革命提供了由理论到实践、由理想到操作的范式，中国人认识到了经济文化落后的国家同样也可以发展社会主义。通过以上从理论到实际、多层面有逻辑的讲述分析，学生对中国选择马克思主义形成了认同。

然而，观察对照组一位教师，他只是从革命史实这一角度进行阐述。虽然遵循了课本，但是，当他把结论呈现给学生时，学生的认同度并不高。

（3）对话交流行为的差异

对话交流是近些年思想政治理论课积极倡导的一种教学行为，主要以问题为载体，以教师提问为主要方式，在教师引导下进行。对话交流是实现课堂互动、关注检查学生学习状态、启发思考、吸引注意力的主要载体。观察发现，两组教师在对话交流上的表现有明显差异：高效能的教师总体上偏向于提出开放型问题；问题设置的质量比较高，能有效引导学生思考并指向教学目标；提问时机把握得比较准确，多用问题链的形式围绕教学重点设计不同认知层次的问题，并给予有所区别的理答与反馈。对照组教师所提问题过于肤浅，价值不高；不善于对教学重点难点设置问题情境，调动思考；常搁置问题或自己代答；较少对学生的回答进行有效反馈和引导。

以《思想道德修养与法律基础》课的“道德的起源及其历史发展”一讲为例，对照两组教师的行为发现，第一组教师在新课导入、基础理论讲解、学生价值观认同三个时段，紧紧围绕教学重点提出不同类型问题，提问具有明显的节奏感和功效感。

首先，以“感动中国人物”这一现实热点问题导入新课，并设问“他们凭什么感动了中国”，引导同学在思考、回答中，明确“感动中国人物”凭借的就是他们自身的道德行为和人格魅力。2 分钟的导入，不仅吸引了学生的注意力，还顺其自然地引入了新课主题：道德是如何产生的，又是怎样发展的。

其次，基础理论讲解本属于呈现行为，但教师没有自顾自说，而是设计一个封闭型问题“道德是天生就有的吗?”留出 3 秒钟思考时间，目的在于引起学生注意。随后才开始介绍学科史中几种非科学的道德起源学说（神启论、天赋论、情感欲望论、动物本能论）。又从道德作为意识形态，其产生的物质基础、社会基础问题，引发学生讨论并分析几种学说的缺陷，进而引出马克思主义的道德起源说。不仅凸显了后者的科学性，而且进一步引导学生在辩证唯物观的指导下，揭示道德产生的社会基础是利益冲突，为讲解“道德本质”奠定了理论基础。

在讲解了道德本质之后，教师又设计一个封闭式提问“如何理解经济对道德的决定作用”和一个开放式的追问“你对‘延安时期经济落后道德水平反而高，今天经济发展了道德水平反而下降了’如何评价?”继续师生的互动，进一步引导学生辨析道德本质与道德现象的区别，讨论影响道德现象的社会现实因素，认识经济发展与道德发展的不同步性。通过这种从易到难、层层递进的追问，启发学生在知识运用上的分析和思辨能力、综合和创新能力。

为促进学生形成“人应该有道德”的观念认同，首先创设了“4 万巨款 10 年折磨”的教学情境，让学生在体验“人因为自身的不道德而带来巨大痛苦”的心理环境时，感悟道德对个人行为的调节、教育作用；紧接着，教师根据学生的回答又以“道德之于人类生活的绝对必要性究竟意味着什么?”“为什么说无条件的道德行为会成为可能?”“假如我们的生活世界没有了道德将会变成怎样?”3 个结构相关、难度更大的追加问题，启发学生积极辩论和思考，通过有效反馈、引导，使学生最终达成了价值上的认同。对比两组教师提问的效能发现，尽管对照组的一位教师也设置了一些问题，师生在一定程度上也有互动，但与前者相比，问题设置质量较低。比如，在“道德的功能”这一部分教学时，教师在介绍完“中华厨神因‘拒烹野味’而被各大酒店拒之门外”事件后，接着问“你们认为生计重要还是道德重要”，学生在二元答案中选其一。教师对学生的回答只是做了“好”“不错”“有道理”等简单评价，并没有深入分析好在哪里，也没有根据学生的回答进行深一步引导。这个提问，未能有效促成学生对“人应该讲道德”的观念认同，算不上成功。

（4）教学媒体运用行为差异

多媒体是现代化教学的重要工具和手段，是课堂教学中直观、形象呈现教学内容的重要方式。

我们观察的两组共 32 位教师，均能在课堂上使用这一工具，且与教学进程相一致。高效能组与对照组的主要区别在于：第一，单位课时 PPT 页码的数量，第一组教师一般在 25 张左右，第二组教师通常在 40 张左右。第二，PPT 的内容选择和形式设计上，第一组，特别是其中参加教学竞赛的课堂，PPT 展示的教学内容少而精，以要点式呈现，集中在教学重点、难点处。内容排版逻辑性强，条理清晰；图、文、声、像并茂，外形美观，一目了然。对照组中，多数PPT给人留下的印象是：文字多，内容逻辑性不强，重点不醒目。

以“辛亥革命”为例，观察第一组的一位教师，他打破了教材内容顺序，依照辛亥革命的发展历程，从革命的兴起、发展、高潮、结果四个阶段，以及每个阶段的标志事件，结合相关事件或人物的图片，共设计了20张PPT。展示的内容要点突出，简洁而又逻辑清晰，有利于学生建立起有关辛亥革命的时间脉络和知识体系。随着激光笔点到每一张PPT，教师都会拓展出一个故事或由此导引出一个问题或者是一种观点，从而串起大量教材内、外的史料，学生收获明显。对比发现，对照组教师教学课件内容有很多文字：名词、概念在PPT上均都有详解。因为文字过多、字体偏小，很少学生抬头看课件，反倒是教师对课件的依赖性很大，不时地读着上面的文字，PPT俨然就是一个挂起来的教案。

课堂观察可以发现，两组教师对教材内容的熟悉程度、准备的相关知识的丰富程度、对课堂驾驭的熟练程度，是造成他们使用多媒体差异的主要原因。教师对这一讲的内容准备不充分，课件才成了挂起来的教案。

（二）研究小结

基于以上观察对比我们不难发现，高效能的思想政治理论课课堂，教师教学行为的主要特征表现在两个方面：第一，从整体性上看，高效能的教师的教学行为始终体现了教学目标的任务导向性。所有教学行为，一方面力求达到清晰教授教学内容，讲透重点难点；另一方面表现出对学生的极大关注，重视他们对知识的掌握程度，改善他们的学习状态，重视帮助学生掌握学习策略、培养推理和解决问题、批判性思考的能力。第二，从行为四维度看，高效能教师的四种教学行为可谓匠心独运，课下下足了功夫，具体特征表现在：

1. 围绕教学内容创设教学情境，新课导入激发学生兴趣

好的导入语犹如乐曲的前奏、戏剧的序幕，会紧紧吸引学生的注意力，快速进入新课，达到事半功倍的效果。导课成功的关键在于：第一，能够设计有效的教学情境。在介入新课时，教师结合即将讲授的内容、学生的认知程度和兴趣特征，灵活创设教学情境，尤其是问题情境，让学生在情境体验中思考，在讨论中激起学习的主动性。第二，能够紧紧围绕教学内容，快速导入。内容相关性是衡量导课成功的重要因素，导课就是要在新旧知识间架起桥梁，与授课无关的内容即使设计得再吸引人，也是不可取的。另外，导课的时间不宜过长，情境设计力求新颖、简洁。

2. 教学重点呈现具有层次和逻辑性，环环相扣、富有条理

一堂课讲得好坏，内容准备是关键。高效能的教师，往往会以教材为纲，依据教学目标，精心挑选相关理论、案例，重新编排教材内容的顺序，从学生的兴趣、需求等角度找到与教学内容的契合点，把理论与实际、学与用有机结合起来，使得教材要体现的观点更有说服力。

一堂优质高效课，不是简单地将已准备好的教学内容呈现出来就能实现的，科学地呈现本身就是一个再创造的过程。语言呈现主要有两个功能：一是说明“是什么”，使人明白概念、观点、理论的内容；二是说明“为什么”，向学生解释概念、观点、理论合理性的原因，其实质就是为学生有效地接受这些观点、理论进行充分的论证。所以，教师在呈现教学内容时，要层次鲜明、逻辑性强，环环相扣、富有条理；呈现的先后顺序符合学生思维规律和认知过程规律。另外，陈述时语言的精准、语速的节奏、讲述的时间长短等，也是影响教学效能的重要因素。

3. 围绕教学目标设计开放型、追加型问题，层层推进引导学生思考

可以提高对话交流的质量。课堂上的互动交流，最常用、最主要的方式就是师生问答。通过设问—作答—反馈的反复进行，师生双方的精神世界才会相互敞开和接纳。这个互动的过程中，教师既是编剧，又是导演，还是演员，互动质量的高低主要取决于教师。

首先，紧紧围绕教学目的，从比较新颖的角度，灵活设计出不同类型的问题。可以通过设计适量的封闭式问题，来检查或加深学生对理论基础知识的识记与基本理解；设计一些高质量的开放型问题，启发学生积极思考，促使其在其知识结构和经验基础上，提出创造性建议，建构新的知识系统。尤其是用问题链的形式，设计层层递进的追加问题，有利于引导学生在思维交流碰撞中最终形成价值认同，这也是思想政治理论课课堂教学的最主要的目的。

其次，学生作答后，教师应及时有效地理答和反馈。根据学生的不同回答，筛选出有价值的要点，或在学生回答的基础上提出结构相关或难度更大的问题，有效引导学生认识水平的提高。

4. 多媒体的使用少而精，以要点式呈现，重点突出，条理清晰

目前，多媒体的运用，已经成为高校教师必备的教学能力，而优质高效地运用，关键在于教师能处理好以下两对关系：

第一，多媒体课件的制作着重要处理好内容与形式的关系。形式永远为内

容服务，所以，要根据教学目标、内容的不同，对课件内容进行基本单元划分，并分析、思考这些单元需要何种媒体呈现以及呈现的顺序和时间。要根据课件的结构模式和使用的教学策略，合理地设计每个基本单元的链接关系，以确保多媒体课件整体结构处于网状的联系之中。其中，尤其要注意课件内容需简洁、层次分明，重点难点突出。

第二，多媒体课件的使用要把控好与传统教学方式的有机结合。单纯依靠多媒体技术未必能达到良好的教学效果。教师在使用多媒体时，必须明确学生才是第一受用主体，先要清楚本节课的目的，所选用的课件能否让学生对教学内容更加容易理解和掌握，还需配合哪些传统的教学方式，把媒体使用、教师讲解、师生互动等有效地结合起来，并适当地把控利用多媒体教学的进度，给学生自主思考学习的空间，引导学生积极自主地进行知识体系的构建。

第四节　推进思想政治理论课改革创新

一、思想政治理论课教学改革研究的发展趋势

信息可视化是一种新的信息计量学方法，它利用专业的软件，通过对某领域文献数据信息的统计，绘制科学知识图谱，以展现该领域研究的文献增长趋势、信息范式转化、学科结构、科学领域的热点演进等。本书采用 citespace Ⅲ可视化分析软件，以 2006—2015 年中国知网中关于思想政治理论课教学改革相关文献为样本，通过寻找近十年该研究的发文量情况、热点演变、关键点文献及突现词，可视化高校思想政治理论课的研究状况，以便客观、科学、形象地梳理已有成果、掌握研究动态、发现研究不足、揭示研究趋势，从而为高校思想政治理论课教学研究选择前沿性的课题、推动思政课的整体发展提供可资借鉴的要素。

（一）研究设计

1. 研究方法和数据来源

学术论文中的关键词是文章内容的浓缩和提炼。本书运用 citespace Ⅲ软件通过统计分析词的频次高低，展现关键词之间亲疏关系的共现知识图谱，识别和跟踪研究领域热点的演变。以中国知网为基本数据库，选择“思想政治理论

课”与“思政课”为检索词进行篇名检索，限定数据期间为2006年至2015年，共检索出15132篇文献。经过筛选，去除新闻报道、辑刊、会议征文等不相关的文献，得到14650篇有效文献，将其导出设置成新数据库。

2. 数据处理

将新建的数据库导入citespaceⅢ软件，选择节点类型为关键词（keyword），阈值（c，cc，ccv）依次为4、3、20，形成关键词的共现图谱。共现图谱中一个圆圈节点代表一个关键词，节点的大小代表该关键词频次的高低。① 虽然从图谱中可以发现不同的节点及其大小，但是无法得知节点的详细数据，为了便于分析，我们通过后台运行得到节点的具体信息。值得一提的是，图谱中有些关键词在研究中是无效且无用的，如“思想政治理论课”“思政课”需要剔除；还有些关键词的意思相似或为同一词组的不同表达，需要合并。最后得到思想政治理论课教学改革研究频次排在前20位的关键词（如表2所示）。

（二）思想政治理论课教学改革十年研究热点综述

1. 近十年载文数量

从检索情况上看，2006—2015年间，思想政治理论课教学改革研究成果产出虽每年略有波动，但整体上呈明显增长趋势。2006年发文数量占十年间思想政治理论课教学改革领域发文总量的3.2%，2015年这一数字上升至15.0%，而2012—2015年4年的发文累计数量已超过50.0%（参见表3），显示出学界对思想政治理论课教学改革领域问题的关注度逐年攀升。

表2　2005—2016年思想政治理论课教学改革关键词（频次，排名）前20位

关键词（频次，排名）	关键词（频次，排名）	关键词（频次，排名）
实践教学（2213，1） 实效性（1551，2） 思政课教师（638，3） 教学方法（591，4） 教学模式（468，5） 案例教学（248，6） 队伍建设（200，7）	马克思主义理论（196，8） 教学评价（187，9） 课堂教学（181，10） 多媒体教学（167，11） 互动式教学（164，12） 教学内容（14013） 有效性（134，14）	以人为本（133，15） 教学体系（125，16） 社会主义核心价值观（115，17） 专题教学（107，18） 教学质量（105，19） 中国近现代史纲要（100，20）

① 胡小勇，李丽娟．我国教育技术领域研究动态的可视化分析［J］．现代教育技术，2013，(9)．

表3　2006—2015年思想政治理论课教学改革载文数量

年份	2006	2007	2008	2009	2010	2011	2012	2013	2014	2015
发文量	476	701	879	1204	1585	1742	1927	1986	1951	2199
占发文总量百分比	3.2%	6.0%	4.8%	8.2%	10.8%	11.9%	13.2%	13.6%	13.3%	15.0%

2. 近十年研究热点

关键词共现图谱可以展现一段时间内相关文献集中反映出的研究热点词汇。数据处理发现，“05方案”实施十年来思想政治理论课教学改革领域文章比较多地集中在五个方面，即教学环节、教学效果、教学方法、教师队伍和教学内容，具体如下：

教学环节是研究的最大热点。涉及的关键词有“实践教学”和“课堂教学”，总频次为2394次，排名位居第一。其中，实践教学和课堂教学的频次分别为2213次和181次，在表1中排名第一和第十。十年中思想政治理论课实践教学基本上围绕着“走出去、请进来”的社会实践模式开展，但实施的持久性和普遍性以及安全保障等也是实践教学普遍存在的问题。① 从课堂教学情况来看，以大班教学为主的现状虽有所改善，但仍不乐观。

教学效果是研究的第二大热点。涉及的关键词有“实效性”“教学评价”“有效性”“教学体系”“教学质量”，总频次为2102次，说明很大一部分文献触及教学实效性这一研究热点。研究发现，如何提高思想政治理论课教学质量成为研究的重中之重。

教学方法是研究的热点之一。涉及的关键词有“教学方法”“案例教学”“多媒体教学”“互动式教学”“专题教学”，总频次为1277次。对文献的分析发现，学者主要关注的是具体教学方法引入思想政治理论课教学的意义和具体教学方法的实施应用。综观十年来思想政治理论课教学方法的研究，在广度和深度上得到一定的发展，但是，如何理性选择和合理运用各种教学方法，提高教学方法的针对性和可操作性，是思想政治理论课教学方法研究迫切需要解决

① 刘世华，吴绍禹．思想政治理论课实践教学的认识局限及对策论析［J］．教学与研究，2008（4）．

的一个重大课题。①

“思政课教师”和“队伍建设”关键词出现的总频次是838次。研究发现，思想政治理论课教师的整体素质水平及专业能力在这十年有了很大的提升，教师队伍建设也得到了一定的发展，但是教师队伍建设仍然存在诸多问题影响教学改革的发展，如职业倦怠、社会偏见等。

教学内容是研究的又一热点，涉及的关键词有“马克思主义理论”“社会主义核心价值观”“中国近现代史纲要”，总频次为411次。从关键词的排名看，“中国近现代史纲要”课程内容研究在五门思想政治理论课中位居第一；“社会主义核心价值观”等党的理论创新成果已经成为教学内容研究的重点。

3. 研究热点的演化

十年间，思想政治理论课教学改革研究的热点不断演变，这也体现了该领域研究的多元化趋势。为了进一步了解、分析研究热点的演化过程，在后台运行数据处理得到的详细节点数据信息如表4所示。

表4　2006—2015年思想政治理论课教学改革研究热点按频次排序的前20位关键词

时间	关键词（频次）
2006—2007	实效性（152）；实践教学（127）；教学方法（74）；05方案（37）；马克思主义理论（36）；2006教学模式（34）；思政课教师（25）；以人为本（24）；毛泽东思想、邓小平理论和“三个代表”重要思想概论（22）；教学内容（20）；理论联系实际（20）；道德修养（19）；案例教学法（19）；课堂教学（17）；理论课教材（13）；学科建设（13）；政治素质（12）；中国近现代史纲要（11）；主体性（11）；教学质量（11）
2008—2009	实效性（296）；实践教学（254）；教学方法（105）；思政课教师（73）；教学模式（63）；05方案（39）；多媒体教学法（33）；案例教学法（31）；马克思主义理论（29）；以人为本（29）；教师队伍（29）；教学质量（27）；课堂教学（25）；社会主义核心价值体系（23）；科学发展观（22）；教学内容（21）；教学评价（19）；职业倦怠（19）；理论联系实际（19）；互动式教学法（18）

① 陈占安. 高校思想政治理论课“05方案”实施十年来的回顾与展望［J］. 思想理论教育，2015（9）.

续表

时间	关键词（频次）
2010—2011	实践教学（584）；实效性（313）；思政课教师（149）；教学方法（121）；教学模式（98）；案例教学法（75）；多媒体教学法（67）；研究性教学（58）；马克思主义理论（62）；教师队伍（48）；教学评价（46）；互动式教学（45）；课堂教学（43）；科学发展观（41）；2011 马克思主义大众化（30）；社会主义核心价值体系（29）；教学体系（28）；主体性（28）；工学结合（27）；政治素质（27）
2012—2013	实践教学（629）；实效性（435）；思政课教师（194）；教学模式（144）；教学方法（124）；多媒体教学法（67）；案例教学法（63）；教师队伍（62）；专题教学法（56）；互动教学法（52）；教学体系（52）；教学评价（50）；课堂教学（43）；教材体系（36）；社会主义核心价值体系（33）；有效性（32）；教学内容（32）；教学质量（31）；马克思主义理论（28）；体验式教学（27）
2014—2015	实践教学（619）；实效性（355）；思政课教师（197）；教学方法（167）；教学模式（129）；社会主义核心价值观（115）；中国梦（61）；案例教学法（60）；教学评价（56）；课堂教学（53）；互动式教学（47）；马克思主义理论（41）；慕课（39）；新媒体（38）；教师队伍（31）；专题教学法（31）；青年教师（28）；问题导向教学（28）；立德树人（27）；翻转课堂（27）；研究生（27）

分析表 4 可以发现，思想政治理论课教学改革研究中教学方法、教学内容、教师队伍研究发生了明显的演变，具体如下：教学方法的研究经历了一个清晰的演变过程，可分为五个阶段：

第一个阶段 2006—2007 年，教学方法研究比较单一，主要集中在案例教学法上，且在关键词总频次的比重没有超过 3%，可见这一时期学者对教学方法的关注较少。第二个阶段 2008—2009 年，学者除了延续上个阶段对案例教学法（31 次）的关注以外，还关注到多媒体教学法（33 次）、互动式教学法（18 次）和体验式教学法（12 次）等。第三个阶段 2010—2011 年，继案例教学法（75 次）和多媒体教学法（67 次）外，研究性教学（58 次）成为新的研究热点，且增长的幅度较大。第四个阶段 2012—2013 年，专题教学法（56 次）的研究尽管少于多媒体教学法（67 次）和案例教学法（63 次），但已经是新的增长点。第五个阶段 2014—2015 年，新的研究热点表现在：慕课（39 次）、问题导向教学（28 次）和翻转课堂（27 次），案例教学法（60 次）、互动式教学（47 次）依然受到研究者的高度关注。

教学内容研究的演变集中表现在三个阶段：第一个阶段 2006—2007 年，研究热点相对集中和丰富，主要是针对教材、课程、学科等内容展开，关键词包括马克思主义理论、毛泽东思想、邓小平理论和“三个代表”重要思想概论、道德修养、理论课教材等。第二个阶段 2008—2013 年，学者不仅延续对教材研究的热度，而且及时将科学发展观等一系列党的理论创新成果融入思想政治理论课教学内容中。第三个阶段 2014—2015 年，社会主义核心价值观、中国梦、立德树人三个关键词成为新出现的热词。

关于教师队伍的研究热点呈现以下演变规律：2006—2007 年研究的热点集中在教师个体。2008—2013 年研究热点集中在队伍建设和教师的职业倦怠，其中队伍建设的频次在思想政治理论课教师总频次中比重最大。2014—2015 年研究的新热点集中在青年教师上，虽然从频次看，青年教师（28 次）远低于思政课教师（197 次），但其增长幅度大于后者。

综上，从思想政治理论课教学改革研究热点的演变过程看，教学方法的演变最为显著和清晰。可见自“05 方案”实施以来，思想政治理论课教学改革侧重在教学方法的改革上。这一现象可能跟以下几个原因有关：一是“05 方案”实施十年来，各高校努力转变教学理念，积极探索新的教学方法，促使该领域涌现出了较为丰硕的研究成果；二是随着思想政治理论课教学内容的与时俱进，也对教学方法的改革和创新提出了更高的要求；三是教学方法在应用实施过程中存在诸多问题，并未都达到预期的教学效果；四是一些新的教学方法还处在初步探索阶段，亟待进一步拓展和创新。

（三）思想政治理论课教学改革研究的发展趋势

关键词的频次高低可以反映某一研究领域的研究热点，而频次的变化也可以在一定程度上反映某一研究领域的发展趋势。为此，本书参照关键词分类法，根据关键词的频次变化，将近十年思想政治理论课教学改革研究热点分为三种类型，即恒星关键词、流星关键词和新星关键词，其中，恒星关键词表示一直处于研究热点，频次较高且相对稳定；流星关键词是前期处于研究热点状态，后期频次下降，不再是研究热点；新星关键词是前期频次较低或者没有出现，后期频次突增或突现，成为新的研究热点。[①] 通过对“05 方案”实施以来思政

① 周爱明．从 2006 年中文文献关键词看知识管理领域研究热点的变迁［J］．现代情报，2007（10）．

课教学改革关键词的词频变化分析，可以看出思想政治理论课教学改革的研究发展趋势，具体如下：

1. 恒星关键词

如表4所示，近十年来思想政治理论课教学研究的恒星关键词有：实效性、实践教学、思政课教师、教师队伍、课堂教学、教学内容、教学评价、案例教学法、多媒体教学法、互动教学法、专题教学法等，主要集中于教学方法的实施应用及效果方面的研究。

课堂教学和实践教学作为两种主要渠道，是教学方法产生与发展的场域。案例教学法、多媒体教学法等教学方法的引入，对解答教学中的重难点问题、提高授课效果提供了新途径。同时，随着教学方法研究的不断深入，研究者不断对原有教学方法进行重组与改革，各类教学方法的应用及其效果还将成为未来研究的热点。

2. 流星关键词

从表4看，近十年思想政治理论课教学改革的流星关键词有："05方案"、毛泽东思想、邓小平理论和"三个代表"重要思想概论、理论课教材等。对流星关键词的分析可知，思想政治理论课教材等主题不再是学者关注的热点。教材是课程之本，高水平的教学需要以高质量的教材为基础。在"05方案"实施初期，最大的一个特点是思想政治理论课课程的调整及教材体系的革新；而如何加强教学方法的研究并优化教学手段，是落实好教材、课程设置工作的重要保障。十年来，尽管教材也不断修订、再版，但就总体结构和内容而言，教材还是相对稳定的，随着广大一线教师和学者对教材的把握和教学方法的探索，已经摸索并总结出一系列适应具体教材及课程的教学方法，对上述主题关注的逐渐减少也符合思想政治理论课发展的逻辑。但是，这并不是说，学者对教材将不再关注。事实上，党的十九大召开后，党和国家新的方针政策和创新理论将融入教学内容，可以预测对教材的关注将再度成为研究热点。

3. 新星关键词

从表4看，思想政治理论课教学改革的新星关键词有：教学体系、社会主义核心价值观、中国梦、立德树人、慕课、问题导向教学法、翻转课堂和青年教师。其中，除了教学体系是第三个阶段开始成为研究热点之外，其他7个关键词都是在第五个阶段才出现的新热点。从当前教学情况来看，以慕课为主基于互联网的教学方法几乎覆盖所有教学领域，相较其他学科，慕课被应用到思想政治理论课教学中还处在初步探索阶段，可供借鉴的成果经验较少，还需进一步拓展和创新。因此，基于互联网的教学方法研究将是大数据时代思想政治理论课教学改革领域的新趋势。青年教师也是在第五个阶段出现的新热点，随着马克思主义学科越来越受到重视，独立设置马克思主义学院的学校不断增多，青年教师将成为思想政治理论课教师队伍的主要群体，如何尽快让他们更好地胜任教学工作，将是未来研究的新热点。

（四）结论

利用 citespaceⅢ软件的信息可视化技术在思想政治理论课教学改革研究领域的应用研究尚属创新。本书通过关键词频次分析法，揭示 2006—2015 年间思想政治理论课教学改革的研究热点、演进及趋势。研究发现：第一，近十年思想政治理论课教学改革有五大研究热点，即教学环节、教学效果、教学方法、教师队伍和教学内容，且部分研究热点呈现不断演变的趋势；第二，党的理论创新成果不断融入教学内容；第三，基于互联网的教学方法是大数据时代教学方法改革的重要趋势；第四，对青年教师的关注是未来研究的一个趋势。

二、思想政治理论课改革的历史经验总结

我国高校思想政治教育是伴随着新中国高等教育事业而起步的，在 50 多年的历程中，从理论到实践，从课程体系、学科体系到工作体制和机制建设，都积累了相当成熟的经验，成为我国在意识形态领域中的政治优势所在。相比较而言，这项工作对于我国现有的民办高等教育来说，历史并不长。民办高校本身是改革开放的产物，1978 年，第一所民办高校成立。作为新生事物的非国家投资和非国营企事业单位投资举办的民办高等教育机构，没有可遵循的模式，所以在初建时期，没有明确规定由哪一级哪个部门在校内建立和管理党的组织，也没有明确思想政治理论课的课程设置。尽管当时个别民校建立了临时党支部，不定期地开展一些政治思想教育活动，但还不能称为高校规范的思想政治教育。

民办高校思想政治教育的普遍开展，应当追寻到 1996 年。当时，原国家教委在高等教育学历文凭考试试点工作的有关文件中确定：政治理论课作为高等教育学历文凭考试全国统考的课程，把它作为民办高校开展大学生德育工作的主渠道、主阵地。在此基础上，思想政治教育才覆盖到各类民办高校。十年间，民办院校学生思想政治教育从无到有，特别是一些重要的基础性建设，如：思想政治理论课课程开设、党团组织机构、队伍建设等，都取得了具有历史意义

的成果。尽管这项工作目前仍处在探索阶段，还有诸多的不完善的方面，但思想政治教育无疑已经成为民办高校坚持社会主义方向的重要保证，在民办高等教育的发展中，发挥着越来越大的作用。

（一）对民办院校学生思想政治教育重要性的认识逐步形成共识

民办高校要不要加强学生思想政治教育，对于这个问题，在民办高校发展初期，并没有形成共识。尤其是有些民办高校的管理层认为，民办高校不是国家投资，而是由社会集资，或银行贷款办学，或者由学生交纳的学费滚动发展起来的。学校的运作也近似于民营企业，由董事会形成决定，校委会执行董事会的决议，不同于公办高校的党委领导下的校长负责制。所以有人提出“无必要论”，认为思想政治教育是公办高校的分内之事，而民办高校无此必要。还有一种“无用论”观点，认为民办高校的学生自己缴费上学，毕业时自谋职业，就业竞争激烈，思想品德课成绩即使好，找工作时也不管用。

民办高校到底要不要加强思想政治教育工作，这实质上是一个关乎民办高校办学方向的根本性问题。在民办高等教育建设初期，对此虽没有作具体规定，但早在 1987 年《关于社会力量办学的若干暂行规定》中就已经明确：“社会力量办学是我国教育事业的组成部分”，“执行国家有关教育的方针政策”，“社会力量办学须坚持四项基本原则，坚持为社会主义物质文明和精神文明建设服务”。为确保民办高校的办学方向，贯彻党和国家的教育方针，培养社会主义合格的建设者，1996 年，原国家教委对文凭考试课程进行调整，规定政治理论课作为高等教育学历文凭考试全国统考的课程；1999 年，中共中央组织部和教育部党组在调研基础上，对加强民办高等学校党的建设工作提出了指导性的工作意见；2000 年，第九次全国高校党建工作会议第一次吸收了民办高等学校的代表参加；2001 年，教育部和共青团中央联合组织的第六次全国三好学生评选和表彰工作中，民办高等学校首次被纳入。这些都为民办高校组织实施思想政治教育提供了政治条件。

随着办学规模不断扩大，多数民办高校的领导层逐渐认识到：加强和改进民办高校思想政治教育，是坚持以质量求生存，以特色求发展，在竞争中立于不败之地的需要，是民办高校学生自身的特点所决定的。民办高校从诞生之日起就处于激烈竞争中，存在办学起点低，资金相对紧，师资力量、管理水平、教学条件先天不足，学生素质参差不齐、思想问题多的情况。要在这种条件下把学生培养成合格人才，必须加强和改进思想政治工作。这不仅可以协调关系、化解矛盾、理顺情绪，保证学校的稳定发展；还可以挖掘精神潜力，使人产生积极向上的力量，培养学生优良素质。思想政治教育不是可有可无，而是民办高校的生命线。

（二）民办高校思想政治理论课课程建设趋于规范

在这十年中，思想政治理论课的建设，作为民办高校学生思想政治教育的主要方式，相对于党建和其他思想政治工作来说，是普及得最早，也是比较规范的。

从 1996 年，原国家教委规定，所有专业的考生须从政治经济学、哲学和党史三门课中选一门参加全国的统一考试之后，有关的民办高校，在课程建设方面都进行了积极的探索。

1998 年，中央关于“两课”课程设置新方案确定以后，在试点的基础上，教育部决定对高等教育学历文凭考试中政治理论课的课程设置进行了调整，把原来开设的三门课调整为：马克思主义哲学原理、马克思主义政治经济学原理和邓小平理论概论。1999 年秋季，规定三门课都作为高等教育学历文凭全国统考的课程，并制订编写了教学大纲，组编了示范教材，提出了推荐教材。这进一步促进了民办高校思想政治理论课的课程建设。

1999 年后，随着高校扩招，民办高等教育迅速发展，纳入国家统一年度招生计划的民办普通院校不断增多。截至 2003 年，民办普通高校达 173 所，在校生 81 万人；独立学院 230 所，在校生 110 多万人。如此规模的民办院校，都是按照传统的学历教育来办学的，思想政治理论课设置基本上是套用公办学校的模式，因此课程门类更加全面，课程开设也更加规范。基于民办高校学生特点和师资聘用特点，教师和学者们在课程设置、教材建设、教学方法、教学管理等方面已经积累了一定的经验，取得初步的成就，在一定程度上发挥了思想政治教育的主阵地和主渠道作用。

（三）思想政治教育师资队伍和政工队伍已经形成

为了贯彻落实教育部有关文件精神，保证思想政治理论课的开设，同时加强对学生的日常教育和管理，民办院校陆续建立了思想政治教育工作机构，组建了与之相对应的政工干部队伍和思想理论课教师队伍。尽管目前这两支队伍，相对于公办高校来说力量还比较薄弱，但在一定程度上，已经成了民办院校具体实施思想政治教育的生力军。

教师队伍主要承担着政治理论课的教学任务，其组建模式有两种，一种是通过成立教研室来组建师资。一般规模比较大、办学历史相对较长的民办院校都采用这种形式，如西安地区几所万人以上规模的民办院校。另一种是由院校教务部门，按照每学期所开设的思想政治理论课的课程门类、课时和学生人数，聘请授课教师。这种模式更多地出现在独立学院和新建院校中。

从现阶段看，这两种模式都存在专兼职相结合，兼职教师比例过大的情况，有的院校甚至全部是兼职教师。这在某种程度上带来了诸多的问题，比如：教师按酬上课，有临时性的想法，容易把政治理论课只作为知识来讲授，过于追求考试通过率，难以从学生成长、成才的角度，针对民办院校特点组织教学；特别是没有明确的思想政治理论课教师准入标准，师资的专业素质、政治素质和个人素养难以保证。尽管如此，但对于初建时期条件有限的民办院校来说，这种专兼职相结合的模式，确实保证了思想政治理论课的正常开设，为普及民办院校学生思想政治教育起到了基础性作用。

思想政治工作干部队伍近些年发展比较快，在办学过程中，民办院校越来越认识到这支队伍的不可或缺。它不仅关系到学生入校后的思想转变，更关系到民办院校的稳定大局。有关材料显示，民办院校中几乎所有教学班都配备有班主任或辅导员，在一些院校他们占到了教职工总数的30%左右。尽管这支队伍同样存在兼职过多，年龄偏大，专业性不强等问题，但从目前来说，这支队伍是民办院校日常学生思想政治教育的重要保证。

（四）党、团组织机构相继成立，党建工作开始步入正轨

民办院校实行的是董事会领导下的校长负责制，完全不同于公办高校的党委领导下的校长负责制，所以在民办院校发展初期，学校建设和党建工作并不同步。

促成民办院校踏上党建之路的是党员学生，他们手捧组织关系的介绍信“找组织”，民办院校才拿着“要求成立党组织，争取党的领导”的报告去“找党”。全国民办高校中第一个建立党总支的是北京民族大学，他们于1986年7月2日正式成立了党总支。1997年6月，作为民办高校的黄河科技大学第一个成立了学校党委。

目前，全国民办院校普遍正在建立健全党的组织机构。为了克服少数学校在创办初期出现的“重建校，轻建党”的模糊认识和削弱思想政治工作的倾向，一些省教育工委提出：社会力量举办高校必须坚持社会主义方向，必须坚持“边建校，边建党”原则，做到哪里有党员，哪里就有党组织。一些省教育厅专

门成立了社会力量举办学校党委，统一指导全省民办学校的党建工作。与此同时，团组织也在积极发展，截至2002年底，民办高校学生共青团员达119万人，占全国学生团员总数的3.8%。不少民办高校常设有党校，定期向党员讲授党课。听党课者除党员外，还有大量积极要求入党的学生。团的活动在大学生中的覆盖面更大，党、团组织在民办院校的思想政治教育中越来越发挥着核心作用。

短短十年中，民办院校学生思想政治教育得到了长足发展，但作为新事物，它还处在探索阶段，还存在许多问题。如何针对民办院校的特点和现状，进一步加强和改进大学生的思想政治教育，是摆在思想教育工作者面前一个不容忽视的重要课题。对此，我们提出以下思考：

1. 充分认识新形势下加强和改进民办院校学生思想政治教育的重要性，是做好这项工作的前提和基础

民办高校是我国高等教育的重要组成部分，同公办高等学校一样，肩负着培养中国特色社会主义建设者和接班人的任务，民办高校不仅是一个知识传授的办学机构，对于所培养的青年学生还有价值引导的责任。思想政治教育对民办院校来说不仅同样重要，而且还更具特殊意义。

从国际形势来看，当前，世界多极化和经济全球化的趋势在曲折中发展，各种思想文化相互激荡。伴随着各国间的频繁交往，民办高校不可避免地要面对西方文化的大量传播和侵入。从国内形势看，随着市场经济体制的确立和完善，我国社会的经济成分、组织形式、就业方式、利益关系和分配方式日益多样化，大学生思想活动的独立性、选择性、多变性、差异性明显增强，思想观念呈现多元化趋势。弘扬主旋律，引导他们确立正确的理想信念、价值追求、生活方式，是民办高校思想政治教育面临的重要任务。

而民办高校在办学模式和体制、办学条件等方面有着自身的特殊性，在思想政治教育方面还面临着更大的挑战。如：随着公办高校招生规模的扩大，部分民办高校生源不足，为了生存，民办高校及其学生会比较强调专业知识和技能，相对容易忽视思想政治教育。特别是在管理体制上，有的学校尚未建立正式的党组织，这对于落实把思想政治教育放在首位缺乏强有力的组织保障。还有民办高校的师资队伍还不十分稳定，年富力强、业务过硬的专任教师偏少。而学生中有过挫折经历的人较多，有的在心理上已经产生了消极影响。这无疑都会使民办院校的思想政治教育更加困难。充分认识新形势下加强和改进民办

院校思想政治教育的重要性，是做好这项工作的前提和基础。

2. 加强研究，探索适合民办院校发展的思想政治教育新机制

2004年，中共中央、国务院《关于进一步加强和改进大学生思想政治教育的意见》中特别强调，要“加强大学生思想政治教育科学研究工作”科学的研究，不仅可以避免我们在工作中少走弯路，而且可以促进我们针对民办院校特点，不断探索新形势下思想政治教育的新思路、新方法，加速推进民办院校思想政治教育实践的科学化和德育工作队伍的专业化进程。

可喜的是，民办院校思想政治教育研究工作已经有了良好的开端，从2001年到2004年，全国高校思政教育研究会先后举办了三届全国民办高校思想政治教育专题研讨会。今后更重要的工作是，如何针对自身的特点，探索民办高校思想政治教育的运行规律和方法。

民办高校有自身的特点，首先管理体制不同于普通公办学校，如何在董事会领导下的校长负责制的管理体制中确立党组织的政治核心地位，这是迫切需要研究的问题。目前，除少数省外，众多民办高校的上级党组织领导机构不统一，有的隶属于省市教委党委，有的为企业党委，缺乏一个统一的上级党组织领导机构，来组织和理顺民办高校的党组织关系，造成了民办高校内部党建工作重点不一、方向不明，直接制约了党在高校思想政治教育中发挥作用。

其次，思想政治教育队伍本身存在很大问题，一是人员不足，专职人员少，这样有些工作只能停留在表面上不出问题的层面。二是年龄结构不合理，中老年工作者偏多，青年教师较少，这样在与青年学生的交流沟通上存在一些观念上的差距。三是政工队伍理论和专业素质不过硬。思政工作者不仅需要广泛的理论基础，如心理学、社会学、哲学、教育学等，还需要具备现代工作者的技能，如运用网络等。目前政工队伍中有的原先是企业管理人员或下岗人员，现状与实际要求还有很大差距。如何针对现有问题以及民办院校的运行机制，研究民办院校思想政治教育队伍建设，对尽快形成相对稳定的、高素质的师资具有十分现实的意义。

第三，民办院校学生作为当代大学生还具有自身的一些特点。比如教育成本意识相对较高，由于是完全自费上学，学生追求较高教育回报的心理比较明显，在教育理念上过于强调显性价值，职业需求成为最主要的价值标准，而相对忽视个人修养和人文底蕴的养成。这带来了他们一系列的特点，如：使命感强，责任感弱；社会道德认同感强，基础文明素养弱；自主意识强，自律意识

弱；个人进取观念强，集体主义观念弱等。另外，学生的知识基础和家庭经济基础差异较大，导致了他们主观要求上两极分化的趋势较为突出，一些学生心理问题比较严重。如何从民办院校学生特点出发，研究探索适合他们思想政治教育的内容、形式和方法，是落实党中央、国务院《关于进一步加强和改进大学生思想政治教育的意见》的关键所在。

3. 在实践中不断创新，开创民办院校思想政治教育新局面

民办院校思想政治教育是新事物，没有现成的经验可以借鉴，要开创新局面，必须善于总结经验教训，在实践中不断创新。

首先，应在课程创新上下功夫。2005 年中宣部、教育部《关于进一步加强和改进高等学校思想政治理论课的意见》中，把普通院校本科生的思想政治理论课做了调整，并要求“其他高等教育机构要参照上述规定，规范课程设置和教学内容”。以此为契机，组织编写适用于民办院校的、具有科学性和权威性的教材，加强民办高校政治理论课教师培训，不断创新课堂教学和实践活动的形式，充分发挥学生的主体性，全方位、多手段地提高教学质量和效果。

其次，全面提高师德水平，确保思想政治教育的覆盖面。渗透性强、覆盖面广、隐蔽性高是目前西方国家意识形态领域教育的主要特色，宗教、政党、社区、媒体和学校教育的方方面面，都渗透着西方价值观念和生活方式的传播。我国公办高校在全面加强大学生思想政治教育方面也积累了较成熟的经验。民办院校应善于借鉴这些成功的经验，突出思想政治教育的渗透性。通过全面提高师德水平，把思想政治教育与入学教育、专业教育、就业教育相结合，使之渗透在民办高等教育的全过程，落实到后勤、管理、教辅等各项工作中，才能创造出良好的校园环境，提高思想政治教育的效果。

再次，以学生为本，把思想政治教育落到实处。要注重学生的人格教育，在教给他们知识和技能的同时，注意塑造他们真、善、美的心灵，构造他们自尊、自爱、自信、自强和报效社会、精诚敬业的精神。要关注学生的心理，学校可以成立相应的机构，配备教师，对学生的心理健康、心理品质、心理调适能力等方面进行培养和指导。加强网络引导和校园文化建设，结合学校实际，组织开展内容丰富、形式新颖、吸引力强的学术、科技、文体活动，大力加强校风、学风和校园人文环境建设，营造积极进取、健康高雅的校园育人氛围，引导和帮助大学生健康成长。

最后，加强党建，不断完善思想政治教育新机制。学校要对学生的德智体

美全面发展负责，对学生的成长成才负责。民办高校要在健全党的组织的基础上，发挥党对思想政治教育的领导，真正让党的教育方针贯彻到教育的全过程。

三、深入推进新时代高校思想政治理论课的改革创新

党的十九大把习近平新时代中国特色社会主义思想确立为党的指导思想，确定了中国特色社会主义进入新时代的历史方位，对高校思想政治理论课发挥育人主渠道作用提出了新的更高要求。当前，最重要的任务就是深入贯彻落实党的十九大精神，全面推动习近平新时代中国特色社会主义思想进教材、进课堂、进头脑。2018 年 10 月 12—14 日，“习近平新时代中国特色社会主义思想与高校思想政治理论课改革创新研究暨第七届全国高校中青年马克思主义学者高峰论坛”在福州召开。本届论坛以“习近平新时代中国特色社会主义思想与高校思想政治理论课改革创新研究”为主题，从学科建设、学术研究与思想政治理论课改革创新同向同行、协同发展的维度，通过深入交流研讨，展示学习研究成果，碰撞思想火花，产生了丰硕成果。主要体现在三个方面：

第一，准确把握新思想的科学内涵，推进高校思想政治理论课改革创新。习近平新时代中国特色社会主义思想是基于历史新变革、历史新方位、矛盾新转化、历史新使命、时代新课题，围绕坚持和发展中国特色社会主义，进而实现社会主义现代化和中华民族伟大复兴而形成的系统完整的科学理论体系，是当代中国时代精神的精华。与会学者认为，应该准确把握这一思想的科学内涵，并将这一理论体系全面、深入地融入高校思想政治理论课。东北师范大学田克勤教授认为，中国特色社会主义进入新时代是我国发展新的历史方位。只有准确理解新时代的深刻意义，才能把握新时代的本质及特点，承担起历史的大任。要贯彻落实好习近平总书记在全国教育大会上提出的“九个坚持”，完成思想政治教育学科的教学内容、课程体系、教材体系转换，前提是牢牢把握“新时代”的理论内涵。福建省高校思想政治理论课教指委主任郑传芳教授，从习近平新时代中国特色社会主义思想形成发展的时代背景和实践基础两个视角，阐述了新思想形成和发展的特点和规律，认为应向大学生讲清楚习近平新时代中国特色社会主义思想的历史地位。“思想道德修养与法律基础”课要紧紧围绕习近平总书记关于理想信念、出彩人生、中国精神、中国传统文化、社会主义核心价值观等重要内容的论述，把宏大的理想信念教育、人生观教育、中国精神教育、社会公德教育讲深讲透。北京师范大学杨增岽副教授认为，习近平总书记关于

网络工作的重要论述具有丰富的内涵，为新时代高校网络思想政治工作提供了根本遵循，新时代高校网络思想政治工作要实现网上网下联动，提升协同性，打造思想舆论的“同心圆”。

第二，牢牢把握立德树人根本任务，守好思想政治理论课主阵地。立德树人是中国特色社会主义教育事业的根本任务，思想政治理论课是落实立德树人根本任务的关键课程。与会学者认为，要牢牢把握立德树人的根本任务，进一步加强思想政治理论课建设，守好这一主阵地。湖南大学柳礼泉教授从逻辑前件、逻辑要义、逻辑主体、逻辑旨归角度对思想政治理论课教学有效性的生成逻辑进行了深入论述。上海师范大学张志丹教授提出要坚持“真信”“真知”“真用”“真诚”，扎扎实实培育新时代的“真人”。闽南师范大学林建辉认为思想政治理论课更应适应新时代要求，应有讲好中国故事的文化自信和自觉性。北京交通大学闫长丽认为，“中国近现代史纲要”课的重点在于把握“实现中华民族伟大复兴中国梦”的时代主题，帮助大学生理解近现代中国发展的历史进程与中国特色社会主义的紧密联系，领悟“四个选择”的历史必然性，增强“四个意识”、坚定“四个自信”。陕西师范大学杨平认为，随着网络运用的日益广泛性，高校应该高度重视网络思想政治教育，在内容和方式方法上不断创新，取得实效。福建工程学院邢建华教授认为要提升大学生政治价值观教育时效性，加强校园网络红色阵地建设，发挥校园网络舆论引导力，构建校园网络保障体系。

第三，努力培育传播真理，塑造灵魂的人类工程师。加强思想政治理论课教师队伍建设，是落实“培养什么人，如何培养人，为谁培养人”和“育人为本，德育为先”重大任务的根本保证。2018 年教育部实施高校思想政治理论课教师队伍建设专项工作，聚焦思想政治理论课教师综合素质和专业化水平的提升，继续打好提高高校思想政治理论课质量和水平的攻坚战，培养担当民族复兴大任的时代新人。湖南大学吴增礼教授认为，高校教师既是一名研究者，又是一名知识传播者，这需要教师不断研究和创新知识体系，并把最新的研究成果和前沿知识通过课堂有效地授予学生。高校教师的理想信念、德育能力、教学学术能力、沟通能力等，既是教师专业发展的重要内容，也是保证人才培养质量的关键与核心所在。东北林业大学王越芬教授认为，应从提高思想政治素质、提升专业素质、增强职业获得感、创新制度设计四个维度，加强高校思想政治理论课教师队伍建设，促进教师的全面发展，使他们更好地承担起培养德智体美劳全面发展的社会主义建设者和接班人的重任。阜阳师范学院朱宗友教授认为，教师是高校思想政治理论课教学的主导力量，教师的知识储备和知识结构、道德修养和专业素养，以及教师队伍整体素质和能力等都会直接或间接地影响高校思想政治理论课教学质量。东北师范大学康秀云教授基于教师思想政治工作的必要性提出，高校要从新时代铸魂育人的使命要求来提高对教师思想政治工作重大意义的认识，提出要在价值导向、情感心理、内容构成、教育方法、工作载体等方面聚焦和满足高校青年教师成长发展的合理诉求，提升青年教师综合素质和专业化水平。湖北经济学院肖述剑教授提出在思想政治理论课教师队伍建设方面可以坚持“引进来与走出去相结合”的方法，一方面充分整合学校、企业、党校、社科院等资源，把学校、企业、社科院和党校系统符合要求的专家学者和有经验的实践工作者，以特聘教授等方式引进思想政治理论课教师队伍，提高教育实效；另一方面实行“走出去”战略，到革命历史纪念地、爱国主义教育基地学习考察，拓展教师思维和视野，促进其理论与实践有机结合，确保思想政治理论课教师首先自己“活”起来、“实”起来。

本次论坛由《马克思主义理论学科研究》编辑部和福建农林大学马克思主义学院共同主办，《思想理论教育》、《学校党建与思想教育》、《学术论坛》杂志社承办，全国120多位专家学者参加了会议。

党的十八大以来，习近平总书记围绕思想政治理论课发表了一系列重要讲话，尤其是在全国教育大会和学校思想政治理论课教师座谈会上，习近平总书记把思想政治理论课的使命和作用提升到一个全新的战略高度，不仅从维护国家意识形态安全、培养社会主义建设者和接班人的角度，更立足于世界百年未有之大变局下党和国家事业发展的全局高度，深刻阐明了思想政治理论课的时代使命，指明了思想政治理论课创新发展的方向性、时代性、全局性战略问题，为办好新时期思想政治理论课提供了重要遵循。

（一）立足国际秩序大变局，服务中华民族千秋伟业

新中国成立以来，党和国家一直高度重视思想政治理论课的建设，始终将其作为社会主义办学本质特征的体现。习近平总书记在多个场合反复强调办好思想政治理论课的重大意义，指出当前形势下办好思政课，要放在世界百年未

有之大变局、党和国家事业发展全局中来看待。① 这科学地回答了新时代思想政治理论课发展中的战略性和全局性问题，是对思想政治教育的重大理论创新。

从政治上讲，大变局实质是指国际秩序和国际力量对比发生了巨大变化。宏观上看，一方面，中国的迅速发展在世界舞台上大大显示了社会主义制度的优越性，极大地改变了世界社会主义和资本主义力量失衡的局面。另一方面，西方老牌强国云集的欧洲出现了自工业革命以来的全面颓势，美国通过凡尔赛-华盛顿体系、雅尔塔体系、冷战等逐渐建立起来的独自掌控地区和国际局势的能力和信心也明显下降。与此同时，一大批发展中国家崛起，导致第二次世界大战后西方资本主义国家构建起来的国际秩序日渐式微，维护多边主义是当今国际政治的主流。微观上看，美国为维护其霸主地位，企图通过贸易战压制中国的发展进程。中国的复兴并跻身于大国行列，势必引起西方资本主义国家的警惕和恐慌。由此，大变局也意味着我国的外部环境、内部治理不可避免地会遇到各种战略风险和压力，我们的发展将长期处于重要的战略机遇期，未来所面临的挑战和机遇是前所未有的、全新的。习近平总书记正是从百年未有之大变局的战略高度，深刻阐明了思想政治理论课的使命，指出，办好思政课，要从坚持和发展中国特色社会主义、全面建成社会主义现代化强国、实现中华民族伟大复兴的高度来对待，② 这就是教育的时代责任。

回顾历史，在帝国主义瓜分世界的狂潮中，俄国建立起世界上第一个无产阶级政权，开启了人类历史的新纪元，为世界民族解放运动提供了另一条道路，即社会主义道路。而后，苏联凭借社会主义优势迅速成为大国，大大改变了以资本主义为主导的国际秩序，甚至在第二次世界大战后和美国形成两极对峙的冷战格局。然而，苏联在大变局中并没有站稳脚跟，根本原因在于苏联共产党发生了质变。戈尔巴乔夫上台后鼓吹资本主义国家的“民主化”“公开化”“多元化”，通过引进西方政治制度，彻底改革苏联的政治体制，逐渐脱离苏联共产党的领导，偏离了社会主义的前进方向，最终走向亡党亡国的结局。

中国共产党立志于中华民族的千秋伟业，说到底必然是以马克思主义的指

---

① 吴晶，胡浩．一堂特殊而难忘的思政课——习近平总书记主持召开学校思想政治理论课教师座谈会侧记［N］．人民日报，2019-03-19（4）．

② 习近平主持召开学校思想政治理论课教师座谈会强调：用新时代中国特色社会主义思想铸魂育人 贯彻党的教育方针落实立德树人根本任务［N］．人民日报，2019-03-19（001）．

导思想为前提，以中国共产党的执政为保证，以中国特色社会主义道路为方向，培养一代又一代拥护中国共产党的领导和社会主义制度、立志为中国特色社会主义事业奋斗终身的有用人才。思想政治理论课是落实立德树人根本任务的关键课程，是触及青年灵魂的课程，所以，思想政治理论课最首要、最根本的是要坚持党的领导，全面贯彻党的教育方针。新时代贯彻党的教育方针，就是要坚持马克思主义的指导地位，贯彻习近平新时代中国特色社会主义思想，坚持社会主义办学方向，为中国共产党的初心、为党长期执政、为巩固和发展中国特色社会主义制度、为改革开放和社会主义现代化建设培养担当民族复兴大任的人才。加强党对思想政治理论课建设的领导，就是要建立党委统一领导、党政齐抓共管、有关部门各负其责、全社会协同配合的工作格局，推动形成全党全社会努力办好思政课、教师认真讲好思政课、学生积极学好思政课的良好氛围。只有牢牢掌握党对教育工作的领导权，加强党对思想政治理论课建设的领导，才能确保在大变局中我们的指导思想是稳固的，前进方向是正确的，千秋伟业是后继有人的。

中华民族千秋伟业的实现并非蹴一而就，需要一点一滴地积累。正如习近平总书记在学校思想政治理论课教师座谈会上所指出，我们把下一代教育好、培养好，从学校抓起，从娃娃抓起。在大中小学循序渐进、螺旋上升地开设思政课非常必要，是培养一代又一代社会主义建设者和接班人的重要保障。①

（二）把握国内社会主要矛盾新变化，培养担当时代大任的接班人

新中国成立 70 多年来，思想政治理论课始终围绕党和国家每一历史阶段的中心任务，在接班人培养中一直发挥着重要的作用。新中国成立初期，为完成新民主主义革命的任务，向社会主义过渡创造条件，我国学校教育的主要工作“是有计划、有步骤地在教师和青年学生中进行政治与思想教育……建立革命的人生观”②。进入 50 年代，面对世界冷战格局、朝鲜战争、中苏论战和国内阶级斗争，要保证中国共产党长期执政，就要保障无产阶级专政的地位，高等学校、中等学校政治理论课的根本任务是对青少年进行社会主义教育，培养坚强的革

① 中央文献研究室编．建国以来重要文献选编（1949—1950）［M］．北京：中央文献出版社，1992.

② 中央文献研究室编．建国以来重要文献选编（1949—1950）［M］．北京：中央文献出版社，1992.

命接班人。① 思想政治理论课于20世纪80年代中期进行调整，中共中央下发了《关于改革学校思想品德和政治理论课教学的通知》，提出这次课程调整是为了适应教育面向现代化、面向世界、面向未来的需要，新课程着重就中国为什么走上共产党领导的社会主义道路的历史必然性、什么是社会主义和怎样建设社会主义等重大理论问题进行了解答，对培养德、智、体全面发展的社会主义事业建设者和接班人，发挥了重要作用。20世纪90年代，伴随着社会主义市场经济的确立，要顺利完成社会主义现代化建设第二步战略目标，需要全面推进改革、扩大对外开放、加快经济发展，但与此同时，拜金主义、享乐主义开始侵蚀青少年的身心健康。1995年国家教委印发的《关于高校马克思主义理论课和思想品德课教学改革的若干意见》提出："'两课'教学的根本目标是引导和帮助学生树立马克思主义的世界观、人生观、价值观，确立为建设有中国特色社会主义而奋斗的政治方向，增强抵制错误思潮和拜金主义、享乐主义、极端个人主义等腐朽思想侵蚀的能力。"这一时期，思想政治理论课的重要任务是培养德、智、体等全面发展的社会主义事业建设者和接班人。进入21世纪后，我们所处的环境发生了广泛而深刻的变化，保证党长期执政，就必须增强综合国力，而综合国力的竞争归根结底是人才的竞争。对于接班人的要求除了德、智、体等全面发展以外，更重要的是坚持育人为本、德育为先，把立德树人作为教育的根本任务。2005年，中共中央宣传部和教育部发布《关于进一步加强和改进高等学校思想政治理论课的意见》，以全面发展的观点，特别是以育人为本、德育为先的全面育人的观点，展开新一轮思想政治理论课程的改革和建设。②

进入新时代，我国社会主要矛盾发生了转化，这对党的建设和国家事业发展也提出了许多新要求。在新时代我们又该培养什么样的接班人呢？党的十八大以来，以习近平同志为核心的党中央围绕这一问题多次召开会议。2016年12月，习近平总书记在全国高校思想政治工作会议上指出："我国高等教育肩负着培养德智体美全面发展的社会主义事业建设者和接班人的重大任务，必须坚持正确政治方向。""思想政治工作从根本上说是做人的工作，必须围绕学生、关照学生、服务学生，不断提高学生思想水平、政治觉悟、道德品质、文化素养，

① 中央宣传部、高教部党组、教育部临时党组关于改进高等学校、中等学校政治理论课的意见［A］. 普通高校思想政治理论课文献选编. 北京：中国人民大学出版社，2008.

② 莫岳云，陈敏. 新中国成立以来党对高校思想政治理论课的指导［J］. 中共党史研究，2009，(8).

让学生成为德才兼备、全面发展的人才。”① 随后，在全国教育大会上习近平总书记再次强调“我国是中国共产党领导的社会主义国家，这就决定了我们的教育必须把培养社会主义建设者和接班人作为根本任务，培养一代又一代拥护中国共产党领导和我国社会主义制度、立志为中国特色社会主义奋斗终身的有用人才”②。在学校思想政治理论课教师座谈会上，习近平总书记进一步阐述了思想政治理论课新的时代使命，即办好思政课，努力培养担当民族复兴大任的时代新人，培养德智体美劳全面发展的社会主义建设者和接班人。③

在回答了我们要“培养什么样的接班人”这一问题的同时，习近平总书记又创造性地回答了“怎样培养人”的问题。他在学校思想政治理论课教师座谈会上强调：“我们办中国特色社会主义教育，就是要理直气壮开好思政课，用新时代中国特色社会主义思想铸魂育人。”

“魂”意指人的思想精髓、优良品格和崇高精神。铸魂比喻用冶炼、熔铸、锤炼、雕琢的铸金方式培养人、锻炼人、造就人，其中特别强调对人理想信念、道德情操的铸塑，对思想灵魂的引导。铸魂育人的核心是培育符合中国特色社会主义发展需要的德智体美劳全面发展的建设者。思想政治理论课要做到铸魂育人，一是要培养马克思主义的坚定信仰者。信仰在价值体系中处于最高层次，具有统摄作用，决定着一个人的行为方式和价值取向。思想政治理论课是一门马克思主义信仰教育的课程，具有鲜明的价值引领特征，承担着引导青少年“扣好人生第一粒扣子”的重要责任。特别是随着改革开放的深入以及互联网技术的迅速发展，我国同世界的联系日趋紧密，各种社会思潮、宗教等不断渗透，意识形态领域面临的形势和斗争越来越复杂，思想政治理论课更有必要把马克思主义信仰教育融入学校教育的全过程，用马克思主义及其中国化理论武装学生，以科学的信仰感召学生，帮助他们树立共产主义远大理想和中国特色社会主义共同理想，引导学生增强“四个意识”、做到“四个自信”，厚植爱国主义情怀，把青年培养成坚持和发展中国特色社会主义事业、担当民族复兴大任的

---

① 习近平在全国高校思想政治工作会议上强调：把思想政治工作贯穿教育教学全过程 开创我国高等教育事业发展新局面［N］．人民日报，2016-12-09（001）．

② 习近平在全国教育大会上强调：坚持中国特色社会主义教育发展道路 培养德智体美劳全面发展的社会主义建设者和接班人［N］．人民日报，2018-09-11（001）．

③ 习近平主持召开学校思想政治理论课教师座谈会强调：用新时代中国特色社会主义思想铸魂育人 贯彻党的教育方针落实立德树人根本任务［N］．人民日报，2019-03-19（001）．

接班人。二是要助力青年树报国之志。为学须先立志，学不立志，如植木无根，思想政治理论课要帮助学生树立正确的世界观、人生观、价值观，认清个人价值同党和国家命运的紧密联系，把爱国情、强国志、报国行自觉融入坚持和发展中国特色社会主义事业、全面建成社会主义现代化强国、实现中华民族伟大复兴的奋斗之中。三是要立德树人。“立德树人”和“铸魂育人”紧密相关，“立德”是“铸魂”的基础，“铸魂育人”是“立德树人”的目的和归宿。习近平总书记在思想政治理论课教师座谈会上强调思想政治理论课是落实立德树人根本任务的关键课程。立德树人，归根到底就是坚持德育为先，通过正面教育引导人、感化人从而达到塑造人、发展人的效果。通过思想政治教育不断提高学生思想水平、政治觉悟、道德品质、文化素养，才能真正做到明大德、守公德、严私德。

（三）讲好中国故事，彰显中国特色社会主义话语影响力

作为社会意识形态工具的话语权，不是单纯语言学意义的说话权，而是信息传播主体从产生、言说、传播的角度，挖掘话语的政治性和思想性，以实现其潜在的现实影响力的一种舆论控制权和文化领导权，话语权是国家实力与国家形象的表达。西方马克思主义者葛兰西曾说：“社会集团的领导作用表现在两种形式中一在统治的形式中和‘精神和道德领导’的形式中。”① 显然这里是把以精神和道德为核心的文化领导权或曰话语权，视为与上层建筑的国家机器同等重要的统治工具。不仅在国内如此，一个国家拥有了世界话语权，就意味着对世界议题和规则拥有某种程度上的定制权。所以自冷战结束以来，国际政治权力斗争，无论是硬实力还是软实力，各国越来越把角逐国际话语权和合法性摆到日益重要的地位。

一个国家在世界上的话语权是通过对其历史文化、政治发展道路和政治现实的历史叙事而形成的影响力，这种影响力需要国家硬实力的支撑，甚至也可以通过国家的“硬权力”拓展而成。近代以来，以美国为代表的西方国家，正是以自己的硬实力在国际社会中拥有得天独厚的、排他的话语权优势，将产生于自己国家的历史叙事普遍化，在经济领域抛出“华盛顿共识”，在意识形态领域抛出普世价值，将自己的“赢了”等同于“对了”。与此同时，污名化社会主义国家的历史、领导人以及英雄人物，否定其合法性基础。

---

① ［意］安东尼奥·葛兰西．狱中札记［M］．葆煦，译．北京：人民出版社，1983.

改革开放以来，中国凭借自身努力在政治、经济、文化、思想、军事、生态等各个方面取得了举世瞩目的成就，迎来了从站起来、富起来到强起来的伟大飞跃，迎来了中华民族伟大复兴的光明前景，这一切得益于我们找到一条适合自身发展的道路——中国特色社会主义道路，得益于形成了一套成功指导实践的理论体系——马克思主义中国化理论。中国作为世界第二大经济体，不仅硬实力不断增强，也有源远流长的中华优秀传统文化和革命先进文化。然而近些年来，国际舞台上"马克思主义过时论""马克思主义无用论""指导思想多元论"甚嚣尘上，意识形态终结论、历史虚无主义、普世价值、新自由主义等"非马、贬马、去马"的思潮此起彼伏，究其原因，中国在国际社会上的话语权与我们的国际地位尚不匹配，或者说世界话语权还主要掌握在西方国家手中。

话语权的斗争，归根到底是思想之争、理论之争、人心之争。中国要建构自己的话语权，提升中国特色社会主义话语权的影响力，必须围绕中国特色社会主义道路、理论、制度、文化，总结好中国经验，讲好中国故事，这也正是思想政治理论课要传播的重要内容。习近平总书记在学校思想政治理论课教师座谈会上指出："我们对共产党执政规律、社会主义建设规律、人类社会发展规律的认识和把握不断深入，开辟了中国特色社会主义理论和实践发展新境界，中国特色社会主义取得举世瞩目的成就，中国特色社会主义道路自信、理论自信、制度自信、文化自信不断增强，为思政课建设提供了有力支撑；中华民族几千年来形成了博大精深的优秀传统文化，我们党带领人民在革命、建设、改革过程中锻造的革命文化和社会主义先进文化，为思政课建设提供了深厚力量。"① 这个"有力支撑"和"深厚力量"就是中华优秀传统文化、中国特色社会主义政治发展道路和政治现实的历史叙事，是建构中国话语权的基石。思想政治理论课就是要在这一历史叙事中，不断向青年呈现中国共产党的执政规律、社会主义建设规律、人类社会发展规律，凝练和宣传中华优秀传统文化、革命文化、社会主义先进文化所蕴含的社会主义核心价值观，扩大中国特色社会主义话语权的影响力，在青年一代中形成价值认同，筑牢中华民族共同体意识。

讲好中国故事，是提升中国特色社会主义世界话语权的重要方式，也是讲好思想政治理论课，赢得青年的有效方法。讲好中国故事关键是要讲好中国历

---

① 习近平主持召开学校思想政治理论课教师座谈会强调：用新时代中国特色社会主义思想铸魂育人 贯彻党的教育方针落实立德树人根本任务［N］．人民日报，2019-03-19（001）．

史，关于这个问题，习近平总书记曾作过深刻阐述：“介绍中国，既要介绍特色的中国，也要介绍全面的中国；既要介绍古老的中国，也要介绍当代的中国；既要介绍中国的经济社会发展，也要介绍中国的人和文化。”① 讲好中华优秀传统文化的传承史、讲好近代以来中国革命创造史和波澜壮阔的改革史，有助于提升青年人对中华优秀传统文化、革命文化和社会主义先进文化有清楚的认识，有助于他们对共产党执政规律、社会主义建设规律、人类社会发展规律的认同，从而使青年坚定理想信念、厚植爱国情怀、增强品德修养、激发社会责任感，也是构建中国话语权的有力支撑。

中国特色社会主义进入新时代，在新的历史条件下，立足于世界百年未有之大变局下党和国家事业发展的全局高度，培养担当时代大任的接班人，展现中国特色社会主义世界话语权，服务于中华民族伟大复兴的千秋伟业，是思想政治理论课的时代使命。

---

① 杜尚泽，郑红．习近平同德国汉学家、孔子学院教师代表和学习汉语的学生代表座谈［N］．人民日报，2014-03-30（001）．

第二章

党的思想政治工作理论与实践研究

第一节　新时代党的思想建设制度化特点与价值探析

党的十八大以来，面对复杂多变的国内外形势和艰巨繁重的目标任务，以习近平同志为核心的党中央对党内法规制度建设的重视程度明显增强。2013 年党中央印发《中央党内法规制定工作五年规划纲要（2013—2017 年）》，提出到建党 100 周年时要建成内容科学、程序严密、配套完备、运行有效的党内法规体系；2018 年印发《中央党内法规制定工作第二个五年规划（2018—2022 年）》，进一步明确了党内法规体系建设的相关工作。结合新的时代条件和时代要求，通过深刻总结党的建设的历史经验和从严治党的实践探索，党中央提出要通过制度建设加强对思想建设的支撑，把思想建设的重要举措用制度固定下来、靠制度扎实推进，着力推进党的思想建设法规制度的完善和创新，不断推动思想建党和制度治党有机结合。在实践过程中，思想建设制度化在程序化、规范化、实效性等各个方面，都取得长足进步。

一、新时代思想建党和制度治党相结合的特点

（一）继承性与发展性相统一

新时代思想建党和制度治党相结合，体现了马克思主义基本原理和中国革命、建设和改革紧密联系，并不断进行党的建设的理论创新，充分体现了继承性和发展性统一的特点。在百余年奋斗历程中，中国共产党在继承中进行创新，不断发展马克思主义党建学说，从新民主主义革命时期形成的毛泽东党建思想开始，逐步走上了思想建党和制度治党的实践探索。党的十八大以来，我们党

坚持以上率下，坚定推进全面从严治党，坚持思想建设和制度治党紧密结合，一手抓规范约束，一手抓引导激励，不断丰富马克思主义政党建设的思想。

（二）两点论与重点论相统一

党的十八大以来，党在思想建党和制度治党的过程中，既严格要求一般干部和普通党员又强调发挥领导干部的模范带头作用，集中体现了两点论与重点论的特征。从2013年下半年开始，自上而下在全体党员中分两批开展群众路线教育实践活动，以县处级以上领导机关、领导班子和领导干部为重点，从开展“三严三实”专题教育到“两学一做”主题教育，从抓“八项规定”到“四风”，从中央党员领导干部做起，以身作则、率先垂范，着眼于广大党员加强对党内制度条例和新思想新理念新战略的学习，2016年通过的《关于全体党员开展“两学一做”学习教育方案》强调从“关键少数”向广大党员拓展、从集中性教育向经常性教育延伸，以及《中国共产党党内监督条例》强调党内监督的重点对象是党的领导机关和领导干部特别是主要领导干部，一系列规定的出台提高了全体党员的理想信念和党性修养，以及守纪律和讲规矩的思想意识水平，让广大党员更加明确了党员的权利和义务，更加坚定全心全意为人民服务的宗旨。

（三）理论性与实践性相统一

中国共产党的思想建设和制度建设之所以能永葆生机活力，就在于能够与时俱进，坚持以马克思主义党建学说指导不断发展着的实践，充分体现了理论性和实践性相统一的特点。理论创新每前进一步，理论武装就跟进一步。党的十八大以来，中国共产党根据变化着的世情国情党情，结合新时代党面临的任务与挑战，总结了近年来从严治党的理论和实践，明确提出了思想建党与制度治党相结合的新命题，继续坚持经过实践检验是正确的理论，并上升为制度规定以法规的形式确立下来。党先后制定了200多部中央党内法规，严明党规党纪，把权力关进制度的笼子，为新形势下推进思想建党和制度治党积累了成功经验。这一新思想新要求，是深刻总结党的建设实践经验的产物，凝练地回答了新的历史条件下管党治党的重大问题，丰富了从严治党的理论，指引党的建设高质量发展。

二、思想建设制度化是党的重要理论创新

（一）推动党的建设理论创新发展

实践是不断发展的，所以认识真理、进行理论创新也是永无止境的，我们党在思想建党、制度治党的过程中不断总结历史经验，从理性层面对自身发展规律进行科学总结，实践过程中不断取得新进展，发展了马克思主义党建学说。2014年10月，在党的群众路线教育实践活动总结大会上，习近平总书记提出了“思想建设制度化”的命题，这就把党的思想建设拓展到了实践的层面，并且在实践过程中使得思想建设制度化的各环节都趋于规范化、程序化和实效化。思想建设中的理论创新和理论武装也朝着常态化、长期化的方向发展。我们党的历史就是一部不断推进理论创新、进行理论创造的历史。站在新的历史起点上，不断创新党的建设理论发展，用马克思主义的真理光芒照耀我们的前行之路。

（二）补足共产党人精神之“钙”

理想信念动摇是最危险的动摇，理想信念滑坡是最危险的滑坡。这些党员干部出现问题说到底还是信仰迷茫、精神缺失。思想建设是党的基础性建设，坚定理想信念是党的思想建设的首要任务。要坚持思想建党、理论强党，深入学习马克思主义基本理论，不断补足精神之“钙”，保持对远大理想和奋斗目标的清醒认知和执着追求。要推动理想信念教育常态化、制度化，教育引导全党牢记党的宗旨，挺起共产党人的精神脊梁，解决好世界观、人生观、价值观这个“总开关”问题，增强党抵御各种错误思潮的能力，永葆党的先进性和纯洁性。

（三）不断提升管党治党科学化水平

制度问题更带有根本性、全局性、稳定性和长期性。党的十八大以来，我们党坚持用制度治党，先后组织制定修订了200多部中央党内法规，初步形成了以党章为根本，以民主集中制为核心，以准则条例等党内法规为主干的党内法规制度体系，做到了前后衔接、左右联动、上下配套、系统集成。本着于法周延，于事有效的原则，制定新的法规制度，完善已有的法规制度，废止不适应的法规制度，进一步健全覆盖党的领导和党的建设各方面的党内法规制度体系。“纵有良法美意，非其人而行之，反成弊政。”制度制定固然重要，如果不抓落实制度就会成为“稻草人”“橡皮筋”。通过思想建党，解决党员的理性认识、理想信念问题，提高广大党员的政治觉悟；通过制度治党解决治理规则、

行为规范等问题，以刚性约束规范党员行为。二者有机结合、相互补充、相互促进，不断提升管党治党科学化水平，确保党始终是中国特色社会主义事业的坚强领导核心。

三、新时代党的思想建设制度化的体系建构

纵观党的光辉历程，党的思想建设的内涵是随着不同时期党的中心任务而发展变化的，归结起来主要集中在思想和理论两个方面：思想层面主要体现在同各种非无产阶级思想、非马克思主义思想进行斗争并纠偏，用马克思主义理论教育武装党员，实现全党思想统一；理论层面主要是结合中国的具体情况，全面创新马克思主义理论，宣传马克思主义理论及最新成果，以更好地指导中国革命、建设和改革的实践。

中国共产党的建立是以推翻帝国主义压迫，达中华民族之完全独立的宏大历史使命为己任的。党的一大召开之时，我们党仅有50余名党员，到1925年党的四大召开也仅有994名党员。初建的中国共产党面临着各种怀疑、非难甚至攻击。早期的马克思主义者一方面积极宣传马克思主义理论，另一方面通过大论辩，阐明马克思主义与中国革命、科学社会主义与非社会主义的关系，统一全党认识，以保证执行党的正确思想路线，保持党的战斗力。

大革命失败后，中国革命暂时处于低潮，党和军队内部出现了对革命悲观、失败的思想倾向。党的“八七会议”认真总结大革命失败的原因，号召广大党员从思想上坚定对党的领导的信念。当时，建立农村革命根据地是中国共产党发展壮大队伍的主要方式，这就使得农民、小资产阶级以及从旧军队起义的官兵等成为扩大党员和军队的主要来源。环境险恶、战斗频繁、生活艰苦，极端民主化、重军事轻政治、流寇思想和军阀主义等非无产阶级思想也在党内和军队内滋长严重。古田会议是我党和我军历史上的里程碑，具有开创意义，影响深远。古田会议根据“九月来信”的精神，总结红四军成立以来的经验教训，批评各种错误思想，订立了人民军队建设的基本原则，确定红军的性质、宗旨和任务，确立了党对红军实行绝对领导，回答解决了在中国共产党的领导下建设新型人民军队的一系列重大问题，从思想上建党和从政治上建军的原则，为后来的农村包围城市、武装夺取政权思想的形成、发展和实践奠定了基础。这在我们党的思想建设史上具有重大意义。党的六届四中全会以后，以王明为代表的“左”倾教条主义错误在党内占据统治地位，直接导致第五次反“围剿”

的失利，中共中央被迫实行战略转移。在遵义会议上，开始确立毛泽东同志在党内和军队内的领导地位，并把思想建设摆在了更重要的位置上。党中央到达陕北后，又在全党范围内开展了整风运动，肃清了以王明为代表的教条主义思想束缚，高度统一了全党思想。随后在党的七大上，毛泽东思想被确立为全党的指导思想。毛泽东思想是我们党在思想建设史上的重大理论创新。

新中国成立后，有的党员干部被胜利冲昏头脑，表现出骄傲自满并在思想上停滞不前的倾向。1950 年，在全党进行了大规模整风运动，有效整顿了党内骄傲自满、作风不纯等问题，加强了思想建设。伴随着党的执政进程，极少数手中有权的领导干部经不住“糖衣炮弹”的侵蚀，滋生贪污、浪费、官僚等坏习气。为了彻底清除此类现象，1951 年底在党政机关工作人员中开展了“三反”“五反”运动，严惩了刘青山、张子善等贪污腐化分子，使广大党员和干部受到深刻的思想教育。当时，我们党面临着领导人民进行社会主义建设的重要任务，这是迥异于革命年代实践的全新探索，亟待提高党员领导干部的理论水平。随着社会主义实践的展开，1956 年党的八大着重强调，为了适应党和国家的工作重点转移到社会主义建设上来的实际，必须加强党的思想文化建设，加强党员干部对马克思列宁主义理论的学习。

党的十一届三中全会以来，我们党坚持解放思想、实事求是、与时俱进、求真务实，创立了邓小平理论形成了“三个代表”重要理论、科学发展观，科学回答和解决了党和国家在不同阶段面临的重大问题，推进了党的理论创新。在这一时期，我们党在思想建设方面始终重视党员干部的理论“再学习”。在十一届三中全会之前召开的中央工作会议上，邓小平同志就指出：“实现四个现代化是一场深刻的伟大的革命。在这场伟大的革命中，我们是在不断地解决新的矛盾中前进的。全党同志一定要善于学习，善于重新学习”。面向 21 世纪经济全球化、世界多极化、社会大发展大变革大调整时期，党中央又提出“推进学习型党组织建设”，要求广大党员干部深入学习马克思主义理论、党的路线方针政策和国家法律法规，学习现代化建设所需要的各方面知识，以理论武装推动工作取得新成效。

党的十八大以来，习近平总书记高度重视思想建党和制度治党的紧密结合。在党的群众路线教育实践活动总结大会上，他提出“党的思想建设的制度化”命题，要求“思想教育要结合落实制度规定来进行”，强调“要使加强制度治党的过程成为加强思想建党的过程，也要使加强思想建党的过程成为加强制度治党的过程”。这是对党的思想建设的重要理论创新，不仅把党的思想建设从传统的思想教育、理论武装、理论创新拓展到制度化层面，而且在实践方面构建起从制度设计到制度执行的完整体系，为全面从严治党背景下党的思想建设的贯彻落实提供了重要保障。

（一）以思想理论建设为根本，加大理论武装的党内法规建设

思想理论建设是党的思想建设中最具根本性的建设，党的十七届四中全会将“坚持把思想理论建设放在首位，提高全党的马克思主义理论水平”作为执政党建设首要的基本经验。党的十八大之后，党中央对思想理论建设作出了具体制度规定，《中央党内法规制定工作五年规划纲要（2013—2017 年）》（以下简称《纲要》）提出“完善党员干部理论学习制度，健全马克思主义理论研究和建设工作体制机制，完善中国特色社会主义理论体系宣传普及制度”，并初步出台了相关理论宣传和理论学习的党内法规，以制度规定切实加强党的思想理论建设。在理论宣传的制度建设方面，习近平总书记在全国宣传思想工作会议上明确指出，“宣传思想工作就是要巩固马克思主义在意识形态领域的指导地位，巩固全党全国人民团结奋斗的共同思想基础”。所有宣传思想部门和单位，所有宣传思想战线上的党员、干部都要旗帜鲜明坚持党性原则，坚定宣传党的理论和路线方针政策，坚定宣传中央重大工作部署，坚定宣传中央关于形势的重大分析判断，坚决同党中央保持高度一致，坚决维护中央权威。《纲要》对理论宣传的管理作出了规定：“加强宣传思想工作方面党内法规建设，从制度上加强、改进和保障党对意识形态工作的领导”，同时必须坚持“党管媒体”的理论宣传原则，通过“完善新闻媒体及新闻从业人员管理制度和办法，完善意识形态阵地管理法规制度”，对违反党的理论宣传规定的行为作出惩戒性处罚。2015 年中共中央印发的《中国共产党纪律处分条例》（以下简称《处分条例》）明确规定对“组织、参加反对党的基本理论、基本路线、基本纲领、基本经验、基本要求或者重大方针政策，造成严重不良影响的，对策划者、组织者和骨干分子，给予开除党籍处分”。在理论学习的制度建设方面，2015 年 10 月中共中央公布的《干部教育培训工作条例》（以下简称《条例》）对党员干部理论学习内容、方法、课时要求、考核惩戒等作出详尽的规定。如《条例》对学习内容规定：“干部应当参加贯彻落实党和国家重大决策部署的集中轮训以及党的基本理论和党性教育的专题培训，政治理论教育重点开展马克思列宁主义、毛泽东思想、邓小平理论、‘三个代表’重要思想、科学发展观和习近平总书记

系列重要讲话精神教育培训。”关于理论学习方法，《条例》规定“干部教育培训以脱产培训、党委（党组）中心组学习、网络培训、在职自学等方式进行”，并“充分发挥党校、行政学院、干部学院在干部教育培训中的主渠道、主阵地作用”。对学习的课时要求，“省部级、厅局级、县处级党政领导干部应当每5年参加党校、行政学院、干部学院，以及干部教育培训管理部门认可的其他培训机构累计3个月或者550学时以上的培训。其他干部参加教育培训的时间，根据有关规定和工作需要确定，每年累计不少于12天或者90学时”。同时还规定“干部教育培训考核不合格的，年度考核不得确定为优秀等次。对无正当理由不参加教育培训的，给予批评教育直至组织处理”。

（二）以党性教育为核心，强化党员思想教育的制度化建设

党性是一个政党所固有的本质属性，是党的性质、目标、宗旨、作风、纪律等各方面要素的综合反映，是阶级性的最高、最集中表现。党性对一名党员而言，就是对党章领悟、贯彻的自觉性，集中反映在党员自身的思想修养、政治素质、道德品质等最能体现党章所要求的品格和气质上。2013年习近平总书记在参加河北省委常委党的群众路线教育实践活动专题民主生活会时指出：“党性是党员干部立身、立业、立言、立德的基石，必须在严格的党内生活锻炼中不断增强。”随后出台的党内规章法规等对党员党性教育的目的、内容、成效分析等都作了制度性安排。

关于党性教育的目的，《条例》明确规定了党员干部要增强“六种意识”：党的意识、宗旨意识、执政意识、大局意识、责任意识、规矩意识。对党性教育内容的规定是：“重点开展党章、党的宗旨、党规党纪、党的优良传统、党风廉政建设等教育培训。”2016年中央印发的“两学一做”学习教育方案也要求，必须“以尊崇党章、遵守党规为基本要求，以用习近平总书记系列重要讲话精神武装全党为根本任务”。

关于党性教育的成效分析，《纲要》规定要“对照党章规定、新时期保持共产党员先进性的基本要求，探索建立健全党性教育和分析的机制与办法，对党员坚持原则、履行义务、发挥作用等情况进行分析，强化党员党性意识”，并通过“健全党员立足岗位创先争优长效机制”，引导广大党员更好地发挥先锋模范作用，保持党员队伍的纯洁性。

（三）以道德建设为基础，加强思想品行的制度约束机制

国无德不兴，人无德不立。道德是社会关系的基石，是人际和谐的基础。

必须加强全社会的思想道德建设，激发人们形成善良的道德意愿、道德情感，培育正确的道德判断和道德责任，提高道德实践能力尤其是自觉践行能力，引导人们向往和追求讲道德、尊道德、守道德的生活，形成向上的力量、向善的力量。

党的十八大以来，习近平总书记多次强调，面对纷繁复杂的社会现实，党员干部特别是领导干部务必把加强道德修养作为人生的必修课。新制定的一系列党内法规，对党员干部道德建设存在的突出问题，尤其是对从政道德作出了具体规定，并提出要健全道德评价考核办法，完善道德建设奖惩措施。“两学一做”学习教育方案要求：要“着力解决一些党员道德行为不端的问题，主要是违反社会公德、职业道德、家庭美德，不注意个人品德，贪图享受、奢侈浪费等”。2015 年中共中央印发《中国共产党廉洁自律准则》，对党员干部从政道德内容作出具体规定，要求必须做到“廉洁从政，自觉保持人民公仆本色；廉洁用权，自觉维护人民根本利益”。对于违反从政道德的行为，《处分条例》明文规定“党组织和党员……违反社会主义道德，危害党、国家和人民利益的行为，依照规定应当给予纪律处理或者处分的，都必须受到追究”。2014 年中央印发的《党政领导干部选拔任用工作条例》，把“突出考察政治品质和道德品行，深入了解理想信念、行为操守等方面的情况”作为党政领导干部选拔任用的参照指标。2015 年中共中央发布的《推进领导干部能上能下若干规定》进一步要求，对“品行不端，违背社会公德、职业道德、家庭伦理道德，造成不良影响”的现职干部经组织提醒、教育或者函询、诫勉没有改正者，将被认定为不适宜担任现职，必须及时予以调整。

新形势下，我们党面临着执政考验、改革开放考验、市场经济考验、外部环境考验等四大考验，存在着精神懈怠的危险、能力不足的危险、脱离群众的危险、消极腐败的危险等四大危险，需要解决好提高党的领导水平和执政水平、提高拒腐防变和抵御风险能力两大重大课题。习近平总书记在建党 95 周年庆祝大会上也告诫全党“要时刻准备应对重大挑战、抵御重大风险、克服重大阻力、解决重大矛盾”。党的思想建设制度化命题的提出，既是党的重要理论创新，又科学回答了我们所面临的这一系列重大现实问题；为胜利实现“两个一百年”奋斗目标提供坚实的思想基础，也为全面从严治党背景下党的思想建设的与时俱进提供了切实的制度保障。

第二节 新时代党员干部思想政治教育的理论与实践

治国之要，首在用人。党的十九大报告强调要坚持正确选人用人导向，建设高素质专业化干部队伍。用一贤人则群贤毕至，见贤思齐就蔚然成风。如何才能将高素质的干部选拔出来？首先就要对领导干部政绩有个科学全面的考察，并将其作为提拔重用的依据。对此，习近平总书记一再强调，党委和组织部门要从严管理干部，对干部选拔任用严格把关，让那些真正坚持立党为公、执政为民、敢担当、干实事的干部得到提拔重用，并提出了考准考实干部政绩的三原则。深入领会和贯彻这三个原则，对于领导干部树立正确的政绩观、事业观、工作观，对于组织部门规范和完善干部管理，提高政绩考核的准确性、科学性，防止带病提拔等，有着十分重要的意义。

一、新时代关于干部考核评价的重要论述

（一）既看显绩又看潜绩

如何考准考实领导干部的政绩，习近平总书记提出了“既看发展又看基础，既看显绩又看潜绩”的独到思想。① 所谓“显绩”就是短期能见效的、可以看得见的政绩，比如 GDP 增长速度、招商引资数量等，而“潜绩”则是长期性的，不能马上见效的政绩，比如环境保护、解决民生问题和教育问题等。

1. 看显绩，但不唯 GDP 论英雄

习近平总书记长期以来对 GDP 问题有着深邃而全面的见解。首先，在浙江工作时，他就认识到了唯 GDP 论英雄的危害。他说：“把经济发展简单化为 GDP 决定一切，会导致一些地方出现以经济数据、经济指标论英雄的片面的政绩观，甚至搞‘形象工程’‘政绩工程’，结果给地方发展带来了包袱和隐患，并引发了诸多社会矛盾和问题。”② 其次，习近平总书记的不唯 GDP 论，并不等于不要 GDP，而是要绿色的、可持续发展的 GDP。在新常态下，GDP 作为一种经济发展指标仍有其意义。他多次强调，发展是我们党执政兴国的第一要务，

---

① 习近平谈治国理政［M］. 北京：外文出版社，2014：73.

② 习近平. 之江新语［M］. 杭州：浙江人民出版社，2016：95.

我们仍然需要 GDP，但务必要科学地发展。地方领导干部要转变以往的经济增长方式，追求有效益、有质量、有合理速度的经济发展。最后，GDP 不是最终目的。发展不能脱离“人”这个根本，以人为中心的社会发展才是终极目标。习近平总书记强调：“GDP、财政收入、居民收入等等是一些重要指标，但都不是最终目的，其最终目的就是要促进人的全面发展。”①

习近平总书记的不唯 GDP 论，对于改变领导干部的为政方式、思维方式和改革发展理念有着积极的促进作用。树立政绩考核的新导向，可以让那些坚持科学发展的领导干部轻装上阵，不再为 GDP 及增长率纠结了，让那些盲目追求 GDP 增长率的领导干部警醒，不再搞竭泽而渔的“政绩工程”“面子工程”，最终领导干部可以着眼于长远的发展，将精力放到调结构、惠民生、促改革上来。

2. 看潜绩，把民生改善、社会进步、生态效益等指标和实绩作为重要考核内容

考核领导干部不能唯 GDP 论英雄，那我们要如何科学地考核评价领导干部的政绩呢？2013 年 6 月 28 日习近平总书记在全国组织工作会议上明确提出“要改进考核方法手段……把民生改善、社会进步、生态效益等指标和实绩作为重要考核内容”，并要求中央组织部抓紧研究落实。② 民生改善、社会进步、生态效益三者之间，民生问题是根本。改善民生，就是要让人民过上美好生活，让人民大众的生存条件得到改善、生活质量得到提高、发展机会不断增多、发展能力不断提升、享受更多的权益和保障。在新时代，美好生活不是简单地解决温饱问题，更不能以牺牲生态为代价，美好生活内在包含着对生态效益和社会进步的追求。习近平总书记将解决好民生问题作为考核领导干部实绩的重要内容，突破了以往 GDP 独大的考核理念，其实质反映了将人民对美好生活的向往作为执政目标的干部观。

3. 埋头苦干、不急功近利的潜绩是最大的显绩

主政浙江期间，习近平同志曾精辟地论述过干部政绩中“潜”与“显”的辩证关系，他说“‘潜’与‘显’是对立统一的一对矛盾，‘潜’是‘显’的基础，‘显’是‘潜’的结果”③。2018 年两会期间，习近平总书记在参加山东代表团审议时强调“功成不必在我”，再次要求领导干部树立正确的政绩观，要立

① 习近平. 之江新语［M］. 杭州：浙江人民出版社，2016：95.

② 习近平谈治国理政［M］. 北京：外文出版社，2014：419.

③ 习近平. 之江新语［M］. 杭州：浙江人民出版社，2016. 108.

足当前，着眼长远，要甘于做铺垫性的工作，甘于抓未成之事。后任的工作是建立在前任的基础之上的，如果领导干部都不愿做打基础的工作，“显绩”就无从谈起，就成了无源之水。河南林县的红旗渠和福建东山县的“三北”防护林等伟大工程，都是几代领导干部一以贯之完成的，就像接力赛一样，一任接着一任干，将一张美好蓝图绘到底。毋庸置疑，铺垫性工作通常投入大、见效慢、周期长，功成之前少有人知，但是这种“潜绩”，才是最大的“显绩”。领导干部只有干实事，求实效，树立“久久为功”之念，将政绩写在大地上，写在人民群众的心里，才能创造出经得起历史和人民检验的实绩。

习近平总书记提出的“既看显绩又看潜绩”的干部政绩观，就是要求干部要立足于实际和人民群众的利益，不忘初心，谋划长远，多做埋头苦干的实事，不求急功近利的“显绩”，创造泽被后人的“潜绩”。

（二）要公道正派地评价敢于担当的干部

习近平总书记特别强调领导干部要有担当精神，并将领导干部的担当提升到对党忠诚履职的高度。2012 年 3 月 1 日，习近平同志在中央党校春季开学典礼讲话中指出，是否具有担当精神，是否能够忠诚履责、尽心尽责、勇于担责，是检验每一个领导干部身上是否真正体现了共产党人先进性和纯洁性的重要方面。要在推进干部队伍建设和人才队伍建设中大力倡导担当精神，努力形成勇于担当、敢于负责的用人导向。①

在实际工作中敢于碰硬、不徇私情、个性鲜明的领导干部难免会因为触及一些人的利益而得罪人。习近平同志在担任浙江省委书记时就指出：“要正确对待民主测评。强调群众公认当然很重要，如果大多数群众反对，一般来说这个干部是有问题的。但讲群众公认绝不是单纯以票取人。敢负责、干工作的干部往往会丢点票。不能形成‘唯票’的导向，不要引导领导干部当所谓的‘满票干部’，否则就会引导干部当‘老好人’，不敢得罪人，甚至拉票、贿选。”②习近平同志提出不要引导领导干部当“满票干部”和“老好人”，其实是引导领导干部要不怕得罪人、要敢于担当，成为全面深化改革进行下去的“利剑”。

当选为党的总书记以后，习近平总书记一以贯之地大力提倡担当精神，将敢于担当作为好干部的“五条标准”之一，要求组织部门要公道正派地评价敢

① 习近平．在中央党校春季学期开学典礼上强调认真落实胡锦涛同志重要讲话精神，扎实做好保持党的纯洁性各项工作［N］．人民日报，2012-03-02（1）．

② 习近平．之江新语［M］．杭州：浙江人民出版社，2016：10.

于坚持原则、勇于担当的领导干部，要为他们撑腰，让那些“圆滑官”“老好人”干部没有市场。习近平总书记的这番话，鲜明地指出了当前干部选拔任用中仍然存在的“唯票”评价问题，并要求让不怕得罪人、勇于担当的好干部真正受到尊敬和重用。这在改革进入“深水区”和“攻坚期”的今天，特别具有现实针对性。随着中国特色社会主义伟大实践的不断推进和深入，党和人民更加迫切地需要一批敢于担当的干部把改革进行到底。他们敢于啃硬骨头，敢于涉险滩，敢于向积存多年的顽疾开刀，敢于触及既得利益集团的利益。

（三）全面、历史、辩证地看干部

2013年6月28日，习近平总书记在全国组织工作会议上强调：“用人得当，就要坚持全面、历史、辩证地看干部，注重一贯表现和全部工作。”①

1. 全面地考核干部的标准

2013年，习近平总书记在全国组织工作会议上提出的“信念坚定、为民服务、勤政务实、敢于担当、清正廉洁”的20字好干部标准，把对干部德能勤绩廉的要求分别从思想、立场、态度、责任、操守五个方面具体化，构成了一个比较全面的考核标准，而且体现出了“德才兼备、以德为先”干部考察思路。这20字好干部标准分别使干部的德、能、勤、绩、廉具有了客观、明确的可操作性。

2. 历史地考核干部的方法

考察识别干部的主要方法是看干部的全部工作和历史，而不是一时一事。所以，考察干部，功夫要下到平时，不能只靠提拔前对干部进行一时的考察。习近平总书记从时间和空间上对考核领导干部提出了要求：一是要到基层群众中，在乡语口碑中考察干部。要到干部曾经工作过的地方进行“回头看”考察，从熟悉情况的人员和群众那里了解情况。党的十八大以来，巡视工作连出“大招”——“巡视全覆盖”“巡视回头看”，也是对干部政绩历史考察的一个思想和方法的创新。二是要近距离地接触干部，既要在“大事”上看德，又要在“小节”中察德。在平时的干部考察工作中，不但要考察工作的“8小时”，还要考察工作外的“8小时”，不但要考察领导干部的“工作圈”，还要考察他的“朋友圈”“亲属圈”“生活圈”。

---

① 习近平谈治国理政［M］. 北京：外文出版社，2014：419.

3. 辩证地考核干部的思维

考核一个领导干部时，一是要辩证地看德和才。习近平总书记强调了德才兼备、以德为先的用人标准。才者，德之资也；德者，才之帅也。对于领导干部而言，有德有才是精品，有德无才是次品，无德有才是危险品，无德无才是废品。强调以德为先，也绝不忽视才。一个干部有德无才，虽然政治上可靠，但是不能担负起该担当的责任。二是要辩证地看干部的长处和短处。不知人之短，不知人之长，不知人长中之短，不知人短中之长，则不可以用人，不可以教人。看待一个干部，不在于有没有短处，而在于短处和长处相比，什么占主导地位，什么是主流，要看短处是否影响了大局，是否成了致命的弱点。

既看显绩又看潜绩，公道正派地评价敢于担当的干部，全面、历史、辩证地评价干部，是习近平总书记提出的干部考察评价的三个原则，体现了我党对干部考核和选拔认识的深化，也是我党新时代全面、客观地评价和选拔高素质领导干部的重要遵循。

二、新时代领导干部学习观研究

习近平总书记一直高度重视领导干部的学习问题，并身体力行做出表率。从正定到宁德，从福建到浙江，从上海到中央，他反复阐述和强调党员干部要加强学习。仅从 2008 年 3 月到 2013 年 3 月的 5 年时间里，他在中央党校的开学典礼上，就多次系统、全面地谈到了全党的学习问题，一再呼吁“全党同志一定要善于学习，善于重新学习”①。面对新形势、新任务、新矛盾，习近平总书记从“为何学”“学什么”“怎么学”这三个维度展开逻辑论述，对加强领导干部学习作出了更加全面精辟的论述，形成了独具特色的领导干部学习观。全面梳理习近平领导干部学习观，把握其科学内涵，对于增强领导干部学习的自觉性、科学性，进而推动建设学习型政党、学习型社会具有重要的理论意义和现实意义。

（一）领导干部“为何学”的价值判断

“为何学”主要是讨论学习的目的和意义，是一个价值论层面的问题。习近平总书记就领导干部“为何学”进行了明确论述：“高度重视学习、善于进行学习，是领导干部健康成长、提高素质、增强本领、不断进步的重要途径。特别

---

① 占志刚．习近平同志学习观初探［J］．观察与思考，2014（03）：9-13.

是在当今国际国内形势不断发展变化的情况下，领导干部只有认认真真地学习、与时俱进地学习、持之以恒地学习，才能始终跟上时代进步的潮流，才能担当起领导重任。”①

1. 学习是领导干部提升德行操守的一个重要途径

古人云“修其心、治其身，而后可以为政于天下”。我们国家历来重视从政以德，现在选人任用的原则也是“德才兼备，以德为先”。这个“德”不会随着年龄的增加而增加，也不会随着职务的提高而提高，需要领导干部不断通过读书学习加以锤炼。2006 年 2 月 17 日，习近平同志主政浙江时，在《浙江日报》“之江新语”专栏中说：“传统文化中，读书、修身、立德，不仅是立身之本，更是从政之基。广大党员干部要养成多读书、读好书的习惯，使读书学习成为改造思想、加强修养的重要途径，成为净化灵魂、培养高尚情操的有效手段。”② 在新的历史阶段，面对各种各样的考验和危险，领导干部要在读书学习中锤炼道德操守、提升精神境界，将读书学习当成一种生活态度、一种精神追求，做到慎独、慎微、慎初、慎欲，永葆共产党人的先进性和纯洁性。

2. 学习是领导干部提高工作本领的必然要求

学者非必为仕，而仕者必为学。领导干部是党和人民事业的骨干、关键少数，肩负着为官一任、造福一方的重大使命，承担着执政兴国、执政为民的重要职责。从这个角度说，学习是一种政治责任，是胜任领导工作的必然要求。正如习近平总书记所指出：“领导干部学习不学习不仅仅是自己的事情，本领大小也不仅仅是自己的事情，而是关乎党和国家事业发展的大事情。”③ 在当今日新月异的科技信息时代，各种新知识、新事物、新情况层出不穷，不但“外行”很难领导内行，即使是“内行”也需要终身学习，才能跟上时代的步伐。习近平总书记在庆祝中国共产党成立 95 周年大会上指出：“各级领导干部要加快知识更新、加强实践锻炼，使专业素养和工作能力跟上时代节拍，避免少知而迷、无知而乱，努力成为做好工作的行家里手。”④ 领导干部如果不继续努力学习，

---

① 习近平在中央党校进修班暨师资班开学典礼上的讲话［N］. 人民日报，2008-05-14（01）.

② 习近平. 之江新语［M］. 杭州：浙江人民出版社，2016：175.

③ 习近平谈治国理政［M］. 北京：外文出版社，2014：404.

④ 习近平总书记在庆祝中国共产党成立 95 周年大会上的讲话［N］. 人民日报，2016-07-02（01）.

自有的知识体系就可能跟不上社会发展的需求，贻误党和国家的事业。加强学习，通过爱读书、读好书、善读书，增强工作的科学性、预见性、主动性，克服本领恐慌，是做一名合格领导干部的必然要求。

3. 学习是应对国内外复杂形势，推进党和国家事业前进的现实需要

当前，改革发展稳定任务之重、矛盾风险挑战之多、治国理政考验之大都是前所未有的。中国特色社会主义进入新时代，面对我国发展起来后不断出现的新问题、新矛盾、新情况，我们要赢得优势、赢得主动、赢得未来，实现中华民族伟大复兴的中国梦，解决办法就是加强学习，增强本领。然而，我党面临的“四大危险”之一就是能力不足的危险，所以习近平总书记指出，“同过去相比，我们今天学习的任务不是轻了，而是更重了”①。实现“两个一百年”奋斗目标绝不是轻轻松松、敲锣打鼓就能实现的，各种困难和挑战不断出现，想要持续健康推进中国特色社会主义事业健康发展，必须具备高强的工作本领。正是从这样的战略高度出发，习近平总书记在党的十九大报告中明确要求全党要做到“我们党既要政治过硬，也要本领高强”②。

（二）习近平总书记对领导干部“学什么”的全面布局

领导工作是一种创造性极强的工作，既需要学习各种知识，也需要积累实践经验。习近平总书记从领导干部的工作需要出发，对学习的内容进行了以下几方面的要求。

1. 学习马克思主义理论

马克思主义是我们认识世界和改造世界的强大思想武器，是中国共产党的指导思想。习近平总书记十分重视领导干部的理论学习，认为理论上清醒，政治上才能坚定，多次要求领导干部认真学习马克思主义理论，提高理论素养。他要求领导干部要注重以下三个方面的学习。一是学习马克思主义哲学。习近平总书记认为，“马克思主义哲学深刻揭示了客观世界特别是人类社会发展一般规律，在当今时代依然有着强大生命力，依然是指导我们共产党人前进的强大思想武器”，所以“党的各级领导干部特别是高级干部，要原原本本学习和研读经典著作，努力把马克思主义哲学作为自己的看家本领，坚定理想信念，坚持正确政治方向，提高战略思维能力、综合决策能力、驾驭全局能力，团结带领人

① 习近平谈治国理政［M］. 北京：外文出版社，2014：401.

② 习近平. 决胜全面建成小康社会 夺取新时代中国特色社会主义伟大胜利［M］. 北京：人民出版社，2017：68.

民不断书写改革开放历史新篇章”①。二是学习马克思主义政治经济学。有人认为马克思主义经济学过时了，《资本论》过时了。习近平总书记在哲学社会科学工作座谈会上专门强调，这个说法是武断的。2014 年 7 月 8 日习近平总书记主持召开经济形势专家座谈会时明确强调：“各级党委和政府要学好用好政治经济学，自觉认识和更好遵循经济发展规律，不断提高推进改革开放、领导经济社会发展、提高经济社会发展质量和效益的能力和水平。”② 三是学习当代马克思主义中国化时代化的理论成果。习近平指出：“在当代中国，坚持中国特色社会主义理论体系，就是真正坚持马克思主义。”③ 当前，习近平新时代中国特色社会主义思想是马克思主义中国化时代化的最新理论成果，各级领导干部需要认真学习这一思想，武装头脑，指导实践。

2. 学习党的路线方针政策和国家法律法规

习近平总书记指出：“学习党的路线方针政策和国家法律法规，这是领导干部开展工作要做的基本准备，也是很重要的政治素养。不掌握这些，你根据什么制定决策、解决问题呀？这就很可能在工作中出这样那样的毛病。”④ 只有认真学习党的路线方针政策，领导干部才能增强“四个意识”、坚定“四个自信”，与党中央保持高度一致，做到有令必行，令行禁止。无规矩不成方圆，认真学习国家的法律法规，领导干部才能心中有戒、心中有尺、严以用权。全面推进依法治国是事关我们党执政兴国的一个全局性问题，必须抓住领导干部这个“关键少数”，各级党政机关和每一位领导干部、每一位工作人员都要增强法治观念、法律意识，坚持有法必依，善于运用法治方式开展工作，让人民群众在日常生产生活中都能感受到公平正义。对有法不依、执法不严、徇私枉法的要严肃问责、依法惩治。

3. 学习专业知识技能

一名优秀领导干部往往要经过多领域、多层次、多岗位的锻炼，所以领导干部要结合工作需要来学习经济、政治、科技、军事、外交、管理等方面的知识，主动加快知识更新、优化知识结构、拓宽眼界和视野。习近平总书记在党

---

① 习近平：推动全党学习和掌握历史唯物主义［EB/OL］．（2013-12-04）．http：//www. xinhuanet. com/pol-itics/2013—12/04/c_ 118421164. htm.

② 习近平主持召开经济形势专家座谈会［N］．人民日报，2014-07-09（01）．

③ 习近平谈治国理政［M］．北京：外文出版社，2014：9.

④ 习近平谈治国理政［M］．北京：外文出版社，2014：405.

的十九大报告中提出了增强学习本领、政治领导本领、改革创新本领、科学发展本领、依法执政本领、群众工作本领、狠抓落实本领、驾驭风险本领这八个本领,① 领导干部"要坚持干什么学什么、缺什么补什么,有针对性地学习掌握做好领导工作、履行岗位职责所必备的各种知识和技能,努力使自己真正成为行家里手、内行领导"②。

4. 学习历史和中华优秀传统文化

读史可以明智,知古方能鉴今。习近平总书记一直重视对历史的学习和历史思维的培养,在公开讲话和文章中反复提及。习近平总书记说:"历史是最好的教科书。学习党史、国史,是坚持和发展中国特色社会主义、把党和国家各项事业继续推向前进的必修课。这门功课不仅必修,而且必须修好。"③ 强调领导干部读点历史,不是为了读史而读史,而是要善于从不断认识和把握历史规律中找到前进的正确方向和道路,最终"落实在提高历史文化素养上,落实在提高领导工作水平上"④。

中华优秀传统文化中很多思想理念和道德规范,蕴含着做人做事和治国理政的大道理,不论过去还是现在,都有其永不褪色的价值。要求领导干部学习中华优秀传统文化,学习和掌握其中的各种思想精华,对树立正确的世界观、人生观、价值观很有益处。⑤ 我国有着五千多年光辉灿烂的中华文明,是我们用之不竭的精神宝库。领导干部学习和掌握中华传统文化,可以提高人文素养,陶冶情操,培养高尚的生活情趣。

5. 学习先进典型和先进榜样

榜样的力量是无穷的。习近平总书记指出:"学习知识是一种学问,学习他人是一种美德。向先进典型学习,最关键的是要学精神、学品质、学方法。"⑥ 党的十八大以来,习近平总书记多次批示全党向优秀先进典型和先进榜样学习。比如:学习兰辉,就要学习他为民务实清廉的崇高品格;学习邹碧华,就要学

---

① 习近平参加关系代表团审议强调法治观念法律意识[EB/OL].(2015-03-08).http://china.cnr.cn/NewsFeeds/20150308/t20150308_517928497.shtml.

② 习近平谈治国理政[M].北京:外文出版社,2014:405.

③ 习近平主持中共中央政治局第七次集体学习[EB/OL].(2013-06-26).http://politics.people.com.cn/n/2013/0626/c1024-21981607.html.

④ 习近平.领导干部要读点历史[N].学习时报,2011-09-05(01).

⑤ 习近平谈治国理政[M].北京:外文出版社,2014:405.

⑥ 习近平.之江新语[M].杭州:浙江人民出版社,2016:218.

习他捍卫公平正义、敢于担当的可贵品质；学习李保国，就要学习他长期奋战在扶贫攻坚和科技创新第一线的奋斗精神；学习廖俊波，就要学习他心系群众、为民尽责的公仆情怀；学习黄大年，就要学习他科技报国的爱国情怀，学习他淡泊名利、甘于奉献的高尚情操。领导干部就是要善于向先进典型和先进榜样学习，在一点一滴中完善自己，从小事小节上修炼自己，以自己的实际行动学习先进、保持先进、赶超先进。

（三）领导干部“怎么学”的科学指导

学习要讲究方式方法，正确的学习方法能够提高学习效率，收到事半功倍的效果。对此，习近平认为要把握正确的学习方向、有持之以恒的学习态度、运用科学的学习方法。

1. 要把握正确的学习方向

把握正确的学习方向就是坚持正确的政治方向。党的干部是党和国家事业的中坚力量，作为“关键少数”，领导干部读书学习必须坚持正确的政治方向，与党中央保持高度一致，做政治上的明白人，矢志不渝为中国特色社会主义事业奋斗。“没有正确方向，不仅学不到有益的知识，还很容易被一些天花乱坠、脱离实际甚至荒唐可笑、极其错误的东西所迷惑、所俘虏。”① 领导干部的学习，如果忽视了马列主义、毛泽东思想、中国特色社会主义理论体系所指引的方向，学习就容易陷入盲目状态，难以筑牢抵制各种错误思想言论的防线。

2. 要有持之以恒的学习态度

习近平总书记要求“领导干部应该把学习作为一种追求、一种爱好、一种健康的生活方式，做到好学乐学”②。首先要静心苦读。读书是一个长期的需要付出辛劳的过程，来不得半点马虎和急躁。习近平总书记引用王国维的《人间词话》来形容理论学习的三种境界，其中谈到读书要有“衣带渐宽终不悔”的决心和毅力，舍得下真功夫、苦功夫，最终达到学有所得。其次要善于挤时间。领导干部工作比较繁忙，真正脱产学习的机会很少，所以，领导干部要发扬雷锋的“钉子”精神，挤时间学习，争分夺秒学习，特别是学习借鉴古人的“马上、枕上、厕上”治学态度，③ 只要坚持下去，必定会积少成多、积沙成塔，积跬步以至千里。

① 习近平谈治国理政［M］. 北京：外文出版社，2014：406.

② 习近平谈治国理政［M］. 北京：外文出版社，2014：406.

③ 习近平. 摆脱贫困［M］. 福州：福建人民出版社，2014：211.

3. 要运用科学的学习方法

学习不仅要有正确的方向，有坚定不移的恒心，还要提高学习的效率和质量，讲求科学的学习方法。

一是为政者需要坚持学习与思考相结合。习近平总书记用“学而不思则罔，思而不学则殆”来强调学习与思考的重要性。这句话是孔子所提倡的一种读书与学习方法。学是思的基础，思是学的深化。只学习却不思考，就会陷入迷茫；只思考却不学习，就会精神疲倦而无所得。仕而优则学。为政者要善学善思，善作善成。正如习近平强调：“领导干部要善于安排时间，提高工作效率，少一点酒酣耳热，多一点伏案而思，做到‘博学而笃志，切问而近思’要通过深入学习来明确远大的人生志向，通过深思熟虑来制定科学的工作方案。”①

二是坚持理论联系实际的学风。空谈误国，实干兴邦。习近平总书记要求领导干部加强学习，根本目的是灵活运用所学解决现实问题、提高工作本领，而不是让领导干部专注于读死书、死读书，解决问题生搬硬套、照搬照抄。习近平总书记明确指出，不读书要不得，“书呆子”现象也要不得。② 他多次强调领导干部要发扬理论联系实际的马克思主义学风，带着问题学，拜人民为师，做到干中学、学中干，学以致用、用以促学、学用相长，千万不要夸夸其谈，陷入“客里空”。

三是加强调查研究。习近平总书记高度重视调查研究，认为调查研究是谋事之基、成事之道。没有调查，就没有发言权，更没有决策权。在全面深化改革的背景下，在做一些重大决策和实施措施时，刻舟求剑不行，闭门造车不行，异想天开不行，必须进行全面深入的调查研究，所以“领导干部要向实践求知，善读社会这部书，进一步加强调查研究，问计于基层，问计于群众，在耳闻、目见、足践之中见微知著、管窥全豹，获得真知灼见，形成正确思路，作出科学判断”③。

(四) 领导干部学习观的科学价值

领导干部学习观鲜明地体现了习近平总书记的治国理政思想和干部管理思想，丰富了习近平新时代中国特色社会主义思想的理论内涵，具有重要的科学价值。

---

① 习近平. 之江新语［M］. 杭州：浙江人民出版社，2016：244.
② 习近平. 之江新语［M］. 杭州：浙江人民出版社，2016：271.
③ 习近平. 之江新语［M］. 杭州：浙江人民出版社，2016：180.

1. 为领导干部加强学习提供了科学指南

现在的领导干部，特别是青年干部，基本都接受过高等教育，学习能力比较强，应该充分肯定，我们党大多数领导干部是爱学习、善学习的。然而，我们也应该看到一些领导干部读书学习的状况令人忧虑。有的干部认为工作太忙，没有时间学习，不勤学习；有的干部忙于应酬，觥筹交错，不好学习；有的干部不求甚解，学用脱节，不善学习。究其根源，都是领导干部没有树立正确的学习观。领导干部学习观内涵丰富，针对“怎么学”提出了一系列新思想、新观点和新要求，为领导干部加强学习提供了科学指南。深入把握领导干部学习观，有利于广大党员干部用马克思主义的立场观点方法对待学习，自觉将读书学习当成一种精神追求和一种生活方式，进而提高自己的工作能力和领导水平。

2. 为建设学习型政党和学习型社会奠定了理论基础

当今世界已进入信息时代，知识更新的速度大大加快，许多学科的知识更新周期已缩短至2~3年。所以，建设学习型政党和学习型社会迫在眉睫。党的十七届四中全会提出：“把建设马克思主义学习型政党作为重大而紧迫的战略任务抓紧抓好”，党的十八大又提出建设“学习型、服务型、创新型的马克思主义政党”，党的十九大再次强调“建设马克思主义学习型政党，推动建设学习大国”。在这样的形势下，领导干部既要做自觉学习的实践者，又要做学习型政党、学习型社会的倡导者和引领者，以良好的党内学习风气激发全民学习热情，促使广大党员和人民群众“全员学习、全程学习、终身学习”，齐心协力建设学习型社会。

3. 为实现“两个一百年”奋斗目标提供了思想保证

中国共产党一百多年的光辉历程和伟大实践告诉我们，中国共产党人依靠学习走到今天，也必然要依靠学习走向未来。在每一个重大历史转折时期，党的学习都起着重要的先导作用和思想保证作用。今天，我国正在进行具有许多新的历史特点的伟大斗争，与过去相比，我们学习的任务不是轻了，而是更重了。党的十八大以来，着眼于党和国家发展大局，习近平总书记继承和发扬我们党重视学习的优良传统和成功经验，就加强党员干部学习，提出了一系列新思想、新观点、新论述，开启了“做一个学习大国”新的历史进程，让学习不断解决中国的现实问题，以学习托起梦想，以学习成就未来。领导干部学习观就像一场“及时雨”，为实现“两个一百年”奋斗目标和中华民族伟大复兴的中国梦提供了思想保证和不竭动力。

三、新时代好干部标准探析

党的干部是党和国家事业的中坚力量。治国之要，首在用人。2018 年 1 月 5 日，习近平总书记在学习贯彻党的十九大精神研讨班开班式上，对中央委员会成员和省部级主要领导干部提出“信念过硬、政治过硬、责任过硬、能力过硬、作风过硬”① 的要求。“信念过硬”是立身之本，“政治过硬”是为政之道，“责任过硬”是成事之基，“能力过硬”是履职之要，“作风过硬”是正气之源。这五个“过硬”相辅相成，环环相扣，是一个有机联系的整体，既是对高级领导干部的根本要求，也是新时代各级领导干部的重要行为准则和基本价值追求。新时代好干部标准是对我们党选拔任用高素质干部标准的继承、丰富和发展，为选人用人树立了科学的导向，为考核评价干部提供了重要遵循。

（一）“信念过硬”是领导干部的立身之本

坚定理想信念，坚守共产党人精神追求，始终是共产党人安身立命的根本。党的十八大以来，习近平总书记在不同场合、不同时间提到全面从严治党和干部队伍建设时都反复强调领导干部要坚定理想信念。习近平总书记指出，“理想信念就是共产党员精神上的‘钙’，没有理想信念，理想信念不坚定，精神上就会‘缺钙’，就会得‘软骨病’”②。所以，“理想信念坚定，是好干部第一位的标准，是不是好干部首先看这一条。”③ 领导干部要带头做共产主义远大理想和中国特色社会主义共同理想的坚定信仰者和忠实实践者，必须将远大理想和共同理想统一起来。没有远大理想，就会失去前进方向；没有当前的共同理想，再远大的理想也是空想。

1. 做共产主义远大理想的坚定信仰者

共产主义是我们党的远大理想。在党的十九大报告中，习近平总书记在谈新时代中国共产党的历史使命时，指出“中国共产党一经成立，就把实现共产主义作为党的最高理想和最终目标”。一百多年来，共产主义远大理想激励了一代又一代共产党人英勇奋斗，成千上万的烈士为了这个理想献出了宝贵生命。实现共产主义是共产党人的价值追求、最高理想。当前，领导干部坚定共产主

---

① 习近平. 以时不我待只争朝夕的精神投入工作开创 新时代中国特色社会主义事业新局面［N］. 人民日报，2018-01-06（01）.

② 习近平谈治国理政［M］. 北京：外文出版社，2014：15.

③ 习近平谈治国理政［M］. 北京：外文出版社，2014：413.

义远大理想，就要学习和实践马克思主义关于人类社会发展规律的思想。2018年5月4日，习近平总书记在纪念马克思诞辰200周年大会上发表重要讲话，高扬马克思主义伟大旗帜，坚定马克思主义崇高信仰，将马克思主义与坚定共产主义理想信念联系起来，指出马克思主义奠定了共产党人坚定理想信念的理论基础。领导干部深刻认识和准确把握马克思主义关于人类社会发展规律的思想，就能在思想认识上形成自觉，在灵魂深处坚守共产党人的理想信念，像马克思那样，为共产主义奋斗终生。

2. 做中国特色社会主义共同理想的忠实实践者

中国特色社会主义是改革开放以来党的全部理论和实践的主题，是党和人民历尽千辛万苦、付出巨大代价取得的根本成就。共产主义远大理想是逐步完成一个个阶段性目标的历史过程。实现共产主义，就要脚踏实地，同中国特色社会主义共同理想统一起来。坚持中国特色社会主义共同理想，领导干部必须以习近平新时代中国特色社会主义思想武装头脑，立足社会主义初级阶段这个最大的实际，坚持道路自信、理论自信、制度自信、文化自信，永远把人民对美好生活的向往作为奋斗目标，继续为实现中华民族伟大复兴而不懈奋斗，使中华民族以更加昂扬的姿态屹立于世界民族之林。

（二）“政治过硬”是领导干部的为政之道

政治问题，任何时候都是根本性的大问题。旗帜鲜明讲政治是我们党作为马克思主义政党的突出特点和优势，也是根本要求。领导干部作为建设中国特色社会主义事业的中坚力量，对其选拔任用时必须注重政治上的要求。习近平总书记强调：“干部在政治上出问题，对党的危害不亚于腐败问题，有的甚至比腐败问题更严重。”① 他在做十九大报告时也明确指出“选人用人要突出政治标准”，所以各级领导干部要时刻严守政治纪律和政治规矩，对党绝对忠诚，维护党中央权威，确保党的路线方针政策能够政令畅通，始终做政治上的明白人。

1. 坚持政治方向，对党绝对忠诚

习近平总书记指出：“对党绝对忠诚要害在‘绝对’两个字，就是唯一的、彻底的、无条件的、不掺任何杂质的、没有任何水分的忠诚。”② 坚持正确的政治方向，对党绝对忠诚是基本要求。然而，目前一些领导干部在党不言党，对

① 习近平关于全面从严治党论述摘编［M］. 北京：中央文献出版社，2016：80.

② 李文. 对党绝对忠诚是根本政治要求［N］. 人民日报，2016-02-15（07）.

党的意识淡薄，吃共产党的饭砸共产党的锅，表面拥护中央，背地里说三道四，妄议中央大政方针，甚至发表同党中央精神相违背的言论，扰乱人们的思想，破坏党的团结统一，妨碍中央方针政策的贯彻落实。当前我国正处于全面建成社会主义现代化强国的历史阶段，如果领导干部不能做对党绝对忠诚的榜样，如何团结带领广大人民群众实现中华民族伟大复兴的中国梦。对党绝对忠诚，领导干部就要增强“四个意识”、坚定“四个自信”，坚决维护党中央权威和集中统一领导，全面贯彻执行党的理论和路线方针政策；对党绝对忠诚，领导干部就要对党高度信赖，坚决与“两面人”做斗争，做到在党爱党、在党言党、在党忧党、在党为党；对党绝对忠诚，领导干部就要大公无私、公私分明、先公后私、公而忘私；对党绝对忠诚，领导干部就要高度重视个人品德修养，做到懂规矩、守纪律、知荣辱。

2. 站稳政治立场，全心全意为人民服务

人心向背关系着国家的兴衰存亡。“人民立场是中国共产党的根本政治立场，是马克思主义政党区别于其他政党的显著标志。党与人民风雨同舟、生死与共，始终保持血肉联系，是党战胜一切困难和风险的根本保证，正所谓‘得众则得国，失众则失国’。”① 党的各级领导干部站稳政治立场，就要立党为公，执政为民，把人民拥护不拥护、赞成不赞成、高兴不高兴、答应不答应作为衡量一切工作得失的根本标准。一是始终将人民放在心中最高位置。人民是历史的创造者，人民是真正的英雄。共产党牢记人民至上这个根本，取得了革命、建设、改革的伟大胜利。习近平总书记要求各级领导干部，不论身居多高的位置，都必须坚持人民主体地位，虚心向人民学习，倾听人民呼声，汲取人民智慧，将最广大人民群众的根本利益作为党和国家一切工作的根本出发点和落脚点。二是始终全心全意为人民服务。党的各级领导干部都是人民的公仆，必须牢记党的根本宗旨，把人民的安危冷暖放在心上，要急人民群众之所急，想群众之所想，解群众之所困。能解决的难事要当成头等大事来办，不能解决的难事也要想办法有计划地解决，这样才能为实现中国梦凝聚民心民意，赢得人民群众的支持和爱护。三是始终为人民利益和幸福而努力工作。2012 年 11 月 15 日，习近平当选为党的总书记后同中外记者见面时，把人民对美好生活的向往确定为新一届中央领导集体的奋斗目标。当前为人民群众谋的最大的利益和幸

① 庆祝中国共产党成立 95 周年大会在京隆重举行［N］. 人民日报，2016-07-02（01）.

福就是让发展成果更多更公平地惠及全体人民，让人民有获得感。各级领导干部要在幼有所育、学有所教、劳有所得、病有所医、老有所养、住有所居、弱有所扶上不断努力，一件接着一件干，一年接着一年干。

（三）“责任过硬”是领导干部的成事之基

责任重于泰山。研读习近平总书记十八大以来的系列重要讲话，不难发现，不论是谈及全面从严治党，还是谈及改革、军队、内政外交，他都要强调责任担当，要求党员干部要敢于较真碰硬、敢于直面困难，自觉把使命放在心上、把责任扛在肩上。在学习贯彻党的十九大精神研讨班上，习近平总书记再次强调了责任意识的重要意义，要求领导干部树立正确政绩观，发扬求真务实、真抓实干的作风，以钉钉子精神担当尽责，真正做到对历史和人民负责。

1. 责任过硬就要树立正确的政绩观

领导干部只有树立正确的政绩观，才能担起党和人民赋予的重任。领导干部要弄清楚为谁而建政绩，是为自己功名利禄而创造政绩，还是为了人民的福祉而建立政绩，这是树立正确政绩观的核心问题。习近平同志主政浙江时就明确指出：“树政绩的根本目的是为人民谋利益。”① 对领导干部来说，为官一任，造福一方，应该有政绩，也必须追求政绩。那如何追求正确的政绩呢？他针对此问题进行更加深入的阐述。一是既要做显绩，也要做潜绩。“显绩”就是要做让人民群众看得见、摸得着、得实惠的实事，“潜绩”就是要做为后人做铺垫、打基础、利长远的好事。他曾多次强调，领导干部要有“功成不必在我”② 的精神，不贪一时之功，不图一时之名，要一茬接着一茬干，不求急功近利的“显绩”，创造泽被后人的“潜绩”。二是落实才能出成绩。空谈误国，实干兴邦。再美好的蓝图勾勒千百次，不实现，只能是画饼充饥。领导干部要发扬求真务实、真抓实干的作风，讲实效、出实招、办实事，真正做到干在实处、走在前列。

2. 责任过硬就要有敢于担当的勇气和决心

担当就是责任，勇于担当是一种精神。是否具有担当精神，是否能够忠诚履责、尽心尽责、勇于担责，是检验每一位领导干部身上是否真正体现了共产党人先进性和纯洁性的重要方面。在全面深化改革进入“深水区”和“攻坚

---

① 习近平. 之江新语［M］. 杭州：浙江人民出版社，2016：34.

② 殷鹏. 树立“功成不必在我”的信念［N］. 人民日报，2018-03-15（07）.

区”的阶段，问题错综复杂、矛盾空前尖锐，领导干部要敢于坚持原则，敢于涉险滩，敢于向既得利益集团开炮，敢于向积存多年的痼疾开刀，为实现中华民族伟大复兴中国梦开辟道路，决不做“太平官”和“圆滑官”。

（四）“能力过硬”是领导干部的履职之要

党的十八大以来，我们党的干部队伍建设迈上新台阶，整体素质和领导水平得到很大提高，但与新时代党和国家伟大事业发展的要求相比，一些领导干部能力不足、本领不够的问题依然存在。习近平总书记在十九大报告中指出，“要注重培养干部的专业能力、专业精神，增强干部队伍适应新时代中国特色社会主义发展要求的能力”。然而，能力不是天生的，也绝非一劳永逸、一蹴而就的。习近平总书记就领导干部如何做到能力过硬提出明确要求：“要不断掌握新知识、熟悉新领域、开拓新视野，全面提高领导能力和执政水平。”①

1. 要不断学习，加快知识更新

学者非必为仕，而仕者必为学。面对复杂多变的国际形势和国内改革发展稳定的艰巨任务，领导干部如果不加强学习，知识就会陈旧，思想就会僵化，面对新情况新问题就会左支右绌，老办法不管用，新办法不会用。只有不断学习，加快更新知识结构和扩宽视野，才能增强工作的科学性、前瞻性、创造性，克服本领恐慌的问题。加强学习是习近平总书记一直以来身体力行、大力提倡的一个问题。他从正定讲到宁德，从福建讲到浙江，从上海讲到中央。他对加强领导干部学习的内容作了全面系统深刻的论述。一是领导干部要加强理论学习，提高理论素养。理论上的清醒是政治坚定的基础。领导干部要系统学习马克思主义、毛泽东思想和中国特色社会主义理论体系，知道我们党是如何反复比较、历史地选择马克思主义作为科学指南，是如何把马克思主义基本原理与中国的实际相结合，是如何历经千辛万苦开创和发展中国特色社会主义的。这不但能深化领导干部自身对人类社会发展规律的认识，而且能帮助其运用马克思主义立场、观点、方法分析和解决问题。二是领导干部要学习政治、经济、社会、文化、历史、科技、军事、外交等方面的知识。要坚持干什么学什么、缺什么补什么，有针对性地学习掌握做好领导工作、履行岗位职责所必备的各种知识，提高自己的知识化、专业化水平。三是领导干部也要学习思维知识和

① 习近平. 以时不我待只争朝夕的精神投入工作开创新时代中国特色社会主义事业新局面［N］. 人民日报，2018-01-06（01）.

经验。在复杂的国际形势和艰巨繁重的国内改革发展稳定任务面前，习近平总书记指出，领导干部要“注重养成辩证思维、战略思维、全局思维、创新思维能力，学习历史的和现实的领导工作经验，努力增强工作的原则性、系统性、预见性、创造性，努力提高对现实和问题进行战略思考和政治决定的能力”①。

2. 做好调查研究工作

调查研究是谋事之基、成事之道。调研能力是领导干部整体素质和能力的一个基本功。领导干部往往是一个部门或者地方的决策者，他们在研究、思考、制定政策前，只有俯下身子去做深入细致的调研，才能做到心中有数，进而制定出符合民心民意的科学发展规划。习近平总书记每到一个地方任职，都没有急于烧新官上任的三把火，而是深入基层去了解本地区的实际状况。在河北正定，他跑遍了所有的村，对领导干部强调要“兴起调查研究之风”，登门入户，亲自摸情况、听反映，寻求“源头活水”。在福建宁德，他到任3个月就走遍了所辖的9个县，后来又跑遍了大部分乡镇，最终形成“四下基层”这一有效措施，受到人民群众的称赞和拥护。习近平总书记多次强调调查研究，就是要求各级领导干部要乐于调研，善于调研，不仅“身”入基层，更要“心”入基层，到问题多、困难大、矛盾集中的农村、社区、企业等基层单位，倾听群众心声，找出问题的症结所在，提出切实可行的解决方案，做到出实招，见实效。

（五）“作风过硬”是领导干部的正气之源

领导干部的作风是观察社会风气的窗口。执政党有什么样的作风，一个社会就呈现出什么样的风气，一个国家就展现出什么样的未来。党的十八大以来，为了保持党的先进性和纯洁性，维护党的执政地位和权威，习近平总书记以一种壮士断腕的魄力和勇气在全国掀起反腐败斗争的浪潮，通过正风肃纪，严格落实中央八项规定精神，享乐主义和奢靡之风得到有效遏制，但形式主义、官僚主义在一定程度上仍然存在。习近平总书记强调：“要从解决‘四风’问题延伸开去，努力改进思想作风、工作作风、领导作风、干部生活作风，努力改进学风、文风、会风，加强治本工作，使党员、干部不仅不敢沾染歪风邪气，而且不能、不想沾染歪风邪气，使党的作风全面纯洁起来。”②

① 习近平. 在中央党校2012年秋季学期开学典礼上的讲话［N］. 学习时报，2012-09-10（01）.

② 习近平. 历史使命越光荣奋斗目标越宏伟越要增强忧患意识越要从严治党［N］. 人民日报，2014-10-09（01）.

1. 领导干部要守住道德“底线”

做官先做人，做人先立德，人无德不立。“底线”是对领导干部最基本的要求，也是最基本的行为操守，是衡量领导干部是否合格的下线。习近平总书记曾引用古语“不患无位而患德之不修”“不患位之不尊而患德之不崇”来强调为官者“德”的重要性。“德”具体体现在领导干部的生活作风和生活情趣上。生活情趣非小事，领导干部的堕落变质往往是从吃喝玩乐这些小事上发展起来的，一步步堕入贪污腐化的深渊。如果领导干部生活作风不检点、生活情趣不健康，在道德上打开缺口，就很难做到清正廉洁，进而对社会风气造成负面影响。在当前复杂的社会大环境下，领导干部要践行社会主义核心价值观，培养健康的生活情趣和个人爱好，净化自己的朋友圈子，严格管理子女家属和身边的工作人员，提升道德境界，要把“慎独”作为一种操守和品行，切实做到时时事事心中有戒，始终坚守做人底线和从政底线。

2. 领导干部要不越党纪国法“红线”

“不以规矩，不能成方圆。”习近平认为党的党内规矩是党的各级组织和全体党员必须遵守的行为规范和规则，党的规矩总的包括党章、党的纪律、国家法律、党在长期实践中形成的优良传统和工作惯例。① 作为党的领导干部，遵守党的纪律是本分，遵守国家法律是义务，绝不允许他们因为位高权重而凌驾于党纪国法之上。任何人都不得把党的政治纪律和政治规矩当儿戏、胡作非为；任何人都不得凌驾于国家法律之上、徇私枉法；任何人都不得把司法权力作为私器牟取私利、满足私欲。习近平总书记明确提出：“党纪国法的红线不能逾越。”② 党纪国法不能成为“橡皮泥”“稻草人”，任何人违纪违法都要被追究问责，否则会形成“破窗效应”。因此，党的各级领导干部不仅要以“不犯法”的最低标准要求自己，而且要按照党规党纪的更高标准要求自己，做到“三严三实”，形成良好的工作作风、领导作风和生活作风，坚决抵制“四风”问题。

新时代好干部标准是对我党选人用人思想的继承、丰富和发展，具有鲜明的时代特征和现实针对性，使考核评价干部有了重要遵循，对于改进党的干部工作、完善从严管理干部制度体系，防止带病提拔，匡正正确的选人用人导向

---

① 习近平在十八届中央纪委五次全会上发表重要讲话［N］．人民日报，2015-01-14（01）．

② 习近平在省部级主要领导干部学习贯彻十八届四中全会精神全面推进依法治国专题研讨班开班式上的讲话［N］．人民日报，2015-02-03（01）．

和引导领导干部树立正确的政绩观、事业观、工作观，有着十分重要的意义。

第二节　马克思主义中国化与新时代中国共产党的理论创新

一、中国道路的历史经验总结及未来发展

梳理近年来关于“中国道路”研究的学术成果，对进一步认识中国社会主义建设的成就和经验，对今后中国特色社会主义事业理论和实践的探索，都具有重要意义。

（一）“中国道路”研究热始于2004年英国乔舒亚·库珀·雷默的一篇文章《北京共识：提供新模式》。“北京共识”一经提出便迅速引起热议，许多国内学者颇不赞同这一提法，认为“北京共识”对中国的成功及原因的解读，远不能反映中国的实际，并以“中国道路”“中国模式”“中国经验”等替代“北京共识”的提法。随着研究的深入，一些学者认为“中国模式”的表述存有缺陷，代表性的观点如“少提或慎提中国模式”之说认为：“模式总是倾向于制度层面的具体表述，有相对静止单一平面等特点，在事实上也有是否真正存在的疑问。若强调过分，容易在实践中导致制度或体制的固化甚至僵化。道路则不然，它强调对社会历史进程的宏观分析，更具有历史的纵深性和包容性。”① 一部分学者则直接反对使用“中国模式”概念，认为“中国的发展模式尚未形成，还有很长的路要走”②。

关于中国道路的起点，学界主要有两种观点，一种认为“中国道路可以包括中国革命、建设和改革开放之路”③，其历史起点或“可以追溯到1840年的鸦片战争”，或是“1949年新中国的诞生”。④ 另一种观点认为，中国道路“特指中国改革开放以来的社会发展道路或发展经验，是从全球化角度或从世界视

---

① 韦定广．创造与贡献：世界体系视域中的中国道路［J］．社会科学，2010，(06)．

② 范勇鹏，褚国飞．“中国道路”任重而道远——王缉思教授专访［J］．国际社会科学杂志（中文版），2009，26（01）：23-28.

③ 李慎明，何成，宋维强．中国道路的六个内涵［J］．科学咨询，2011，(04)．

④ 李琦，胡昌勇．国内外学者纵论“中国道路”［J］．党的文献，2010，(04)．

野来看待中国社会发展道路"①。

（二）中国发展经验是"中国道路"研究的重点。有学者从改革的方法步骤总结了中国道路的三条经验："一是先经济后政治；二是渐进式、小步走；三是先试点，取得经验再推广。"② 有学者从制度和文化视角解释中国道路的成功："一是集中出效率，中国可以集中力量办大事，经济社会资源的集中配置没有太多牵扯和掣肘。二是政治经济一体化的组织体制，国家可以把所有政治组织资源动员起来，政党政府企业齐心合力解决国家建设最需要的领域。三是制度创新，把西方发达国家的市场竞争机制与中国社会主义政治制度优势有机结合，是中国最大的制度创新。四是文化包容，借鉴并吸收人类一切文明成果。"③ 也有观点认为，中国道路特有的经验分别是："社会主义发展与现代化建设一体化；社会主义与市场经济相结合；把远大理想现实化，以阶段性的奋斗目标体现发展的过程性；把民族精神作为社会动员的重要资源；自身发展与世界发展的结合，以自身的发展促进世界和平发展。"④ 从中国政治、文化、经济、社会、外交等方面总结"中国道路"经验的观点颇具代表性，概括为：第一，政治上，坚持中国共产党的领导、人民当家作主和依法治国。第二，文化上，坚持以马克思主义为指导。第三，经济上，建立公有制为主体、多种所有制经济共同发展的社会主义市场经济。第四，社会管理理念上，坚持解放思想，实事求是，与时俱进，科学发展。第五，现代化发展战略上，坚持对外开放，独立自主，抓住了经济全球化的机会。第六，外交上，坚持维护国家主权和领土完整，反对霸权和强权政治，坚持和平发展。⑤ 此外，一些学者还从不同的侧面指出了中国道路的经验。有的认为，"中国道路成功的制度奥秘是一次性授权使决策成本降低"⑥。有的认为传统文化中的"实践理性、忧患意识、隐忍气度、天下情怀、民本政治、平等追求、教育观念、和谐理念、和平取向"⑦ 等对中国道路取得的成功具有重要意义。

---

① 沈云锁，陈先李．中国模式论［M］．北京：人民出版社，2007.

② 李琦，胡昌勇．国内外学者纵论"中国道路"［J］．党的文献，2010，(04)．

③ 陈红太．中国经济奇迹的密码在政治领域［J］．红旗文稿，2010，(07)．

④ 秦刚．中国道路与创新精神［J］．理论视野，2011，(07)．

⑤ 李慎明，何成，宋维强．中国道路的六个内涵［J］．科学咨询，2011，(04)．

⑥ 王广，范勇鹏，袁华杰等．十学者纵论中国道路［J］．中国社会科学报，2009，(01)．

⑦ 张西立．中国道路的传统文化动因［J］．创造，2009，(07)．

（三）有学者对中国道路的意义和面临的挑战进行了研讨。第一，对世界社会主义运动发展的意义。有观点认为，“中国道路的世界意义在于，通过实践证明了坚持马克思主义信念，通过对市场的合理利用，能够达到解放生产力和发展生产力的目的”①。第二，对国际格局的影响。中国提供了与西方完全不同的政治模式和范例，打破了传统国际关系格局中两极对立的冷战思维，破除了不同意识形态国家间以相互对抗为主的局面，转向以和平共存、合作共赢为方向的新型两制关系。第三，对中国争夺国际话语权的意义。有学者指出，“中国发展带来的可能是一种全新的思维、一种深层次的范式变化、一种西方现存理论和话语还无法解释的新认知”②。也有学者指出，“中国道路在于它自身的阐释力，既说明自己，也能用来观察世界”③。第四，对发展中国家探索国家发展道路的影响。有学者从政治发展道路的视角提出，“中国超越了西方单一的西化—民主化—私有化—自由化的政治框架，有效地吸纳了经济转型和社会调整的张力，防范了一些国家出现的民族分裂和地区分离势力，维护了国家统一和领土完整”④。也有观点从经济发展的视角认为，中国道路“对发展中国家摆脱贫困、加快发展发挥着榜样效应，同时也为整个世界提供了新的发展经验和建设理念”⑤。

关于“中国道路”面临的挑战，有学者认为，对国内而言，“克服资源瓶颈走绿色低碳经济路线是中国道路面临的重大挑战”⑥。在国际方面，首先，“中国威胁论”导致局部国际环境有所恶化，对中国长期和平发展构成了一定的威胁。有学者指出，随着中国正在成为各国在制定其外交政策和国际战略的关注点，平衡中国的影响，或者说减少中国影响力扩张将成为世界上一些主要大国制定对外战略时考虑的一个重点，中国的国际战略和外交必将面临更大的压力和挑战。其次，有学者认为，在充分利用经济全球化所带来的积极因素之后，中国也面临着负面影响的压力。能否成功克服这些负面影响，将事关中国经济发展和国家安全。

---

① 周弘．全球化条件下中国道路的世界意义［J］．中国社会科学，2009，（05）．

② 张维为．中国模式的几点概括［J］．人民论坛，2008，（24）．

③ 黄平．“中国道路”的学术意义［J］．中国社会科学报，2009，（10）．

④ 张树华．中国道路的政治优势与思想价值［J］．红旗文稿，2011，（01）．

⑤ 秦刚．中国特色社会主义道路的创新性及其国际意义［J］．当代世界与社会主义，2008，（04）．

⑥ 张胜军．国际视野下的中国道路［J］．人民论坛，2011，（02）．

关于“中国道路”未来的发展。中国发展之路是中国人民抓机遇、迎挑战、促创新、谋发展的过程，以改革创新化解当前以及今后发展中面临的一系列社会问题，成为理论界的普遍共识。经济领域的创新应着眼于产业结构优化升级，“发展绿色低碳经济”。政治和社会领域，改革创新“必须遵循党的领导、人民当家作主、依法治国的有机统一”①。思想文化建设领域，文化的发展和繁荣成为中国道路研究的新亮点。

二、正确理解新时代我国社会主要矛盾

正确认识和把握社会主要矛盾，是确定党和国家中心任务、推动社会发展进步的重要前提。党的十九大提出，新时代社会主要矛盾已转化为“人民日益增长的美好生活需要和不平衡不充分的发展之间的矛盾”，抓住了新时代中国基本国情的主要特征，是我们党坚持辩证唯物主义和历史唯物主义的方法论而得出的正确结论，为进一步把握和制定党的路线、方针、政策和战略提供了理论依据。准确把握社会主要矛盾转化的新特点、正确理解新时代我国社会主要矛盾，对全面建成社会主义现代化强国，具有十分重要的战略意义。

（一）新时代社会主要矛盾的基本内涵

新时代我国社会的主要矛盾，揭示了新时代满足人民日益增长的美好生活需要的主要制约因素，指出了影响全面发展的突出短板和薄弱环节。如果说过去我们所要解决的主要问题是发展“量”的不足问题，新时代则向我们提出了发展“质”的提高问题。

1. 如何认识“人民日益增长的美好生活需要”

“人民日益增长的美好生活需要”，这一科学判断有利于更加全面分析和把握多方面、多样化、个性化、多变性、多层次的人民需要，对于更好地坚持以人民为中心的发展思想，不断满足人民群众追求美好生活的各项需求，与时俱进地研究分析人民群众需要的时代特点和演变发展的规律，以及制定具体的方针、政策和战略，都有重要的理论意义和实践意义。

首先，“落后的社会生产”问题已经解决。改革开放40多年来，我国社会生产力水平总体上明显提高，国民经济已进入世界前列，过去出现的产品数量、质量、种类与人们需要的不一致，生产与需要在时间、空间上的不一致已经得

---

① 王中汝．民主政治发展的中国道路与模式［J］．科学社会主义，2009，(04)．

到解决,“落后的社会生产”已经不能准确表达当前中国社会发展和生产力水平的实际状况。社会主要矛盾的转化,反映了我国生产力水平从不高到实现经济中高速增长、社会生产力得到空前发展、社会创造力和发展活力大幅增强。要继续大力解放和发展社会生产力,从而实现更高质量、更有效率、更加公平、更可持续的发展。

其次,从“物质文化需要”到“美好生活需要”,反映了当前人民需要的全面性。改革开放40多年的快速发展,人们吃饱穿暖早已不是问题,而是希望吃好穿好。尤其是进入新时代以来,党和国家事业发生了历史性的变革,“迎来了从站起来、富起来到强起来的伟大飞跃”,经济建设、综合国力、人民生活再上新台阶。“物质文化需要”已经不能全面概括当前人民群众全方位、多层次的需要,人民对于物质文化的需要层次更高,从追求数量到追求品质,追求更多的是美好生活的需要。“美好生活”的表述,能够更加全面地表达人们不仅有物质需要和精神需要;不只有温饱需要,还有民主、法治、公平、正义、安全、环境等方面的需要,“既要金山银山,也要绿水青山”。

新时代社会主要矛盾的转化,反映了我国社会发展的巨大进步,反映了发展的阶段性要求。习近平总书记强调:“我们的人民热爱生活,期盼有更好的教育、更稳定的工作、更满意的收入、更可靠的社会保障、更高水平的医疗卫生服务、更舒适的居住条件、更优美的环境,期盼着孩子们能成长得更好、工作得更好、生活得更好。”这充分反映了当前人民需要的全面性。

2. 科学把握“不平衡不充分的发展”

“不平衡不充分的发展”,这一判断既反映了我国的生产力水平仍然存在较大提升空间,又准确概括了当前中国发展格局和生产状况中比较突出的结构性矛盾。“不充分”是“不平衡”产生的客观基础。我国当前的客观实际是,经济社会已经发展起来了,但发展又不够充分。主要体现在以下几个方面:

第一,地区间的不平衡。受地理位置和政策影响,我国整体上呈现东、中、西三大区域发展不平衡的局面。改革开放后,东部地区借助于开放的春风,先一步改革,先一步开放,也先一步发展,但也带来了区域经济发展不平衡的问题,导致东部与中西部地区间人均GDP和人均收入迅速扩大。虽然中央推行“振兴东北老工业基地”“中部崛起”“西部大开发”等发展战略,在一定程度上减少了地区发展差距,但是中西部地区的人均收入仍远远低于东部地区。从人才方面来说,人才总是流向发达区域和城市,这里有施展抱负的平台、更好的生活条件。因此，我们一方面需要实现均衡发展，减少地区差距；另一方面又需要通过京津冀协同发展和长江经济带发展，推动龙头地区赶超西方发达国家，带动其他区域联动发展。

第二，城乡间的不平衡。根据2016年中国统计年鉴的数据，我国城镇居民消费水平为27088元，农村居民消费水平为9630元。目前我国城乡发展和收入分配差距依然较大，城乡及城市内部的二元结构矛盾突出，并且随着城镇化的进一步发展，农村的空心化将日趋严重。与城市的车水马龙相比，农村地区的基础设施建设、公共服务水平、乡村治理水平还需进一步发展。

第三，收入差距较大。收入差距，是我国经济社会发展中的长期问题，容易诱发社会矛盾。

第四，产业间的不平衡。一方面，传统产业产能饱和乃至严重过剩，而战略性新兴产业仍发展不足。另一方面，我国一些产业已经达到世界领先水平，一些产业还处于价值链的低端。在此背景下，我国正大力推进供给侧结构性改革，推动传统产业提质增效、新兴产业加快发展步伐。

第五，社会文明、国民素质与社会经济发展水平的不平衡。在社会经济不断发展的背景下，社会上还存在功利主义、享乐主义、拜金主义，假冒伪劣、欺诈传销等行为屡禁不止，社会文明和国民素质亟待进一步提高。

不充分的发展，主要是指公共服务的发展水平不够高，发展成果不足以惠及全体人民。“不平衡”会反过来加剧“不充分”。由于发展不平衡，处于发展强势一端的社会主体，会过多占用发展资源，从而加剧处于发展弱势一端的社会主体在公共服务供给遭受不充分乃至稀缺的感受。主要体现在以下几个方面：

第一，优质教育发展不充分。人民群众所追求的教育公平，是享有平等的受教育机会和条件。受制于经济社会发展水平等多种因素，当前优质教育资源发展中存在数量不足、分布不均、薄弱校自我造血能力不够等问题。加大对教育的投入，充分发展优质教育，让人民都能享有优质的教育资源，是美好生活的必要条件。

第二，住房资源普及不充分。我国作为人口大国，随着城市化的不断发展，确实存在大城市房源供不应求的情况，但居高不下的房价显然已成为政府亟待解决的问题。除却抑制炒房等行为外，更需要加大投入的是经济适用房、公租房、保障房等民心工程，切实解决贫困和低收入人民的安家问题。

第三，医疗建设体量不充分。当前，人民群众“看病难，看病贵”的现象仍然存在，公立大医院数量少，许多患者得了大病不得不进省城甚至进京就诊，究其根本原因在于医疗建设的体量不充分，不足以满足14亿多中国人民看病就诊的需要。

第四，精神文明发展不充分。物质文明的快速发展，更加需要与之相辅相成的精神文明高度发展。但不可否认，物质文明和精神文明在很多地方还存在“一个快、一个慢”与“一条腿长、一条腿短”的问题，无法满足人们对精神世界的更高追求。精神文明发展不充分，反过来会严重制约物质文明的充分发展。

（二）新时代社会主要矛盾转化的重要意义

“实践没有止境，理论创新也没有止境。”新时代社会主要矛盾是我们党勇于推进实践基础上的理论创新，抓住了我国进入新时代发展的关键和牛鼻子，系统回答了新时代坚持和发展什么样的中国特色社会主义、怎样坚持和发展中国特色社会主义这一重大时代课题。关于新时代社会主要矛盾的理论作为习近平新时代中国特色社会主义思想的重要组成部分，体现了我们党运用马克思主义立场观点方法，研究解决各种重大理论和实践问题，不断推进马克思主义中国化的理论担当，也体现了我们党善于驾驭复杂局面的能力和认识历史发展规律的理论品格。

1. 体现了我们党全心全意为人民服务的根本宗旨，符合人民的根本利益和期待

把人民对美好生活的向往作为奋斗目标，充分彰显了我们党始终坚持以人民为中心的价值追求和执政为民的责任担当。民心是最大的政治。党的十八大以来，我们党深入贯彻以人民为中心的发展理念，把人民利益摆在至高无上的地位。党心民心，心心相印，人民的需要和向往是国家制定大政方针的基线和出发点。党的十九大报告强调，“全党同志一定要永远与人民同呼吸、共命运、心连心，永远把人民对美好生活的向往作为奋斗目标”。面对人民日益增长的美好生活需要，我们党将会着力解决发展不平衡和不充分的问题。一方面，将更加注重发展的平衡，统筹地区、城乡经济社会全面发展，促进社会公平。另一方面，将着手解决发展不充分的问题，进一步推行教育、住房、医疗改革，努力将改革成果惠及全体人民。

2. 为制定新时代中国特色社会主义的新思路、新战略、新举措提供了基本依据

对新时代社会主要矛盾的认识是党和国家把握和制定正确路线方针政策的基础，是我们党确立发展理念、制定发展战略的关键。必须认识到，我国社会主要矛盾转化，对党和国家工作提出了许多新要求。党和政府要大力提升发展质量和效益，着力解决好发展不平衡不充分问题。必须继续坚持以经济建设为中心不动摇，贯彻新发展理念，在发展中解决问题，通过发展解决问题。把转方式调结构放到更加重要的位置，以供给侧结构性改革为主线，构建产业新体系，培育一批战略性产业，构建现代农业产业体系、生产体系、经营体系，加快建设制造强国，加快发展现代服务业，把创新摆在国家发展全局的核心位置，使发展动力从主要依靠要素投入向主要依靠创新转变，不断增强我国经济创新力和竞争力。必须坚持和完善社会主义基本经济制度和分配制度，深化收入分配制度改革。要深刻认识到，我国仍处于并将长期处于社会主义初级阶段的基本国情没有变，我国是世界上最大发展中国家的国际地位没有变。这决定了中国在“发展起来后”仍需要更高水平、更高质量、更高效益的发展，也就是更平衡更充分的发展。要把握发展的公平正义原则，坚持发展过程的协调性、均衡性、普惠性。既要补短板，强弱项，把“蛋糕”做大；还要加大再分配调节力度，把“蛋糕”分好，努力缩小城乡、区域、行业收入分配差距，着力解决收入分配差距过大的问题，更好推动人的全面发展、社会全面进步，实现党的十九大报告所提出的“幼有所育、学有所教、劳有所得、病有所医、老有所养、住有所居、弱有所扶”。

三、牢固树立新发展理念

2016 年 5 月 7 日至 8 日，在福建农林大学召开了“第七届中国特色社会主义论坛”高层研讨会，本次研讨会由求是杂志社《红旗文稿》编辑部、高等教育出版社《思想理论教育导刊》编辑部和福建农林大学共同主办。时任中国社会科学院原副院长李慎明、《红旗文稿》杂志社社长李菱、《思想理论教育导刊》常务副主编刘书林、福建农林大学党委副书记庄祥生以及福建省委宣传部、教育厅主管领导出席了论坛。本届论坛的主题为“牢固树立五大发展理念”，共有来自全国高校系统的主管校领导、宣传部门领导、马克思主义学院院长和专家学者 70 余人参加了会议。与会代表围绕会议主题，对新发展理念的相关理论

和实践问题进行了广泛交流和深入讨论。

（一）新发展理念是马克思主义中国化时代化的重大理论创新

新发展理念集中体现了以习近平同志为核心的新一届党中央领导集体对共产党执政规律、社会主义建设规律和人类社会发展规律的认识达到了新高度、新境界，是马克思主义中国化时代化的重大理论创新。

1. 新发展理念是习近平总书记治国理政新思想在发展理念上的新概括

李慎明分析了新发展理念在习近平总书记系列重要讲话中的地位，提出了五大同心圆观点。他认为习近平总书记系列重要讲话有五大重要提法，这五大重要提法构成了五个同心圆，由外而内依次为习近平总书记系列重要讲话、习近平总书记关于改革发展稳定、内政外交国防、治党治国治军的重要思想、以习近平同志为核心的党中央治国理政新理念新思想新战略、“全面建成小康社会、全面深化改革、全面依法治国、全面从严治党”战略布局、创新协调绿色开放共享的新发展理念，其中新发展理念是五个同心圆中最内层、最核心的圆，充分理解和牢固树立新发展理念是学习和贯彻习近平总书记系列重要讲话精神的核心要义所在。福建省高校思政课教指委主任郑传芳教授认为，新发展理念是党和政府面对经济社会发展新机遇、新矛盾和新挑战所提出的新的发展理念，对破解发展难题、增强发展动力、厚植发展优势具有重大指导意义。

2. 新发展理念是对中国特色发展理论的重大创新

新发展理念科学回答了关系我国长远发展的许多重大理论和实践问题，集中体现了习近平总书记对中国特色社会主义发展理论的创新，开拓了中国特色社会主义发展理论的新境界。学者们从现代发展理论、新发展理念与科学发展观关系等视角对此展开了论述。武汉大学马克思主义学院副教授李华认为新发展理念是对现代发展理论的最新创造，必将推动中国特色发展话语的构建，也必将为中国乃至世界发展中国家的发展提供有力的理论支撑。湖南科技大学马克思主义学院副院长吴怀友、中国青年政治学院马克思主义学院院长李伟认为新发展理念是对科学发展观的发展和创新。新发展理念将科学发展观的基本要求、根本方法及发展战略提升为发展理念，比如将“全面持续可协调”提升为“协调、绿色”等，实现党和国家的发展理论从战略层面向理念层面过渡。与科学发展观相比较，新发展理念更加具体，更加紧密地呼应社会现实的迫切需求，具有极强的现实性。

3. 新发展理念是对马克思主义政治经济学的重大创新

中南大学马克思主义学院院长张卫良认为新发展理念作为马克思主义政治经济学的创新性发展和创造性运用，首先它进一步阐释、论证与发展了以公有制为主体，多种所有制共同发展的基本经济制度。其次新发展理念是对生产力理论的关键突破，在研究对象上它突出研究生产力，并从发展生产力的角度研究生产关系，将生态环境的保护与改善视为对生产力的发展。最后新发展理念从马克思主义政治经济学的“总任务”与“总问题”出发，厘清中国特色社会主义现代化建设中的生产规律，从而为进一步强化发展理念，深化发展逻辑，完善发展方法，赢得发展契机提供基本指向。

（二）新发展理念是解决中国现实突出问题的战略指引

新发展理念是针对我国发展中的突出矛盾和问题提出来的，贯穿着鲜明的问题导向。在实践中发现和解决问题，是我们认识世界、改造世界的重要方法。新发展理念以问题为牵引，直指我国发展中的突出矛盾和问题，为我国现实突出问题的解决提供了战略指引。

1. 以新发展理念破解社会治理新难题

“创新、协调、绿色、开放、共享”的发展理念既是我国改革开放40多年经验的总结，也是新形势下的发展新要求，以新发展理念指导社会治理新难题的破解，纠正偏错、吸取教训、解决问题，方能使社会处于和谐状态。刘书林认为，第一应以创新思维强化党员干部教育，要使改革充满活力就必须加强党员干部关于马克思主义科学理论的学习和认识，振奋中国共产党党员的学习和创新精神；第二应以协调理念解决精神文明、物质文明、生态文明三者失衡发展问题，致力于主流意识形态话语的构建；第三应以绿色发展理念指导生态文明的建设，发挥政府和人民团体的作用，走出一条与西方不同的保护生态道路；第四应在对外开放中，将坚持对外开放与坚持科学社会主义话语体系建设相结合、与反对敌对势力的颠覆相结合；第五应以共享发展理念指导社会保障的完善，增强人民群众在改革中的获得感，启动深刻的群众动员，维护社会政治稳定。在治理自然生态环境问题和“政治生态环境”问题方面，长春理工大学马克思主义学院院长张淑东认为应以绿色发展理念指导生态社会的建设，通过相关机制的建立唤起全民承担的生态责任意识。井冈山大学马克思主义学院院长刘家桂认为习近平总书记的绿色发展理念应包括绿色经济理念、绿色环境发展理念、绿色政治生态理念等不同方面，其中“绿色政治生态”理念就是指政治清明，从政环境优良，这是更高层次的绿色发展。

2. 以新发展理念指导“三农”工作新发展

福建农林大学副教授郑兴明认为应以新发展理念为指导，以农地制度改革为目标，破解现代农业发展中家户土地制约问题，为广大农民共享改革发展成果提供可能。同时新发展理念应该成为马克思主义土地理论当代化研究的切入点和出发点。武汉理工大学马克思主义学院教授许传红认为新发展理念对正确认识和处理城乡关系意义重大，在中国新型城乡关系的构建中：崇尚创新，让城乡关系更加和谐；注重协调，让城乡关系更加均衡；倡导绿色，让城乡关系更可持续；厚植开放，让城乡关系更加有序；推进共享，让城乡关系更加平等，加快城乡一体化，着力形成以工促农、以城带乡、工农互惠、城乡一体化的新型城乡关系。

3. 以新发展理念引领中国开放发展新阶段

湖南大学马克思主义学院院长陈宇翔认为开放发展理念首先是全方面的开放发展，这是全球化时代世界各国各民族竞争、生存和发展必须面对和处理好的重大关系和问题。马克思主义世界历史理论是开放发展理念重要的思想源泉，新阶段下的开放发展理念是对马克思主义世界历史理论在内的思想的重要发展。习近平总书记提出的“一带一路”倡议，体现了其全球眼光和全球治理的大智慧，开启中国开放发展的新阶段。吉林大学马克思主义学院副教授周玲玲认为我们党提出开放发展战略，是直面当前对外开放过程当中的突出的矛盾和问题，适应当前国内外发展大势的一种变化，体现了我们党对经济社会发展规律的认识和深化，并结合“一带一路”倡议的提出背景说明“一带一路”倡议与开放发展理念非常具有前瞻性，是对原有国际经济秩序的一种突破。

（三）新发展理念中共享理念的理论与实践问题研究

党的十八届五中全会提出发展成果由人民共享，充分体现了社会主义本质和党的宗旨，但同时只有共建才能共享，共建的过程也就是共享的过程。共享发展理念成为本次研讨会众位专家学者研讨的聚焦点所在。

1. 共享发展理念的理论透视

湖南大学马克思主义学院原院长柳礼泉、北京师范大学马克思主义学院副院长熊晓琳等从共享发展的逻辑起点、目标、条件、原则、要求、思路、标准等七个方面对共享发展理念的理论蕴含进行了详尽的论述。学者们认为共享发展的逻辑起点是人人共享，共享发展的目标则是解决社会贫富差距的问题，共享发展的条件是坚持发展中国特色社会主义。共享发展的原则一是坚持共建、共享共富相统一的原则，二是坚持发展的目的、发展的方式和发展的结果相统一的原则。共享发展的思路，首先是营造共享发展的氛围，正确引导共享发展的预期，其次是通过共享发展的顶层设计完善共享发展的体制机制，把握共享发展的节奏和力度。共享发展的标准，首先是在共享发展中人民的获得感是否得到了提升，其次是经济社会发展的活力是否得到了增强，最后是看人民团结社会和谐是否得到了增进。关于共享发展的要求，上海大学马克思主义学院院长陶倩认为我国现存的分配制度中，第一次分配是按贡献分配，多劳多得，第二次分配是基于公平正义考虑，通过完善社会保障制度等措施弥补第一次分配所造成的差距，但这种弥补仍有不足。共享发展要求基于道德力量的第三次分配，大力发展志愿服务和慈善活动等公益事业，进一步引导共享理念的落实。

2. 共享发展理念的层次划分

东北师范大学马克思主义学院副院长孟宪生认为共享发展包括生存性的共享和发展性的共享，生存性共享是当前共享发展的最基本的层次，就其内容来看，生存性共享满足人民基本的生存需求，包括基础教育和基础医疗等。除此以外，共享发展还包括发展性共享，这是共享发展理念更深层次的内容，是基于人全面发展的制度设定，在有效解决现实问题的基础上，为个体的发展提供可持续条件。河北经贸大学马克思主义学院郭建教授将共享发展理念划分为四个层次：第一层次是基础型共享，即通过大力发展社会生产力和公有制经济，为共享发展奠定物质基础；第二层次是民主型共享，即通过发展社会主义实然民主，为共享发展的实现提供民主政治基础；第三层次是公平型共享，即通过改善收入分配不合理状况，为实现共享发展提供政策保障；第四层次是奉献型共享，在第三次分配中，通过发展慈善事业、志愿服务事业，为实现共享发展助力。

3. 共享发展理念的领域实现

共享发展既是人人共享也是全面共享，这种全面涉及经济、政治、文化等方方面面，与会学者从多个领域对共享发展理念的实现进行了论述。新疆农业职业技术学院马克思主义学院院长王学利认为共享反映了社会主义本质的内涵，是解决新疆社会主义建设事业中暴露的不同民族问题的一剂良药，共享理念应成为各族人民支援新疆建设，实现全面小康社会的热切期盼和共同信念。同时共享发展理念也是提高新疆职业教育教学质量的必然要求，贯彻共享发展理念，构建北疆协同、中高本衔接的现代职教体系。西南交通大学政治学院院长林伯海认为当下民粹主义对于共享发展理念的干扰主要表现在：一是误导民众将共享发展等同于齐步发展，二是误导民众将共享发展等同于平均式的发展，三是鼓动非理性的共享发展。应以共享发展理念消除民粹主义带来的干扰影响，首先要科学理解共享发展的内涵，厘清共享发展、同步发展、平均发展之间的关系和区别；其次应健全推进共享发展的实现机制，建立实现共享发展的法制秩序。

四、中国共产党人的大历史观

2021 年 11 月，党的十九届六中全会通过的《中共中央关于党的百年奋斗重大成就和历史经验的决议》（以下简称《决议》）强调："全党要坚持唯物史观和正确党史观"①，并在《决议》的说明中，习近平总书记明确指出："要坚持正确党史观、树立大历史观。"② 大历史观，是指凭借历史视野、国际视野、知识视野，将现在发生的事同过去的历史事件相联系，把碎片化的历史情境置之于整个历史长河发展的总体进程中去审视，以此来认识和把握人类社会发展特征、规律、趋势的一种史学研究视野和方法，是反驳历史虚无主义的唯物史观。中国共产党人的大历史观，侧重于对中国共产党历史横向联系的洞悉和纵向变化的动态研究，用联系、发展的眼光来把握研究对象，在历史与现实的过程中强调逻辑与历史的统一，并运用系统性思维和方法突出整体性理念。因此，以中国共产党历代领导人的相关重要论述为支撑，科学分析中国共产党人的大历史观，从而洞悉中华民族实现中国梦的历史必然性，具有重要的理论与实践意义。

（一）中国共产党人大历史观的理论内涵

1. 中国共产党人科学分析历史的连续性与阶段性相统一的总体看法和根本观点

历史发展具有连续性和阶段性，运用大历史观的理性思维去研究和审视具体历史问题，需要关注历史发展中存在的历史人物、发生的历史事件和遗留的

---

① 中共中央关于党的百年奋斗重大成就和历史经验的决议［M］. 北京：人民出版社，2021：2.

② 中共中央关于党的百年奋斗重大成就和历史经验的决议［M］. 北京：人民出版社，2021：79.

历史问题等这些历史细节，但又不能孤立地看待和不分主次地堆积这些历史细节，否则将割裂历史发展所应具有的连续性以及每一个历史阶段之间所具有的内在逻辑性，进而难以透过历史细节在总体史的视角下去整体把握真实的历史全貌，使其研究和分析缺乏整体性。

（1）精辟概括了党领导人民实现“站起来、富起来、强起来”三个阶段的历史飞跃

马克思指出：“人们自己创造自己的历史，……是在直接碰到的、既定的、从过去承继下来的条件下创造。”① 中国共产党人的大历史观，注重关注中国共产党的历史细节但又跳出其历史发展的细枝末节，全程、全方位地从中国共产党百年历史的长时段出发来把握和分析历史与现实。

习近平总书记指出，中国“实现了中国人民从站起来到富起来、强起来的伟大飞跃”②。这三个阶段的飞跃，不仅是时间上连续性的表现，也是在一步步实现中华民族伟大复兴之路逻辑上的承继与发展。中国一路走来实现的这三个阶段的飞跃，在每个阶段尽管有其特定的历史任务和历史使命，但它们之间彼此不可分割，是一脉相承、递进发展的，这正体现出历史发展连续性的鲜明特征。“站起来、富起来、强起来”的这三个阶段的飞跃，承前启后、继往开来、逐渐递进，蕴含着中国共产党成功实践丰富的历史逻辑和内在联系，是中国共产党人团结带领人民100多年来的伟大实践，为中华民族带来了翻天覆地的历史性变化，也是中国共产党人对党百年历史发展内在连续性的深刻阐述。

（2）科学划分了中国共产党百年历史的四个阶段性历史时期

在历史发展过程中，由于受自然环境和社会环境等多种因素的影响，历史往往会呈现出具体的时代特征，这为人们追根溯源、重新审视具体历史事件和历史人物提供了不同维度的视角。因此，运用大历史观也强调从不同时间尺度，即历史的阶段性来审视历史事件和历史人物。中国共产党人总是坚持用大历史观的历史视野和知识视野准确把握中国社会在每一阶段的发展趋势和发展规律。“中国特色社会主义进入新时代”，这是在当今世界百年未有之大变局之下对我国国情的总体判断，也是对中国社会发展总体格局的清晰定位。尤其在2021年《决议》中明确划分为四个具有代表性的历史时期，这四个标志性的历史时期，

---

① 马克思恩格斯选集（第一卷）［M］．北京：人民出版社，2012：669.

② 习近平．论中国共产党历史［M］．北京：中央文献出版社，2021：118.

正是中国共产党人运用大历史观对中国共产党百年来每个阶段性历史时期的全面总结。

2. 中国共产党人准确把握中国共产党百年历史的主题主线与主流本质的历史意识和历史责任

习近平总书记在《决议》的说明中指出："树立大历史观，准确把握党的历史发展的主题主线、主流本质。"① 用大历史观的宏阔视野深度解读党在创建之日起就有的初心、宗旨以及党在百年来一路走来积累的宝贵经验，有利于全党、全民族把握中国共产党百年历史发展的主流与主线，更加深刻理解中国共产党人的历史意识、历史责任，更加坚定实现中华民族伟大复兴的信心和决心。

(1) 党的初心使命是为中国人民谋幸福、为中华民族谋复兴

习近平总书记精辟概括和高度评价党对全民族乃至全世界所作出的巨大贡献的初心和使命，指出："我们所做的一切都是为人民谋幸福，为民族谋复兴，为世界谋大同。"② 他还在很多场合鲜明地指出了中国共产党的诞生，关系着中华民族的前途和命运，深刻影响着全世界的发展格局。可见，中国共产党自成立以来，就清晰地知道自己"是什么""要干什么"③，也准确定位自己的时代坐标和时代责任，始终坚定践行自己的初心和使命。中国共产党人自建党之日起就始终把人民放在首要的地位，想人民所想，急群众所急。因而中国共产党人不同于资产阶级，从来都没有自己的特殊利益，都是把人民的利益放在首位。无论是在革命时期中国共产党人所展现的不怕牺牲、英勇奋斗的精神，还是在革命和建设时期所体现的勇于自我革命的精神，都是为了人民的幸福、为了中华民族的伟大复兴。并把中国的命运和全世界的命运紧紧联系在一起，形成紧密联系的"人类命运共同体"，这无疑体现了中国共产党人"为人民谋幸福"的历史责任和"为世界谋大同"的历史担当。

(2) 把党和人民事业放到历史长河和全球视野中来谋划

毛泽东同志总是善于思考和总结历史规律并从中汲取历史力量，他深刻指

---

① 中共中央关于党的百年奋斗重大成就和历史经验的决议［M］. 北京：人民出版社，2021：79.

② 习近平会见联合国秘书长古特雷斯［N］. 人民日报，2018-04-09（1）.

③ 中共十九届六中全会在京举行［N］. 人民日报，2021-11-12（1）.

出："我们是马克思主义的历史主义者，我们不应当割断历史。"① 邓小平同志总是站在时代要求和国家发展的高度去探索、审视社会前进和中国发展的步伐，科学地分析并指出："要从大局看问题，放眼世界，放眼未来。"② 江泽民同志十分重视学习和研究中国共产党的历史，认为这样可以鉴往知来，他指出："我们不仅应该懂得中国的今天，而且还应该懂得中国的昨天和前天。"③ 胡锦涛同志以宽广的历史视野，站在国内和国际大局上提出了科学发展观等重大战略思想。习近平总书记进一步发展了唯物史观并明确提出了大历史观，从宏阔的大历史观视角出发，强调："从党的百年奋斗中看清楚过去我们为什么能够成功、弄明白未来我们怎样才能继续成功"④，这是运用大历史观的视角看待中国社会发展的鲜明表现，为深刻认识、把握和建设党和人民的伟大事业提供了方法论指导。此外，这种宽广、深远的历史视野在习近平总书记治国理政实践中也有着充分体现。

总之，上述这些重要论断既是中国共产党人审视国家、社会发展问题的基本观点和科学预判，也充分反映了中国共产党人在革命、建设和改革的不同历史时期，把党和人民事业、把国家和民族的前途命运放到历史长河和全球视野中去谋划的深谋远虑，充分展现了共产党人高瞻远瞩的大历史观视野。中国共产党人也正是因为注重运用大历史观的全球视野、历史思维、历史方法，才收获一次次的胜利。中国共产党人也正是因为这样，才更好地看清前进方向、走好前进道路，才能正确理解中国的伟大社会变革，并不是一成不变的套路，不是"母版"、不是"模板"，也不是"再版"，更不是"翻版"⑤。

3. 中国共产党人把审视历史问题与认清历史发展大势贯通起来的整体性理念和系统性思维

大历史观注重将研究对象置于全局，从整体上得出科学、客观、全面的结论。坚持大历史观，就是强调历史的整体性，运用系统性思维和方法，突出整体性理念。中国共产党人运用"大历史观"，洞悉和探究中国共产党在历史发展

---

① 中共中央党史和文献研究院．毛泽东邓小平江泽民胡锦涛关于中国共产党历史论述摘编［M］．北京：中央文献出版社，2021：12.

② 邓小平文选（第三卷）［M］．北京：人民出版社，1993：300.

③ 江泽民文选（第二卷）［M］．北京：人民出版社，2006：301.

④ 中共中央关于党的百年奋斗重大成就和历史经验的决议［M］．北京：人民出版社，2021：2.

⑤ 习近平．论中国共产党历史［M］．北京：中央文献出版社，2021：211.

进程中的客观规律。历史和现实都表明，只有坚持历史唯物主义，站在更宏观的层面总结历史发展规律，对中国共产党的历史进行全局性和系统性思考，我们才能不断开辟前进发展的新境界。

（1）把党史上曾出现的曲折和失误用历史的、实践的观点去认识

习近平总书记站在全局的高度指出："我们党对自己包括领袖人物的失误和错误历来采取郑重的态度。"① 可见，中国共产党人从来都是直面史实、敢于和勇于修正错误并吸取教训，也坚决不允许他人肆意抹黑和歪曲我们的历史人物和历史事件，这是党史学习的根本遵循。随意裁剪历史、歪曲历史，这些做法都严重背离历史的整体性。因此，对于中国共产党历史上发生过的曲折和失误，对于割裂、曲解、碎片化党史倾向的现象，我们必须学会用大历史观视野，勇于批判历史虚无主义，坚持实事求是，用历史的、实践的观点去正确看待，这样才能更好地把握和维护好历史发展的主流和本质。

（2）分清主流和支流，辩证看待党史重大历史事件、历史人物，准确把握其对于中华民族伟大复兴历史进程的推动作用

习近平总书记在《决议》的说明中强调："要坚持辩证唯物主义和历史唯物主义的方法论，用具体历史的、客观全面的、联系发展的观点来看待党的历史。"② 认清历史的主流和支流，特别是要运用历史思维辩证看待和审视问题，把相关历史问题纳入一定的历史时代和条件下去透析，探究其内在统一的辩证逻辑，把党的历史人物放在宏大的历史视野中客观、辩证地分析和评价，这样才能更好地认识其历史定位和重大意义。因此，针对打着"历史终结论"等旗号而虚无党史国史、侮辱英烈等不良现象，就要敢于运用大历史观去直面、分析、审视问题，用树立起的历史思维和唯物辩证法勇于同这些错误行为进行思想斗争，从而揭露谬误、澄清事实，有效抵制历史虚无主义等错误思潮对人民特别是青少年思想的腐蚀和侵害。

（二）中国共产党人大历史观的生成逻辑

1. 理论逻辑：中国共产党人运用马克思主义基本原理对人类社会宏观运动方向的科学研判

《决议》指出，全党要"把握历史发展大势""用马克思主义的立场、观

---

① 习近平. 论中国共产党历史［M］. 北京：中央文献出版社，2021：57.

② 中共中央关于党的百年奋斗重大成就和历史经验的决议［M］. 北京：人民出版社，2021：79.

点、方法观察时代、把握时代、引领时代”①。中国共产党人作为马克思主义的坚定拥护者和践行者，始终坚持马克思主义基本原理，运用唯物史观的视角科学分析社会现象和社会发展大势，用辩证唯物主义的方法秉持自己的立场和观点。因此，始终坚持用大历史观的视角看待问题，是我们中国共产党人敏锐洞悉当今世界发展大势并制定出符合我国国情的方针、政策的一个基本前提。也正是因为中国共产党人运用大历史观，对其所处时代进行的深入洞悉和对中国共产党前进方向的整体把握，才得出一系列的科学结论，带领全民族一步步夺取胜利。

2. 历史逻辑：中国共产党人对中国特色社会主义道路的历史选择

回顾近代以来的中国历史，中国共产党人带领人民实现了马克思主义中国化进程中一次次的飞跃。特别是党百年奋斗得出的历史结论，党和人民选择了走自己的路——中国特色社会主义道路，这无疑是影响全体中国人民前途命运的关键抉择。习近平总书记强调：“中国特色社会主义这条道路来之不易……具有深厚的历史渊源和广泛的现实基础。”② 一方面，这是中国共产党人运用大历史观对中国共产党随时代发展的深刻把握，特别是在党的十九届六中全会上，对中国共产党百年奋斗的回顾和总结其重大成就的基础上，中国共产党人更是立足中华大地又放眼人类未来，以更宏阔和前瞻性的视角，全面而深刻地阐述了党历经百年来特别是在中国特色社会主义进入新时代以来所取得的历史性成就；另一方面，这也直接证明了我们党通过一代代人的努力，准确选择了走这条中国特色社会主义道路的科学性和合理性，更加坚定了我们在新时代坚持和发展中国特色社会主义，增强“四个意识”，坚定“四个自信”，做到“两个维护”。也正是因为有了中国共产党人的领导，中国人民才能激发出内在的潜力和动力，焕发出蕴藏已久的历史主动性和创造性，创造出一个又一个中国式奇迹，彰显了东方大国的无穷魅力和中国特色社会主义制度的优越性，才能为全世界其他国家和民族贡献中国智慧和中国力量，极大地增强了作为中国人的志气、骨气、底气。

3. 实践逻辑：中国共产党人对中国社会经济发展规律的深刻把握和伟大

---

① 中共中央关于党的百年奋斗重大成就和历史经验的决议［N］. 人民日报，2021-11-17（1）.

② 习近平. 论中国共产党历史［M］. 北京：中央文献出版社，2021：22.

实践

建党开始，从毛泽东同志到以习近平同志为主要代表的中国共产党人，始终站在国家富强、民族复兴、人民幸福的全局高度和历史高度，在我国特定的历史环境中和具体的社会经济条件下，制定出符合中国国情的一系列的经济发展战略，并带领全国人民奋力拼搏，开展伟大实践。这无疑充分体现出中国共产党人对世界经济形势的深刻认识和对中国社会经济发展规律的准确把握。也正是因为党的历代领导人在大历史观的广阔视野下，对中国社会经济发展规律的深刻把握和伟大实践，才使得我国实现了从人民温饱不足、一穷二白的泱泱大国一跃成为经济总量跃居世界第二、已全面建成小康社会的东方强国，才使得我国社会经济迈上更高质量和更可持续的发展之路，才使得我国成为用最短时间实现经济腾飞、打赢史上最大规模的脱贫攻坚战、确保社会经济长期繁荣稳定并走出一条属于自己的“中国式现代化道路”的国家，这些都离不开中国共产党人坚定地践行自己的初心和使命。

（三）中国共产党人大历史观的当代价值

1. 理论角度：有利于研判世情、国情、党情，反对历史虚无主义，促进马克思主义理论的中国化

中国共产党人总是善于运用“大历史观”的宏阔视野，注重总结和运用历史经验，从中国共产党的浩瀚历史中寻找对现实问题的答案。这不仅是中国共产党人不断取得胜利的独特优势和走好新的赶考之路的时势所需，也是对立足当下的正确把握和着眼未来的清晰定位，是研判世情、国情、党情、把握历史大势的高瞻远瞩和深谋远虑。中国共产党人还注重从中国共产党的百年历史中总结经验、汲取养分，勇敢批驳和自觉抵制历史虚无主义等错误的社会思潮，并带领全民族透过党在百年艰苦奋斗中所创造的“物质财产”和“精神宝库”，剖析党在百年建设历程中所取得的宝贵经验，对国内经济、社会、文化发展，以及对世界上其他社会主义国家乃至整个人类所贡献的无可取代的历史意义和现实意义。使中华民族更加深刻地领悟到中国共产党人对中华民族乃至对全世界所做出的巨大贡献。在中国共产党人的引领下，中国人民必然对历史虚无主义筑起坚固的意识形态防线，也必将同任何形式的历史虚无主义做毫不妥协的、最坚决的斗争，对现实问题给予最有力的反击。

中国共产党人的大历史观，使中国人民认识到中国共产党一路走来所选择的道路、理论，所推进的方针、政策都绝非偶然，而是具有深刻的历史逻辑和

理论逻辑，从而更加坚定中国特色社会主义信念，凝聚中国力量和中国智慧。积极运用宽广的大历史观视野去认识中国共产党百年历史发展规律，通过讲清历史事实，阐明内在逻辑，从而进一步促进马克思主义理论中国化。

2. 实践角度：有利于秉承和弘扬红色基因，保持战略定力，为坚定“四个自信”提供强大的历史依据

在党的十九届六中全会上，中国共产党人在历史规律中掌握历史自觉和历史主动，在重大历史节点上运用大历史观全面总结党一路走过来的光辉历程，这不仅是我们党百年来在探索民族独立、人民解放的征途上始终坚持的历史传统，也是赓续中国共产党人的红色血脉、传承红色基因、谱写辉煌新篇章的科学指引。这不仅鲜明体现了中国共产党人对党过去栉风沐雨历程的历史反思与历史铭记，更是对党牢记初心使命的坚定和对未来道路继往开来的历史自信和历史担当。现在我们正处在新的“赶考之路”的重大关头上，我们更需要思想的力量，尤其需要从中国共产党百年历史中汲取智慧的养分，需要用具有科学性的真理来武装头脑、解决现实问题、赢得历史主动，这样才能激发出红色基因的内在精神力量，在传承中提升文化认同，坚定文化自信，弘扬中国精神，凝聚中国力量，彰显中国责任和担当。

这就要求全党全民族在面对一切破坏中华民族自信心的社会现象出现时，坚持用联系和发展的观点去审视和直面现实问题，即既要联系当下特定的社会历史条件，又要具备历史发展的眼光。中国共产党人身上所具备的大历史观，不仅是其走过纷繁复杂历史长河中依然对党拥有坚定信念的智慧体现，还是中国共产党人在饱经风雨后依然不负人民的使命担当和长期淬炼的经验财富。总之，大历史观的弘扬和发展，有利于全民族坚持党的领导，保持战略定力，坚定“四个自信”。

3. 时代角度：有利于科学定位历史方位，为实现中华民族伟大复兴提供丰富的思想智慧

习近平总书记指出：“历史是最好的教科书。”① 可见，历史蕴藏着资政育人、鉴古知今的无穷力量和巨大作用。中国共产党人的大历史观是辩证的、科学的唯物史观，历史发展的连续性和阶段性要求在分析中国共产党百年奋斗史时，必须坚持历史唯物主义和辩证唯物主义的科学原则。因为历史是客观的、

---

① 习近平. 论中国共产党历史［M］. 北京：中央文献出版社，2021：15.

具体的、动态发展的，过去、现在、未来三者都不是分开或割裂的，而是相互融通、紧密联系的。只有坚持大历史观，才能全面深刻认识中国共产党百年奋斗的历史，才能够准确洞悉时代特征和历史发展规律，具体分析社会现实问题，从而制定出顺应世情、国情、党情的战略策略。

中国共产党人带领全民族在走向新的征程之路上，坚持并运用大历史观，还有利于认清历史方位，制定出一系列的为实现中华民族伟大复兴的、科学性的行动指南。以史为鉴，善于运用大历史观是更好地汲取历史智慧，从中国共产党丰富的历史样本中获得思想的启迪、理论与实践的洗礼的重要法宝，如此可以更好地科学定位其历史方位；鉴古知今，把握党的历史发展规律，吸取党的百年历史所带来的力量，使得全民族明白中国共产党走到今天的宝贵经验；学史增信，在洞悉党的百年历史经验与规律的同时又拥有继续走向辉煌未来的历史自信，进而站在历史的高度上掌握社会发展的主动权，使中华民族在新的“赶考之路”上迈出更加坚定和自信的时代步伐。

五、人民“获得感”概念探究

2015年2月27日，习近平总书记主持召开中央全面深化改革领导小组第十次会议中首次提出人民“获得感”的概念，并指出“要科学统筹各项改革任务，推出一批能叫得响立得住、群众认可的硬招实招，处理好改革‘最先一公里’和‘最后一公里’的关系，突破‘中梗阻’，防止不作为，把改革方案的含金量充分展示出来，让人民群众有更多获得感”①。改革开放以来，我国经济得到快速发展，人民生活水平显著提高，但发展不平衡、不充分，城乡收入差距拉大等问题随着改革的全面和深入更加突出，在一定程度上弱化了人民“获得感”的实现。因此需要我们进一步梳理习近平总书记关于人民“获得感”的重要论述，领会其内在本质，探索其提升路径，努力提升人民群众的“获得感”。

（一）人民“获得感”理论渊源

马克思曾说：“无产阶级的运动是绝大多数人的、为绝大多数人谋利益的运动。”② 马克思主义人民观始终指导着我们社会主义事业建设和发展。同时，我们党的历届领导人都高度重视人民的利益实现和满足。毛泽东同志曾提出“人

① 习近平总书记系列重要讲话读本［M］. 北京：学习出版社，人民出版社，2016：76.

② 马克思恩格斯全集（第一卷）［M］. 北京：人民出版社，1995：283.

民群众是社会的主人，是历史的创造者，党要全心全意为人民服务”。邓小平同志强调将“人民高兴不高兴、满意不满意、赞成不赞成、答应不答应”作为我们党为人民办事的标准。江泽民同志认为：“全心全意为人民服务，立党为公，执政为民，是我们党同一切剥削阶级政党的根本区别。”胡锦涛同志则将“以人为本”作为科学发展观的核心内容。在继承了马克思主义人民观和我们党以人民为中心的传统为民思想之后，结合新时代全面深化改革的伟大实践，习近平总书记提出了人民“获得感”。

（二）人民“获得感”理论特点

1. 人民“获得感”的提出体现出其主体性特点

不断提升人民群众的“获得感”，其主体是全体人民群众，不是其中少数人，更不是特指某个人。人民群众是历史的创造者，是决定党和国家发展的根本力量。习近平总书记在庆祝改革开放 40 周年大会上的讲话中提到“我们要着力解决人民群众所需所急所盼，让人民共享经济、政治、文化、社会、生态等各方面发展成果，有更多、更直接、更实在的获得感、幸福感、安全感，不断促进人的全面发展、全体人民共同富裕”①。深刻感知“获得感”的主体是全体人民，党奋斗的目标是满足全体人民群众对美好生活的向往和追求。

2. 人民“获得感”的提出体现出其全面性特点

人民“获得感”的内涵丰富，表现在各个方面。在经济上“坚持稳中求进工作总基调，我国经济增长保持在合理区间，社会大局保持稳定，人民群众获得感、幸福感、安全感持续增强”②。在政治上：维护社会公平正义的水平进一步提升，人民群众获得感、幸福感、安全感进一步增强。在文化方面更加注重文化质量的提升，努力做出受人民喜爱的大众文化，要以高质量的文化供给增强人民群众的文化获得感、幸福感。此外，就社会民生问题而言，着力解决社会各界人士的住房、医疗、就业、教育等问题；要以人为本、纾困解难，着力解决市民关注的经济民生方面的突出问题，切实提高民众获得感和幸福感。在生态问题上，扎实推进“千村示范、万村整治”工程，建设好生态宜居的美丽乡村，让广大农民在乡村振兴中有更多获得感、幸福感。

---

① 习近平. 在庆祝改革开放 40 周年大会上的讲话［N］. 人民日报，2018-12-19.

② 习近平. 一个国家、一个民族不能没有灵魂［J］. 奋斗，2019（8）：1-5.

（三）人民“获得感”的时代价值

1. 人民“获得感”的提升成为检验改革发展的指标

习近平总书记在十三届全国人大一次会议上明确把人民拥护不拥护、赞成不赞成、高兴不高兴、答应不答应作为衡量一切工作得失的根本标准。这一提法不仅体现了共产党人的初心和使命，而且体现出现阶段我国在衡量改革成果方面的科学性。如在地方考核体系和评价体系中一些地方由单纯以GDP论英雄到综合评估，这一转变增加了考核过程中的人文关怀，也更加体现了以人民为中心的发展思想。

2. 人民“获得感”的提高为党和国家指明发展的方向

首先，中国共产党人的初心和使命，就是为中国人民谋幸福、为中华民族谋复兴。人民群众有更多“获得感”，是改革发展的出发点和落脚点，明确了党的发展方向和奋斗目标，使人民群众不仅是改革发展的参与者，同时也是改革发展成果的共享者。习近平总书记明确提出：“推进任何一项重大改革，都要坚持以百姓心为心，都要站在人民立场上把握和处理好涉及改革的重大问题，都要从人民利益出发谋划改革思路、制定改革举措。”① 其次，人民“获得感”阐释了“没有付出，就没有收获”的劳动观，表现出其不仅是党和国家发展的指向标，同时也是社会中每个人的导航仪。清楚地认识自身的基础条件和能力水平，客观公正地评价改革发展的成果，更加理性地进行横向比较，制定更加符合实际的个人发展规划。最后，有利于推进党和人民群众齐心协力，共同创造、共同收获。在改革的过程中要充分调动人民群众的改革积极性、主动性、创造性，把最广大人民群众的智慧和力量都凝聚在改革上来，使人民群众在共建共享中有更多的获得感。坚持共享发展，最终落脚到使全体人民在共建共享的发展中有更多的获得感。

（四）人民“获得感”提升路径的思考

1. 提升人民物质“获得感”

（1）完善收入分配机制。据2018年的国家统计局数据显示：全国居民人均可支配收入28228元，比上一年名义上增长8.7%，实际上增长6.5%。城镇居民人均可支配收入39251元，名义上增长7.8%，实际上增长5.6%；农村居民人均可支配收入14617元，名义上增长8.8%，实际上增长6.6%。数据清晰体

① 习近平总书记系列重要讲话读本［M］. 北京：学习出版社，人民出版社，2016：78.

现出改革开放的进程中人民正在不断地享受着改革开放发展的成果，人民收入稳步增加。但不可忽视的是，我国的居民收入基尼系数仍然不低。

所以在改革发展的过程中，只有坚持以人民为中心，坚持按劳分配为主体，完善按要素分配的体制机制，不断扩大中等收入群体收入，增加低收入者收入，调节过高收入，取缔非法收入，始终坚持效率与公平并进，不断缩小收入分配差距。把不断做大的“蛋糕”分好，让社会主义制度的优越性得到更充分体现，让人民群众有更多获得感，才能让人民群众生活水平和质量得到全面提升，才能切实提高他们的“获得感”。

（2）做好民生改善工作。加快推进基本公共服务均等化，不断满足人民群众不断增长的公共服务需求，坚持在发展中补齐民生短板、促进社会公平正义。如教育方面：深化教育体制改革，推进教育均衡发展，推进城乡义务教育一体化。充分利用现代信息手段，不断扩大优质教育资源覆盖面。加强教师队伍建设，调动教师积极性，加强教师师风、师德管理和考核制度建设。医疗方面：加大健康的扶持力度，完善社会保障部门的服务，建立全国统一服务管理平台，实现报销的全国化、便民化。就业方面：统筹经济社会发展和扩大就业工作，坚持就业优先战略和积极的就业政策相结合，改善就业环境，增加就业岗位，提高就业质量，完善就业服务保障体系，加强就业创业扶持力度，提高人民群众的就业能力。住房方面：坚持“房子是用来住的，不是用来炒的”定位，加快住房保障和住房供应体系建设，加快满足人民群众基本住房需求的进度和人民群众住有所居的目标。

2. 提升人民精神“获得感”

（1）加强公共文化服务体系建设。深化文化体制改革，不断推动文化产业向高质量发展，充分激发文化创造、创新活力。首先，深入了解人民群众的文化需求，加快各类文化市场主体的发展，丰富群众性文化活动。其次，深入文化惠民工程的建设，加大现代科学技术的应用，促进文化学习方式和手段的多样化，满足人民群众不同的文化需求。最后，增强公共文化服务水平，推出更多人民群众喜闻乐见的文化产品，用高质量的文化供给丰富人民群众精神生活，让人民群众的精神文化“获得感”迈上新的台阶。

（2）继承和弘扬中华优秀传统文化。中国五千年的中华优秀传统文化具有强大的感召力和吸引力，对人的影响具有举足轻重的作用。如节日文化根植于中华民族的精神家园，是传承和弘扬中华优秀传统文化的重要载体。通过增强中华传统节日的仪式感，让人民的爱国情感得到宣泄和表达。实施中华优秀传统文化的继承和弘扬“工程”，对提升人民的精神“获得感”有着重要的意义。

六、新时代的科技人才观

国家科技要发展，科技人才队伍是关键。拥有一批高视野、高起点、高水平、高素质的科技人才，是科技强国的需要，也是现代化强国的需要，更是中华民族伟大复兴的需要。党的十八大以来，习近平总书记对我国科技人才队伍建设工作高度关切，在不同的场合、不同的会议上多次强调要加快科技人才队伍的建设，发表了一系列有关深化科技人才队伍建设的重要讲话，强调把人才资源开发放在科技创新工作最优先的位置，形成了具有深刻内涵的科技人才观。深入学习和研究习近平的科技人才观，对于加强科技人才队伍建设，推进科教兴国、人才强国、创新驱动发展战略，做好新时代科技人才部署工作，把我国建设成为世界科技强国，具有重大的现实意义和时代贡献。

（一）新时代的科技人才观的内涵

1.“功以才成，业由才广”，做好引进国内外科技人才工作

习近平总书记历来重视对科技人才的引进工作，无论在地方工作还是在中央主政，他始终把广纳贤才作为推进各领域发展的重点工作之一。习近平同志在正定县担任县委书记期间，深知科技人才是推动正定经济发展的重要资源，对内带领县委县政府工作人员对全县 2300 多名知识分子进行了三次大普查，对各个行业的科技人才信息载入正式记录，编制簿籍保存，建立了正定县第一个“人才库”对外广招四方贤士，习近平同志亲自编写“招贤榜”制定“人才九条规定”。在一年多的时间里为正定县引进了各地区科技人才 257 人，在全国引起了巨大反响。这些科技人才用自己的专业知识和技能，为正定注入了巨大的科技能量：1983 年，正定工农业总产值达到 27781 万元，年均增长达 10. 3%。之后，习近平总书记时刻把引进科技人才作为科技事业建设的前提，并指出：“现在，我们比历史上任何时期都更需要广开进贤之路、广纳天下英才。”①

在引进国内科技人才方面，习近平总书记重点提出要吸引更多青年科技人才加入科技队伍，指出，“未来总是属于年轻人的。拥有一大批创新型青年人

① 习近平. 不拒众流方为江海中国永做学习大国［EB/OL］.（2018-05-23）［2018-10-10］. http：//www. xinhuanet. com/politics/2014-05/23/c1110837550. htm.

才，是国家创新活力之所在，也是科技发展希望之所在"①。习近平强调，对于青年科技人才，要重视成功、宽容失败，大胆放手使用，为每一位青年科技人才提供成才的机会。在吸引国际科技人才方面，习近平总书记深知当前的时代是科学技术爆炸的时代，谁能吸引更多的优秀科技人才，谁就能在国际科技竞赛中占据优势。因此，习近平总书记指出要实施更加开放的人才政策，制定更加积极的国际人才引进计划，本着"充分尊重""积极支持""放手使用"的原则，吸引更多国外顶尖科技创新人才来我国交流与合作。

2. "治国之要，首在用人"，为用好科技人才开绿灯

习近平总书记时刻把如何使用好科技人才摆在开展科技强国战略工作的首位。在如何使用好科技人才的问题上，习近平总书记通过总结我国以往的科技发展的经验和教训，深知科技工作者不能尽其才往往是受到体制机制的束缚，从而导致我国科技发展一直处于"潜力大、劲不足"的局面，曾多次指出，"要用好科学家、技术人员，激发他们的创新激情"②，在尊重和重视科技人才的基础上，要更加注重"以用为本"，为用好科技人才提供良好的环境。建设社会主义现代化强国，科学技术是第一动力，科技人才是第一资源，创新活动需要由人才来支撑。然而，科技产权、收益分配不公、科研项目管理不当以及人才评价机制不完善、科技工作中人才被错放在非相关研究领域、部分科技人才甚至被"架空"或"赋闲"，这些问题对"第一资源"的有效使用带来了巨大的阻碍。针对如何使用好科技人才这一问题，习近平总书记在有关人才工作的系列会议中，多次提出要对科技人才管理机制进行改革，并强调"领导负责制"，强调各级党委和政府相关部门要重视科技人才的使用，坚持以用为本，用好用活人才，竭力改革和完善人才使用机制，有效发挥科技人才作用，以打破体制机制的障碍，使科技人才管理机制更加灵活、更有活力，最大限度地促进和扶持科技人员创新创业，用制度创新推动科技人才的创新，让他们在自己的领域更好地发光发热。

3. "千军易得，一将难求"，重点培养优秀科技创新人才

一个国家的科技强大靠的是科技人才队伍的强大，技术的领先靠的是科技

① 习近平. 在中国科学院第十七次院士大会、中国工程院第十二次院士大会上的讲话［N］. 人民日报，2014-06-10（2）.

② 习近平. 为建设世界科技强国而奋斗［N］. 人民日报，2016-06-01（2）.

人才的领先。如果说科技人才的“总量”是国家科技创新的基础保障，那么科技人才的“质量”则是科技创新的核心。2016 年我国科技人力资源总量超过 7100 万人，研发与发展人员总量超过 535 万人，跃居世界第 1 位①。人工智能和电子芯片等产业在我国欣欣向荣，然而在这些高新技术产业中，不少核心技术仍然被他国掌握，国家重大科技项目、核心领域建设以及科技学科建设发展缺少“领头羊”。习近平总书记在中国科学院第十七次院士大会上指出：“我国科技队伍规模是世界上最大的，这是我们必须引以为豪的。但是，我们在科技队伍上也面对着严峻挑战，就是创新型科技人才结构性不足矛盾突出，世界级科技大师缺乏，领军人才、尖子人才不足，工程技术人才培养同生产和创新实践脱节。”②

针对当前我国出现的人才结构不合理问题，习近平总书记提出了两点对策：一方面，加强教育在培养科技创新人才中的作用，深化科技教育体制改革，创新人才培养方案，提高科技人才的培养质量，使其树立和践行社会主义核心价值观，树立正确的人才观，要推进素质教育，形成有利于高质量创新人才成长的育人环境；另一方面，注重培养一线科学技术工作者和青年科技创新人才，从中努力造就一批拥有国际领先水平的科学家、工程师，科技领域的顶尖人才以及高水平的科技创新团队。习近平总书记强调，当前我国科技领军人物不仅要做科技创新领域的开拓者，更要做新一代优秀科技人才的引路人，嘱托广大院士“肩负起培养青年科技人才的责任，甘为人梯，言传身教，慧眼识才，不断发现、培养、举荐人才，为拔尖创新人才脱颖而出铺路搭桥”③。

（二）新时代的科技人才观的时代贡献

习近平总书记非常重视对科技人才吸收、使用和培养工作。新时代的科技人才观念继承和发展了中国马克思主义科技人才观，对我国科技人才队伍建设以及调动青年科技人才积极性具有重要意义。

---

① 科技部. 科技部关于印发《“十三五”国家科技人才发展规划》的通知［EB/OL］.（2017-04-13）［2018-10-08］. http：//www. hnkjt. gov. cn/2017/04/27/1493290291953. html.

② 习近平. 在中国科学院第十七次院士大会、中国工程院第十二次院士大会上的讲话［N］. 人民日报，2014-06-10（2）.

③ 习近平谈治国理政［M］. 北京：外文出版社，2014：128.

1. 新时代的科技人才观继承和发展了中国马克思主义科技人才观

中国马克思主义科技人才观是中国马克思主义科学技术观的基本内容之一，是中国化的马克思主义科技人才观。我国历代领导人基于中国所处的历史时期以及经济建设和科技发展中出现的问题，提出了一系列关于科技人才工作的思想、论断，丰富并发展了中国马克思主义科技人才观。习近平总书记作为新一届中央领导核心，在继承前几代领导人科技人才观的基础上，根据当前科技人才队伍建设工作中出现的新问题，创新性地提出新时代科技人才战略思想，更进一步地丰富和发展了中国马克思主义科技人才观。

毛泽东同志的科技人才观是在中华人民共和国刚成立之时形成的。针对当时我国科学技术严重落后的情况，毛泽东同志提出了开展群众性的技术革新和技术革命运动，并在一系列会议上多次强调要组建一支规模宏大的工人阶级科学技术队伍，相关科研单位及机关要重点培养国防尖端科技人才。邓小平同志的科技人才观是邓小平同志根据“文革”后科技人才队伍“支离破碎”的现状以及中国改革开放和当代科学技术发展的新态势，第一次明确提出“科学技术是第一生产力”的重大论断，他还多次强调要尊重知识、尊重人才，切实解决科技人才在生活中所遇到的问题，制定并优化留学政策吸引国外留学生。江泽民同志的科技人才观是在世纪之交世界各国科技水平迅速发展以及国内大量科技人才流失国外的背景下提出的，江泽民同志在继承毛泽东、邓小平的科技人才观的基础上，进一步加强了科技人才在社会中的作用，高度重视青年科技人才工作的开展，建立指导并完善了一系列有利于科技人才成长的体制机制。胡锦涛同志的科技人才观是在科学技术经济全球化背景下，基于我国科学技术、社会发展的现实需要以及经济发展中出现的新问题，胡锦涛同志提出要走中国特色自主创新道路，强调科技人才的重要性，深化发展了科教兴国战略的科学理论。党的十八大以来，习近平总书记根据当前我国在重点科研领域、重大科技工程和重大技术创新等领域所存在的科技人才不足的结构性问题，提出要制定有助于科技领军人才发展的体制机制，强调各级党委和政府要围绕吸引人才、使用人才、培养人才三个环节，实施科技人才战略，重点培养和造就科技领域的“帅才”，打造世界级科技人才队伍，为我国经济、文化、科技、军事等领域输入顶尖人才。

2. 新时代的科技人才观为加强科技人才队伍建设指明了方向

习近平总书记关于科技人才队伍建设的观念内涵丰富，具有重要的指导意义，为今后一段时间加强我国创新型科技人才队伍建设指明了方向。在当前全球化不断深入的背景下，国与国之间竞争的焦点集中在科技、人才和教育三个方面。其中，科技竞争的关键是人才的竞争，一个国家如果没有强大的科技人才队伍作后盾，自主创新就是无源之水、无本之木，在同其他国家的综合国力竞争中将不占优势。因此，如何更好更快地建设一支优秀的科技人才队伍，科技人才队伍建设工作应该朝着什么方向发展，已成为我国现阶段需要解决的重要问题。针对这些问题，习近平总书记指出我国要进入科技强国之林，成为科技创新强国，一方面是要根据我国发展的实际情况，打造一支具有高视野、高起点、高水平、高素质的科技创新人才队伍；另一方面为更好地激发各领域科技人才创新活力和潜力，要建立更为灵活好用的人才管理机制，深化教育改革，推进科技人才的素质教育和专业培训，培养符合创新发展要求的顶尖科技人才。进入新时代以来，我国科技创新水平取得了突飞猛进的发展，在科技创新领域取得了一系列重大成就，例如国产航母下水、首颗量子科学实验卫星“墨子号”完成量子纠缠实验、世界首台光量子计算机在中国诞生等。在中国科技成果出现“井喷”现象和我国科技领域自主创新研发能力飞速提升的背后，是我国科技人才队伍在更好更快地发展和壮大。加强科技人才队伍建设是科技事业发展最重要也是最基础的工作，新时代的科技人才观为这项工作确定了导向。

3. 新时代的科技人才观为调动青年科技人才积极性提出了具体要求

青年兴则国家兴，青年强则国家强。国家的发展源于科技创新，科技创新的希望源于青年人才。在我国革命、建设和改革的各个历史时期，青年群体都发挥了重大作用，做出了杰出贡献。一系列的成就证明，青年始终是推动我国社会发展、进步不可或缺的力量。进入新时代，党中央提出了“在21世纪中叶建成社会主义现代化强国”宏伟目标，实现这一目标的关键就是要坚持走具有中国特色的科技自主创新道路。这不仅对科技创新人才规划了新的蓝图，更是对广大青年科技人才寄予了莫大的期盼。让青年科技工作者树立坚定的理想信念，调动广大青年科技人才的创新、创业、科研积极性，这是提高国家综合竞争力的战略起点。习近平总书记在一系列有关科技人才座谈会上多次指出，为充分调动青年科技人才的积极性，需要各级党委和政府相关部门担负起重要责任，建立有利于青年科技人才成长的教育体系，进一步革新政策、丰富体制，形成合理的人才培养成长方案；要坚持用国家整体发展需要感召青年人才，用良好的科研学习环境凝聚人才，用优质的人文关怀吸引人才，用切实解决问题的态度留住人才，用合理的待遇激励人才，按照“党管人才”的原则，充分调动青年科技人才的积极性。显然，习近平总书记对调动青年科技人才积极性提出了很高的要求，强调各级党委和政府在对青年科技人才的培养工作中处于十分重要的位置，并要求相关单位用切实可操作的措施提高青年科技人才创新创业的积极性，为青年科技人才的发展开绿灯。

（三）结语

新时代的科技人才观从理论与实践两个维度为我国科技人才队伍的建设和发展勾画了宏伟蓝图。理论层面上，新时代的科技人才观一方面总结了新时代现实背景下我国科技人才队伍建设所存在的主要问题和矛盾，精准把握住了“人才强则科技强、科技兴则国家兴”这一特点；另一方面符合我国科技人才队伍建设的规律，是对中国化马克思主义科技人才观的最新贡献，丰富了马克思主义人才观，深化了中国特色社会主义理论体系。实践层面上，新时代的科技人才观为我国培养科技人才队伍事业的发展指明了方向，为我国科学技术相关部门制定有关人才培养、人才评价、工作奖惩等政策措施提供了理论依据，对于推进科技兴国人才强国、创新驱动发展战略具有重要的指导意义。

第三章

共青团思想政治工作与青年马克思主义者培养研究

第一节　共青团工作的百年演进与现代化路向

一、青年动员与中国共青团发展

（一）共青团青年动员发展轨迹解析

1949—1977年是中国社会主义现代化进程中的崭新时期，在中国共产党的领导下，为社会主义制度和人民民主专政清扫了封建的、殖民的、军阀的制度障碍，开始了全面发动、全员参与的社会主义工业化国家建设。这个时期，中国共青团作为执政党的助手，开展了卓有成效的社会动员。青年团员从90万人发展为4700多万人，团组织也因此成为全国青年的核心组织和青年运动的领导者，不仅青年的思想观念和行为方式随着成功转型，在建设和保卫国家的事业中也发挥了巨大的作用。

1949—1977年也是中国的特殊历史时期，以毛泽东为代表的中国共产党人，为了实现“社会主义强国”的政治目标，在经济、政治、文化等领域广泛开展社会运动。28年间全国性的社会运动多达70余次，几乎都有青年的广泛参与。新中国成立后的恢复国民经济大生产运动，抗美援朝时期的保家卫国运动，土地改革、镇压反革命、“三反”、“五反”、学习雷锋等，各种社会运动成为中国青年社会和政治生活的重要组成部分，共青团的青年动员也打上了“运动”的烙印，具有了鲜明的时代特征。共青团是运用什么策略来发动这些运动，动员的效果如何？青年又是基于什么思考选择参与的？梳理并深入探讨这一时期共青团青年动员的状况及特点，有着特殊的历史和学术意义。

1. 1949—1977 年共青团青年动员概况

共青团青年动员是以共青团为动员主体，为实现共青团的历史使命，在政治、经济、文化等领域，以人为发动的方式，影响青年的态度、价值观、行为等方面，促使青年完成既定目标的过程。1949—1977 年是中国从新民主主义革命转变为社会主义革命和建设的时期，共青团成功地动员青年，投身到保卫和建设祖国的事业中，出色地完成了这一历史使命。这一时期，最能够反映共青团对青年动员状况的主要表现在两个方面：一是组织规模的发展，共青团人数的变化是动员效果的直接体现。二是青年运动的实施，即共青团在政治、经济、文化各领域吸引广大青年关注，凝聚青年力量的状况，对运动实施的考察可以还原共青团青年动员的历史原貌。

（1）1949—1977 年共青团团员发动状况

1949 年共青团"一大"召开后，青年团陆续在全国各行各业建立起了自己的组织。1949 年 9 月全国团员达 90 万人，但团组织发展仍不能适应社会主义革命和建设转型的需要。为了迅速将青年聚集起来，共青团积极动员，到 1977 年团员发展到 4700 多万人。28 年间共青团的发展并非均衡的，收集整理全国以及有代表性省份的团员历年人数发现，共青团的发展主要经历了三个阶段（见表 1）。

时间（年）	全国团员（万人）	湖南团员（人）	时间（年）	全国团员（万人）	湖南团员（人）	时间（年）	全国团员（万人）	湖南团员（人）
1949	137	3000						
1950	—	40000	1960	—	1432830	1970	—	1395951
1951	518	107657	1961	—	1127484	1971	—	1778163
1952	600	184369	1962	—	1104254	1972	3500	2060519
1953	1102	324945	1963	2188	1339355	1973	—	2214270
1954	—	474629	1964	2361.0	1393041	1974	—	—
1955	1300	759198	1965	—	1489638	1975	—	2290335
1956	—	1048083	1966	—	—	1976	—	2370354
1957	2255	1108000	1967	—	—	1977	—	2468206
1958	—	1187587	1968	—	—	1978	4854.0	2472912

①迅速发展阶段（1949—1957）

全国解放后，各行各业百废待兴，尽管全国团员达 90 万人，但仍不能适应新形势的要求，这是因为各地在发展团组织的过程中，对团的原则理解不够，对形势估计不足，加之理论水平有限，不同程度地存在“秘密建团”、入团条件过高（必须具备候补党员标准，直系三代、亲友及本人的历史清白）等关门主义的问题。在团中央“纠正关门主义”的要求下，团组织迅猛发展。到 1950 年 3 月，全国发展团员总数达 150 万人。① 随后，团组织在减租反霸、抗美援朝、土地改革、镇压反革命运动中得到更大发展。新解放区土改前后农村团员增加了 117 万多名。② 1951 年到 1957 年根据团中央的精神，全国各地团组织都加强了动员，团员人数从 518 万人迅速增加到 2255 万人。

②缓慢停滞发展阶段（1958—1969）

1960 年前后国家进入困难时期，共青团的发展在重视程度上受到影响，忽视了接受新团员的工作，致使团员的发展停滞甚至下降。1963 年团员数量仅为 2188 万人。1963 年后，随着国民经济的恢复和学习雷锋活动的广泛开展，积极要求入团的青年越来越多，到 1964 年全国已有 2361 万人。“文化大革命”期间，1966 年 6 月至 1969 年 4 月，各级团组织一度瘫痪，团员基本上没有发展。

③恢复发展阶段（1970—1977）

1971 年“九一三”事件后，整团建团工作有了较快发展，团员队伍得到了扩大，到 1972 年下半年，全国团员总数达 3500 万人，占全国青年总数的 25%。③ 截至 1973 年 7 月，各省、市、自治区都先后召开了共青团代表大会，成立了团省（市、自治区）委员会，建立了省级共青团工作机构，团的组织发展走上了正常化轨道，全国已有团员 4000 万人，比“文化大革命”发动前增加了 1000 万人。④ 到 1977 年 6 月，共青团“十大”筹备组向中共中央报告全国共青团组织统计情况时，全国已有团员 4763. 4 万名，占全国青年的 28%。⑤

---

① 李玉琦 . 中国共青团史稿 1922—2008［M］. 北京：中国青年出版社，2009：217.

② 李玉琦 . 中国共青团史稿 1922—2008［M］. 北京：中国青年出版社，2009：219.

③ 李玉琦 . 中国共青团史稿 1922—2008［M］. 北京：中国青年出版社，2009：275.

④ 李玉琦 . 中国共青团史稿 1922—2008［M］. 北京：中国青年出版社，2009：276.

⑤ 青年工作大事记 1977 年［EB/OL］. 中国共青团网 http：//www. gqt. org. cn/695/gqt_ tuanshi/gqt_ ghlc/workevent/200704/t20070415_ 18258. htm（2012/10/4）.

（2）1949—1977 年共青团组织的主要青年运动

近 30 年中尽管共青团青年动员在“文化大革命”期间出现过停滞，但总的来说是一路凯歌，高潮迭起。据不完全统计，从 1949 年到 1977 年，共青团青年动员发起的大规模青年运动近 15 次，[①] 各种社会运动成为青年在社会和政治生活中的重要部分。共青团青年动员不仅是动员青年成为社会主义建设的生力军，更重要的是，在参与青年运动的过程中，青年也实现了其自身利益以及社会主义价值观的重构。

1950 年秋由共青团发动的“抗美援朝，保家卫国”运动不仅加速了团的快速发展，而且帮助青年构建起了爱国主义价值观。之前，虽然共青团青年动员取得了一定的成绩，吸引了大批青年入团，但是由于教育不足，整体上松散无力。据 1950 年上半年统计，全国团的支部中组织涣散不起作用的占 20%。为解决这一问题，1950 年 8 月共青团发布了《关于加强团的宣传教育工作的决定》，各级团委积极健全宣传机构，团内教育工作及时整顿和建立起来。10 月团中央在广大青年中开展深入的爱国主义和国际主义教育，将动员推向高潮。针对部分青年知识分子和学生中亲美、崇美、恐美的思想，共青团进行广泛深入的“抗美援朝，保家卫国”的宣传教育，通过报告会、讨论会，讲述美帝国主义者的侵华史，宣传抗美援朝的伟大意义；通过举行控诉会，揭露美帝国主义者对中国和朝鲜的侵略罪行，唤起青年的爱憎感。据不完全统计，仅北京市就有 3 万多名青年学生到各市区、工厂及 80%的郊区进行时事宣传。全国团员、青年更是积极报名参加军事干部学校，两次报名青年达 70 万人，其中团员占 70%左右。抗美援朝志愿军指战员中青年占 66%。青年团员黄继光身负重伤，仍坚持以自己的血肉之躯堵敌人的枪眼；年轻战士邱少云为了战友，烈火烧身而坚持不暴露目标；罗盛教不顾严寒跳进冰窟窿，舍身救出朝鲜少年。在英雄人物的激励下，在“一切为了祖国”“一切为了最可爱的人”的口号动员下，全国青年将爱国热情落实到恢复国民经济的行动中。

20 世纪 50 年代中期的扫盲运动是共青团动员青年的又一成功例子。1955 年 8 月，团中央宣传部分别在辽宁、湖南、江西调查青年文盲状况。当时文化水准较高的辽宁省，其农村青壮年（15～45 岁）中文盲半文盲的占 75%。而全

---

① 重大活动与事件［EB/OL］. 中国共青团网 http：//www.gqt.org.cn/695/gqt_tuanshi/gqt_ghlc/action/#（2012/10/4）.

国的比例更大。为了动员青年的学习积极性，满足国家建设的需要，团中央作出了《关于在七年内扫除全国农村青年文盲的决定》。之后，为鼓励各级团组织和广大青年积极投入扫盲运动，团中央还先后发布了《奖励扫除文盲运动中青年积极分子的办法》和《关于普遍建立青年扫盲队的通知》，全国性的扫盲高潮迅速掀起。1955 年秋至 1956 年春，全国入学人数则达 6000 多万人，其中工农青年 4000 多万人（主要是农村青年）。据统计，1950 年至 1957 年全国共扫除文盲约 3000 万人，其中青年约 2000 万人。[①] 这种加速大规模的青年动员既满足了青年的切身利益，也为国家经济建设高潮的到来准备了必要的条件。

在缓慢停滞发展阶段（1958—1969 年），尽管前前后后多有反复，甚至经历了“文化大革命”时期的停滞期，但总体上仍是发展趋势，而这期间的高潮则是 1963 年初，由共青团组织发起的学习雷锋活动。1963 年 2 月 15 日，共青团中央发出《关于在全国青少年中广泛开展“学习雷锋”的教育活动的通知》，3 月 2 日《中国青年报》刊载毛泽东同志等领导人的题词或诗文，4 日团中央书记处书记杨海波就学习雷锋向全国青年发表《光辉的榜样，伟大的号召》的广播讲话，全国青少年中反应强烈，迅速掀起了学雷锋的热潮。4 月 30 日团中央第一书记胡耀邦在《中国青年报》上发表了《把青年的无产阶级觉悟提高到新的高度》一文，阐述了学雷锋活动的意义，这一活动更是不断加温，到“五四”青年节《中国青年报》发表《论雷锋》的社论时达到高潮。同年 7 月召开的团宣传工作座谈会上，团中央讨论确定把学雷锋活动列为全民社会主义教育的一部分，并要把这项活动广泛、深入、持久地开展下去。在这次动员中，青少年被激发起学习积极性。团中央和解放军政治部在首都军事博物馆联合创办的雷锋模范事迹展览，仅 3 个月时间就吸引了全国各界 80 多万人次参观，留言 2.2 万条。[②]《中国青年报》在 40 天内，收到有关雷锋的群众来信来稿 1.58 万件，比以往任何一次宣传先进人物的来信要多出好几倍。学习雷锋活动的广泛深入开展，促进了广大青少年思想觉悟的提高，使青少年成为名副其实的引领社会优良风气之先的力量，在社会上出现了一大批模范青少年，像爱民模范欧阳海、舍己救人的王杰、钢铁战士麦贤德、“草原英雄小姐妹”龙梅和玉荣等就是其中为人们所熟知的突出代表。

---

① 共青团北京市委员会、北京青年报社．绚丽的青［M］．北京：人民出版社，2002：145.

② 李玉琦．中国共青团史稿 1922—2008［M］．北京：中国青年出版社，2009：250.

2. 共青团青年动员策略分析

1949—1977 年，共青团无论是入团动员还是运动动员，都赢得了各界青年的广泛支持。共青团是如何激发青年的积极性？团员又是基于何种思考自觉参与？以下从动员政策、动员结构、动员方式三个方面进行分析。

（1）动员政策

一定时期共青团动员政策的制定与执行，直接关系着这一时期青年动员的成败。

首先，团员政治身份的压力，激发了青年参与动员的积极性。新中国成立后，社会条件发生了重大变化。一方面，经济体制从小农经济转变为计划经济，生产力不够发达，个人追求难以通过经济方式得到满足，精神激励成为社会的主要氛围。青年在政治上追求进步，渴望得到社会认同成为最大诉求。另一方面，旧的民族矛盾基本消失，阶级斗争气氛更加浓郁。团员作为一种政治和身份的评价，成了先进和落后的标志，这必然会形成强大的政治压力，促使青年积极加入团组织。而入团政策的制定与执行成为青年动员的直接策略。入团条件的限制，在客观上成为青年政治身份划分的标准，具有标签作用。因此入团成为奖励先进青年的激励政策，从而加大了团员身份的政治影响力。共青团通过团章以及多个文件对入团条件进行严格的规定，如 1952 年共青团颁布的《关于青年入团条件的解释》明确要求入团的青年：第一，年龄必须符合团章的规定；第二，他的历史必须审查清楚（不能让反革命分子假装革命混入团内，进行破坏）。除此以外，还需要具备“思想进步、工作积极、承认团纲团章”3 个条件。① 这些条件不仅没有限制共青团队伍的发展壮大，恰恰相反，对于青年来说，争取入团意味着自己历史清白、思想先进、工作突出，因此激励了更多青年向团组织靠拢。

其次，动员政策所给予的是一种获取“稀缺政治资源”的条件。计划经济时期，不仅主要物质资源和财富由政府掌控，而且个人政治发展空间也成为“有限的政治资源”，由党团组织控制和分配。拥有团员身份，是个人通向更高政治追求的前提，也决定着青年发展的机会。广大青年无论入党、参军还是提干，任何政治追求都依赖团组织的推荐，这就保证动员有足够的吸引力。比如

① 关于青年团入团条件的解释［EB/OL］．中国共青团网 http：//www.gqt.org.cn/695/gqt_tuanshi/gqt_ghlc/his_wx/his_wx_1950_1959/200704/t20070423_22252.htm（2012/10/4）．

加入中国共产党。共青团作为共产党的后备军，按照政策，党的发展对象原则上都是从优秀团员中选择的。据统计，湖南1951年底新党员中75%是从优秀团员中发展的，1953年农村的新党员有95%来自优秀团员；仅1955年第4季度就有5649名优秀团员被吸收入党；1956年第3季度从团员中吸收入党的人数达10684人。① 这种动员政策所给予的“稀缺政治资源”，对广大青年来说具有强烈的吸引力，刺激青年争先恐后参加。

（2）动员结构

按照麦克亚当的解释，动员结构是“正式或非正式的集体工具，通过它人们被动员起来，并参加集体行动”。这种工具就是动员机制，主要包括社会组织和组织的具体运动。② 1949—1977年共青团通过设置自上而下、层次分明的动员结构，有效地吸引青年群众积极参与到青年运动中，并且促进了集体认同的建构。

首先，共青团建立了从中央到基层覆盖全国的组织结构。团委、团总支、团支部、团小组四级结构层次分明、等级严格，使青年动员具备超强的社会推动力和较高的组织实施性，确保了组织内成员协调一致的思想和行为。这种结构上下层之间可产生动员互动，共青团制定的方针政策借此结构由上而下逐级推广，保证了动员渠道的畅通无阻。这种架构整合了青年的分散状态，为动员深入到最大范围提供了组织保障，同时也为青年动员介入青年社会经济生活的各个方面创造组织条件。就湖南省来说，团的基层组织基本上是按各个行业的行政和党组织的建制相对应建立的。在农村，一般是公社建立团委，大队建立团支部，小队建立团小组；农场、林场、牧场、渔场等也相应地根据团员的多少建立团委、团总支、团支部、团小组等基层组织；在工厂，以总厂、分厂、车间（生产线）、班组为单位；在各级大中学校，以校（院）、系、年级、班为单位；在城市，按划分的行政区、街道办事处、居委会为单位，分别成立团委、团总支、团支部、团小组等基层团组织。同时，团省委在有的行业系统中设置直属团委。据统计，1965年底湖南省共有基层团支部77386个，其中工业战线5842个，交通运输邮电业1901个，农业战线58828个，商业、金融业2388个，

---

① 谭平，严华．湖南共青团志［M］．长沙：湖南人民出版社，2004：130，119.

② 任孟山．政治机会结构、动员结构和框架过程［J］．中国青年政治学院学报，2011，（6）：15.

公用事业 44 个，文教卫系统 7983 个，机关 2849 个，街道 820 个，其他 251 个。①

其次，共青团青年动员涉及青年的工作、学习、生活各个方面，满足了青年的特殊利益需求。正如马克思所说：人们所奋斗的一切都同利益有关。② 公共选择理论（奥尔森，1995）及“资源动员理论”（Gamson，1968）也认为，行动参与起码在最初是建立在成本与收益的理性权衡基础之上。在这样一种视野下，观察共青团青年动员的话可以发现，青年所表现出来的参与积极性其实分为两种：一种是进步青年自发的积极性，另一种则是青年动员中普通青年或是“落后青年”通过利益吸引所产生的。如 20 世纪 50 年代的青年扫盲运动，一方面为了消除千百年形成的落后的生产力和科学文化状况，提高整个国家科学文化水平；另一方面也满足了青年自身学习文化的需求。对于进步青年来说，团中央《建立扫除文盲运动中青年积极分子的办法》的出台，吸引着他们在活动中作出模范带头作用；对于普通青年来说，这种学习并不会给他们带来任何损失，反而有利于自身今后的发展。因此，扫盲活动迅速得到了数以万计的青年支持。

（3）动员方式

共青团动员在民主革命时期已经积累了丰富的经验，1949 年后随着组织的发展，动员手段更加成熟。这一时期，思想教育动员是共青团动员青年最基本也是最常规的手段，被称为是壮大发展的法宝。恩格斯说，“就单个人来说，他的行动的一切动力，都一定要通过他的头脑，一定要转变为他的意志的动机，才能使他行动起来”。思想教育动员就是通过有目的地影响、改变青年的态度、价值观和期望等，促成青年的主观内省和思想升华，激发青年的参与热情，使之行动起来。思想教育动员的方式有多种，这一时期各种报告会、控诉会、汇报会、讨论会等方式最为有效。抗美援朝前报告会、控诉会，提高了广大青年的民族自尊心和抗美援朝必胜的信心；学习“毛著”运动中的报告会、观摩团、现场会、展览会，提供了直接模仿的样本。树立英模榜样，具有直接、现实、形象的说服力和吸引力。

如果说思想教育是对普通和落后青年的主要动员手段的话，那么突击队和

---

① 谭平，严华．湖南共青团志［M］．长沙：湖南人民出版社，2004：130，119.

② 马克思恩格斯全集（第一卷）［M］．北京：人民出版社，1956：82.

竞赛型活动则是对先进青年动员的主要方式。结合不同时期的目标，共青团组织有青年突击队、青年节约队、青年监督岗、青年垦荒队，等等。据不完全统计，仅1955年全国工业战线共青团建有青年突击队1597个，参加人数为31518人；青年先进班组2317个，包含30824人（24个省市统计）；青年节约队7163个，参加人数为31.4万人；青年监督岗1112个，参加人数为5147人。① 各类竞赛吸引了全国各行各业青年参与，如“爱国生产竞赛”全国200多万工人参加，在冶金、煤炭系统中开展的“比学赶帮超”竞赛，吸引了全国64个企业的青年高炉和400多个青年采掘队参加竞赛。② 农业战线上，“五比”竞赛活动（比思想红、劳动勤、技术巧、学习钻、节俭好）、“千渠万库百万眼井”活动（兴修农田水利活动）吸引了千百万农村青年的参加。这些动员方式一方面让青年被动接受教育，另一方面青年对动员将他们带来的未来利益怀着无限的憧憬，自然会投身于青年动员的热潮中。

3. 结语

1949—1977年是新中国成立后的计划经济时期，共青团作为刚刚执政的中国共产党的助手，在百废待兴的社会召唤下，有计划地动员青年加入中国革命和建设的行列中，其间经历了迅速增长、缓慢停滞和恢复发展3个阶段，虽曲折却波澜壮阔，团员人数从90万人增长到4700多万人，共青团也因此成为全国青年的组织核心和青年运动的领导核心。

这一时期的共青团青年动员毕竟带有浓重的时代烙印。计划经济条件下不发达的社会生产力水平和阶级斗争浓郁的社会氛围，使得共青团员不仅成为政治身份的标签，还是稀缺的政治资源，入团对青年有着极大的吸引力。共青团动员的成功还在于建立的动员结构所结成的完善的动员网络，从中央到基层，层次分明、覆盖全国。通过采用自上而下的政治宣传教育，保证了动员渠道的畅通和动员力的实现。

自上而下、高度集中的动员机制，保证了青年动员过程的高度一致性和高效率。尽管它最大限度地调动了青年的参与积极性，在社会主义建设上发挥了巨大作用，但忽视了青年个性化特点，尤其是身份标签化伤害了一部分青年，并导致入团的动机更加功利，甚至在思想和行为模式上禁锢了青年的多样化追

① 李玉琦．中国共青团史稿1922—2008［M］．北京：中国青年出版社，2009：245.

② 李玉琦．中国共青团史稿1922—2008［M］．北京：中国青年出版社，2009：234.

求，给青年的成长带来了一定的消极影响。

（二）中央苏区时期三明地区共青团宣传动员工作的历史考察

1927年中共中央八七会议的召开，开始了农村根据地建立的新时期。1929年毛泽东、朱德、陈毅率红四军进入闽西，把井冈山武装斗争的火种播撒到了福建。1931年9月第三次反"围剿"取得胜利，辖苏宁化、门流、归化（现称明红）等县的中央革命根据地正式形成。1933年、1934年东方军两次入闽作战，今三明市域全部被纳入中央苏区范围。作为战略要地的三明，是革命根据地的"东方门户"、中央苏区"扩红补给"的重要供给地之一，在五次反"围剿"中发挥过巨大作用。第二次反"围剿"胜利后，三明各区县普遍建立了少共县委，先后在团福建省委、团江西省委、团闽赣省委的指导下开展青年工作，组织领导青年协助苏维埃政府巩固和发展根据地，动员苏区青年投身革命斗争。三明地区共青团宣传动员工作灵活多样、成效显著，是中央苏区共青团宣传动员工作的缩影，具有一定的代表性。以三明地区共青团为考察对象，可为中央苏区共青团宣传动员工作的研究提供参考。

1. 中央苏区时的三明地区共青团的机构设置与宣传工作的目标任务

共青团机构的设置是中央苏区时期团组织开展宣传动员工作的重要组织保障。1927年大革命失败后，中共中央召开八七会议，确定了土地革命和武装斗争的总方针。在国民党政府围追堵截的艰难环境下，中国革命从城市转入农村。这一时期，党的主要任务可以概括为三个方面，即土地革命、武装斗争、根据地建设。围绕党的中心任务，1928年中国共产主义青年团五大通过了《教育宣传工作决议案》，明确了宣传动员工作的主要任务，就是"必须有最大限度的努力实施广大的工农群众的政治宣传与教育……将我们的纲领与青年工农群众日常生活联系起来……动员群众为此种要求纲领而奋斗"，积极配合党中央开展宣传动员工作。

1929年，红军进入闽西后在清流、归任、宁化、建成、泰宁、将乐、泉建、澎湃、沙县、永安等县先后建立了县级革命政权，上述县均属于今三明市所辖范围。为加强对苏区工作的领导，1931年初，中共苏区中央局和少共苏区中央局先后成立，指导各区县建立少共县委。自1931年7月起，清流、归化、宁化先后成立少共县委，隶属共青团福建省委；翌年2月增设少共宁化中心县委，下辖清流、归化、泉上、澎湃四县少共组织。1932年11月，建宁和泰宁增设少共县委，隶属共青团江西省委；两个月后，在建宁成立少共中心县委，辖建宁、泰宁两县少共组织。1933年5月共青团闽赣省委成立，与共青团福建省委平级；而建宁、宁化少共中心县委分别于1933年5月、1934年5月划归共青团闽赣省委领导，至1934年根据地失守后停止活动。

上述共青团机构设置可分为四级团组织，上至少共苏区中央局、共青团省委，下至少共中心县委、少共县委，得益于这一团机构设置，三明地区共青团工作的领导力大大加强、执行力更加高效。中央苏区时期，各县少共组织结合团的宣传动员工作要求和三明地区的实际情况，协助党和苏维埃政府开展了以团结教育群众为中心，以壮大革命力量、巩固扩大革命根据地为目标，以宣传革命形势及党的政策，动员群众参加红军、开展土地革命、支援前线为主要任务的宣传动员工作。

2. 中央苏区时期三明地区共青团宣传动员工作的基本方法

1931年红军攻克建宁，取得第二次反“围剿”胜利后，红军以建宁为中心，建立苏维埃政权，并陆续分兵作战，扩大革命根据地。面对当时扩大红军、补给前线和巩固扩大苏区的迫切需要，三明地区共青团运用多种宣传载体，一方面开展文化教育活动，树立先进典型、发挥榜样作用，迅速提高青年的文化水平和革命觉悟，调动他们参与革命的积极性和主动性；另一方面关心青年需求，做好优待红军工作，赢得他们的支持，消除青年的参军顾虑。中央苏区时期三明地区共青团多管齐下的宣传动员工作，有效地推动了三明地区革命事业的发展。

（1）运用多种载体开展对青年的宣传动员工作

三明地区共青团根据当时普遍存在的青年政治和文化水平低下的状况，采取文艺活动、标语口号、集会、报刊等宣传方式，动员青年保卫和扩大革命根据地。

①报刊宣传

出版发行报刊宣传革命思想、培养青年的政治意识。面对严峻的斗争形势，1928年中国共产主义青年团五大作出了“中央机关报必须冲破一切困难继续出版”的指示。三明地区共青团一方面积极发行少共苏区中央局、少年先锋队中央总队部以及中共中央儿童局出版的机关报刊，如《青年实话》《少年先锋》《时刻准备着》，还发行《列宁青年》《福建青年》等地方省委出版的报刊，面向青年宣传、介绍红军战斗故事，讨论青年关心的政策、时局等问题，向青年宣传革命思想；面向儿童则通过更为活泼生动、富有趣味性的语言，宣扬各地优秀少先队员和儿童团中的英勇事迹，对少年儿童进行革命教育。另一方面在建宁等地出版发行《红色闽赣》《红色射手》等报刊，主要刊载闽赣苏区的革命势态、查田引动情况，以及扩大红军、节省开支、支援前线等方面的报道。

三明地区共青团发行的这些报刊，在体现阶级性和革命性的同时，又兼顾青年人的特点，具有深刻的教育、启发和引导意义，深受苏区青年的欢迎。三明地区共青团配合党和苏维埃政府，对这些红色刊物进行宣传并组织青年阅读学习，如泰宁地区共青团就协助党组织创办了夜校读报小组。通过报刊的出版、发行和宣传，三明地区共青团有效地向青年传播了党的先进思想、理论、政策，将苏区青年紧密地团结在党的周围，使报刊宣传也成为三明地区共青团鼓舞青年群众斗志、为革命积蓄力量的有力手段。

②标语口号宣传

三明地区共青团围绕党的工作重心，将反军阀、反“围剿”与青年群体迫切需求相联系，使用简短有力、富有感染力的标语口号，营造宣传氛围，引导广大青年工人、贫农坚定救国救民的立场，树立革命必胜的信念，充满斗志地跟随党和红军夺取革命胜利。

在这一时期，三明地区共青团坚定勇敢地站在青年面前，领导青年喊出各式铿锵有力的口号，所到之处都刷写了内涵丰富、语言生动的标语，包括“粉碎敌人五次‘围剿’”和“保护建宁苏区”等拥护苏区政府、反抗国民党反动武装的口号，以及“要春耕，便要打退敌人”“争回苏维埃给予青年的利益”等符合青年群体迫切需求的口号，支持并配合了党的宣传动员工作。

标语口号密集分布，不仅街角墙头随处可见，连村里的树上甚至群众的水缸上也留存了一些红色标语。如永安市小陶镇小陶村留存了许多像“拥护中国共产青年团！拥护共产国际！执行共产党的政治主张！”等铿锵有力的标语。

三明地区的标语数量繁多、形式多样，其中大致可分为定义类、列举类、动员类、对抗类、漫画类。如定义类有“红军是工农的武装！”“苏维埃是人民的政府”等；列举类有《共产党十大纲领》等；动员类有“工农群众起来打土豪分田地！”“劳苦群众起来抗租抗税！”等；对抗类有“打倒卖国的国民党！”“消灭大刀会”等；漫画类有《国民党的卖国罪状》等。这些标语语言朴实、简洁有力、朗朗上口，漫画生动有造，革命性强，深深地影响了三明苏区的青年。

③集会宣传

通过召开集会，营造革命氛围、调动青年的积极性。中央苏区时期各省共青团（少共）组织特别重视利用集会，主动向群众宣传中国共产党的政策主张，有效调动了青年群众革命的积极性与参与度。1930 年《宣传教育问题决议案》的工作方针中就明确指出，对于全团同志都要到群众中做宣传动员，不仅要由优秀团员讲演，而且要尽量鼓励当地群众积极参与演说，这样开集会才更有效果，集会办得越大，讲演越精彩，群众的政治水平就越高，反之则会令群众生厌。在中央苏区时期，共青团福建省委发布过多个纪念活动的通告，如纪念"李列"、纪念"九一八"、纪念"四·九"扩大赤色工会运动的工作等。三明各地少共县委也根据上级精神，结合纪念节日开展群众性集会活动。比如宁化苏区共青团在各区乡组织晚会，发动广大群众热烈欢送与慰劳红军，并鼓乐喧天地高呼动员性的口号。这些群众集会吸引了青年的广泛参与，极大地提高了宣传的效果。

在中央苏区时期，三明地区共青团还广泛开展体育运动和军事操练、比赛。《青年实话》在 1933 年 4 月 9 日就发出过"组织中华苏维埃共和国赤色体育会"① 的倡议。当时三明苏区各县都建有体育场，在三明苏区共青团的帮助下，很多学校和俱乐部都组建了体育运动队，并开展各类运动会。1933 年 5 月，宁化举行声势浩大的"五一"全县模范少先队总检阅仪式。1933 年 11 月 7 日，少先队闽赣省总队部在建宁县南门操场举行了盛大的建黎泰三县少先队体育运动会。清流苏区共青团还配合红军部队，组织儿童团进行军事操练、比赛，为优胜者颁发"儿童军事操练奖旗"。三明地区共青团通过组织青年开展赤色体育运动以及声势浩大的检阅、军事比赛等武装示威活动，有效凝聚了青年，提高了他们的身体素质；通过宣传表彰其中的先进典型，激发了青年的竞争激情，进一步提高了青年积极参加红军的积极性。

④文艺宣传

借助文艺作品宣传中国共产党的方针政策、动员青年群众。针对青年人活跃好动、容易对新鲜事物产生兴趣的特点，三明地区共青团协助苏维埃政府和红军的宣传队，组建了俱乐部、剧团、娱乐社等文艺组织，将当地民谣与党和红军的政策、与时局形势相结合，与革命精神相融合，改编、演绎、传唱了形

① 曾飙．中央苏区体育史［M］．南昌：江西高校出版社，1999：41.

式多样、内容丰富的各种文艺作品，开展了独具时代和地域特色、生动活泼的红色歌谣传唱、话剧演出等文艺活动，以达到宣传党的方针政策、动员青年群众的目的。据记载，三明地区当时流行的文艺节目有京戏《打渔杀家》《苏三起解》，歌剧《送郎当红军》，活报剧《活捉蒋介石》《打日寇》等，流行歌曲有《暴动歌》《当兵就要当红军》《送郎当红军》《少年先锋队歌》《共产儿童团歌》《慰劳红军》《红军打沙县》《提早春耕》等。宁化少共县委在宁化城关俱乐部，组织团员青年开展演话剧、唱红歌等多种文艺活动，丰富群众的精神文化生活。这些文艺剧目和歌曲价值导向明确，阶级立场鲜明，唤起了青年参加革命的热情、鼓舞了他们的革命斗志，充实了他们的精神文化世界，是一种很有效的宣传动员形式。

（2）积极开展文化教育活动

三明地区地处相对偏僻闭塞的山区，经济水平低下，人民受教育水平极度落后、思想封建，限制了党和苏维埃政府各项工作的开展。为了尽快地破除各种封建迷信的思想，提高苏区青年的知识文化水平，共青团通过帮助党和苏维埃政府建立列宁小学、识字班等，促进了苏区教育事业的发展。《红色中华》上刊载了少共苏区中央局书记凯丰的文章，强调共青团必须帮助教育部去发展列宁小学，开展识字扫盲运动。1933 年 8 月 30 日，少共中央局与中央教育人民委员部召开联席会议，并发布《关于目前教育工作的任务与团对教育部工作的协助的决议》，指出“对于教育部的协助运动必须是全团的事情……团应当成为一切俱乐部、列宁室、识字班的协助者”，并发出了“不让一个团员是文盲，也没有一个少先队员是文盲，每个团员负责消灭一个文盲”的号召。

三明地区共青团一方面对儿童开展学校教育，积极落实中央教育人民委员部和少共苏区中央局的部署，帮助域内各级苏维埃政府兴办列宁小学，对苏区儿童实行义务教育。三明地区共青团在列宁小学设有团支部、少先队部、儿童部，帮助学校组织学生开展社会活动，如组织宣传队，帮助红军送信，参加站岗放哨、慰劳红军等活动。少共宁化县委还发动团员从自身做起，帮助弟弟、妹妹到学校读书，向思想上想不通的家长做宣传解释工作。对暂时无法成立学校的地方，共青团员还通过举办读书班等方式帮助儿童识字读书。

团组织还面向社会开展扫盲运动、破除封建迷信。在发展学校教育的同时，三明地区共青团还帮助各级苏维埃政府推行社会教育，广泛开展扫盲识字运动。建宁苏区开展“群众性互教自学”，采用团中央《青年课本》等教材，推行社会教育。宁化县组建了俱乐部、午读班、夜读班、妇女下午班、识字组，还制作识字牌，开展送字上门等多种形式的识字运动。宁化共青团则组织团员开展唱歌、读报、讲演、文艺等多种文化活动和识字教育，教唱革命歌曲，宣传时局政策、讲授革命理论。三明地区共青团还设立了青妇部，在青年中广泛宣传倡导男女平等、婚嫁自由等科学进步的新观念，贯彻苏区《婚姻条例》，带领青年妇女开展争取解放的斗争，把妇女从饱受旧礼教束缚和压迫的苦难境况中解救出来。在进步女团员的带领下，三明地区的青年妇女烧掉裹脚布，破除缠足陋习，积极加入革命的队伍。面对偏僻山区固有的“妇女犁田会遭雷公打”的封建迷信说法，共青团号召女团员带头下田劳动，还成立生产教育委员会，发动团员示范犁田，宣传妇女在生产战线上的风采，破除迷信，解除了封建社会对青年女性劳动力的束缚，为妇女争取政治和经济地位。

（3）组织青年参加革命活动

三明地区共青团组织青年积极参加土地革命运动。土地革命前，三明地区农村地主阶级占有绝大部分的土地，广大农民穷困潦倒，革命根据地建立之后，面对根据地青年群体亟待解决的各种现实问题，三明地区共青团领导少先队、儿童团，积极宣传党的土地政策，发动广大青年参与到土地革命运动中，一方面团结广大青年在农村开展没收土豪财产、破仓分谷、筹款筹粮等工作；另一方面组织青年帮助苏维埃政府分发粮食和衣物，焚烧田契，开展土地分配运动，协助苏维埃政府解决广大贫困农民的土地问题。泰宁县少共组织共组建了7个连的模范少先队，参与打土豪、筹款等工作，创下赫赫战绩。例如，击溃泰宁县最大的地主武装三靖团，并打土豪几十户、筹集款项数百元大洋。

三明地区共青团领导少先队、儿童团，团结各区县的工会、农会等群众团体，带领青年参加争取青年权利的革命活动。他们强有力地组织青年工人开展反对压迫、争取权益的斗争。如1934年泰宁少共县委组织城区青年徒工开展了“年关斗争”并取得胜利，在庆祝斗争胜利大会上，全体青年徒工一致报名加入了少共组织。①

三明地区共青团还领导少先队和儿童团开展经济动员工作，并由团员带头节约伙食、募集资金，动员广大青年节省粮食，筹措粮食、经费补给前线，为红军提供了粮源和财源支持。在经济节省运动中，建黎泰模范少先师主动提出

① 陈雄．泰宁人民革命史［M］．福建：厦门大学出版社，1992：42，61，60.

不要本息退还公债的主张，并节约伙食，以充实军费。宁化县少共组织积极响应捐献“少共国际号”飞机的号召，共募捐大洋3610元。宁化县儿童团员也把平时买糖果的每一文钱积蓄下来，先后开展募捐购买“红色儿童号”飞机活动以及募捐“闽赣平射炮”的活动，带头响应党团组织的号召。

（4）开展拥军优属工作

随着革命战争不断向前发展，大批苏区青年参加了红军，面对前线冲锋和后方保障的双重需要，做好拥护、慰劳红军以及优待红军家属工作显得更为重要，成为苏维埃政府一项重点工作内容。

拥护红军、慰劳红军是保证前方士兵安心杀敌的重要工作。为了使红军战士安心在前线英勇杀敌、解决他们的后顾之忧，也为了吸引更多青年参加红军、进一步壮大革命力量，三明地区共青团积极慰劳红军。《红色中华》这样记载：将乐在慰劳红军方面“非常热烈”，“能自动捐钱买六个猪子……自动挑了二十多担小菜来慰劳红军，在半小时以内集中了群众三百余在路上欢迎红军”。[①] 宁化淮土、禾口等区将各种慰劳品“鼓乐喧天的高呼鼓动性的口号送到宁化县来”[②]，还募捐了钱款慰劳新战士。在三明地区共青团的领导下，三明地区的儿童团也经常组织开展慰劳红军的工作，泰宁县儿童团开展了给红军送饭送水的活动，还组织了慰问队，前往红军医院给伤病员唱歌听。

优待红军家属的工作也为前线战士提供了坚强后盾。少共中央局发出“共产青年团礼拜六”的倡议，每逢星期六或节假日，许多团员、青年都会主动上门，帮助红军家属耕田、做家务，有效解除了红军战士的后顾之忧。宁化县禾口、石壁等区乡能达到每家“十个工以上”。[③] 据《红色中华》记载，建宁安仁乡有红军因担心家人“开小差”回家，三明地区共青团积极开展归队运动，发动青年去“开小差”的同志家里做思想工作，解决其家庭困难，“使他看到优待红军的家属条例切实执行”[④]，积极鼓动其回归部队。

此外，三明地区共青团带领团员积极响应中央苏区提出的“多种一颗菜，多打一升豆、一斗粮，支援红军，使红军吃饱饭，打胜仗”的号召，组织青少

---

① 将乐城热烈慰劳红军——城市区一晚募集了六个猪子水南区自动捐了二十多担小菜［N］. 红色中华，1934-3-10.

② 范润生. 宁化模范团是这样动员的［N］. 红色中华，1933-10-9.

③ 福建优红工作的检查［N］. 红色中华，1934-6-5.

④ 归队运动应该这样做［N］. 红色中华，1933-5-8.

年加紧粮食的生产和收种，保障红军及红军家属的温饱问题。

3. 三明地区共青团宣传动员工作的经验

中央苏区时期，三明地区共青团的宣传动员工作卓有成效。其团组织架构四级层次的严谨、职能的明晰、政治定位的明确，为宣传动员工作提供了组织保障；其动员目标紧紧围绕党的中心任务、关注青年话题与实际利益，找准了教育这个宣传动员的关键抓手；其宣传动员方式灵活多样、不留空白、适应苏区青年，大大提高了动员的实效，使党在苏区的扩大红军、推动经济发展、开展文化教育等工作得以快速推进。据不完全统计，中央苏区时期三明有3.9万人参加红军，1.1万人参加长征，其中多数是青年，而随红军主力部队到达陕北的只有76人。仅宁化县就筹粮950多万斤、钱款近54万元、2万多人次的担架队和运输队支援前线。这一时期，三明地区为中国革命做出了重要贡献，赢得了“红旗不倒”的赞誉，应该说共青团的宣传动员功不可没。三明地区共青团这些宝贵经验，不仅有助于我们更加深入、全面地理解那一段历史，更有助于我们深刻认识中国共产主义青年团作为党的助手和后备军的真正内涵。

（1）围绕党的中心任务开展宣传动员工作

中央苏区时期，三明地区共青团在宣传党的政策和革命形势、动员群众参加红军、扩大生产、支援前线等方面行之有效的宣传动员工作，其做法在整个苏区都具有重要的示范作用，究其经验主要是因为明确了作为党的助手的政治定位。从团的组织建构，到宣传动员工作的部署，都是在党组织的直接领导下进行。

其一，围绕党发展和壮大革命武装的需要，开展扩大红军的宣传动员工作。1933年，在党中央“创造一百万铁的红军”、团中央建立“少共国际师”的号召及闽赣省组建红七军团的指示下，三明地区共青团协助地方苏维埃政府积极开展“扩红突击运动”。采用了动员青年群众自愿报名加入红军以及动员地方武装、团支部集体加入红军两种方式进行扩大红军的宣传和动员工作，并取得显著成效。至1934年夏，建宁苏区共青团在“扩红突击运动”中总共动员了1000余团员和青年群众加入“少共国际师”，建宁县的杨林、双溪、上龚家、安寅等10个乡成为创建“少共国际师”的模范乡。宁化县淮阳、禾口两区被授予“我们的模范区”金字光荣匾，宁化苏区共青团组织的工作成效被中央机关报《红色中华》称赞："在群众中起了很大领导作用"①，并被作为模范典型推广，上杭的才溪等地还派了100多名代表专程前往宁化学习扩大红军的经验。

其二，围绕党巩固苏维埃政权、保障红军供给、打破经济封锁的需要，开展生产动员工作。中央苏区时期，三明地区各县90%的经济来源于农业生产，为发展苏区经济，三明地区共青团协助地方苏维埃政府开展生产动员。三明地区共青团组织耕田队，开展技术互学，并发动青年妇女参加生产。1934年6月，中央发出《为紧急动员24万担粮食供给红军致各级党部及苏维埃的信》，三明地区共青团立即开展动员，宁化县共青团还组织了儿童山歌队，宣传借谷运动，调动大家"收谷集粮"的积极性和主动性。宁化、归化、泉上、澎湃、建宁、泰宁六县就完成了中央分配给闽赣省的总任务量。宁化县在1934年中央秋收"借谷60万担"动员中，筹集10万多担粮食支援红军，为前线提供强大物力支援。

其三，围绕党发展文化教育事业的需要，开展宣传动员工作。三明地区共青团协助地方苏维埃政府兴办列宁小学和扫盲识字班，动员儿童、青年、妇女学文化，接受思想政治教育。仅宁化一地就办了200多所列宁小学。宁化淮阳区淮阳乡的第一所列宁小学办得尤其出色，学校除了安排课程学习之外，还在团支部的帮助下组织学生结合俱乐部活动开展讨论、演讲、读报等活动，组织学生每周帮助红军家属，被《红色中华》冠以"模范学校"称谓，上杭的才溪、洪田等地还派代表前来参观学习。

中央苏区时期，三明地区共青团坚持以中央苏区党的中心任务为宣传动员工作的总纲，围绕巩固苏维埃政权、壮大革命队伍、发展苏区经济、保障红军供给等深入开展工作，做到"党有号召，团有行动"。

（2）团组织架构严谨、宣传动员方式灵活

组建架构完整、层级合理的共青团组织，是有序落实宣传动员工作目标任务的机构保障。三明地区共青团创造性地设置了网络化组织体系，纵向上，形成了由"少共苏区中央局—共青团省委—少共县委—区/乡团支部"组成的"三角形"组织框架，实现了团的最高指令由上至下逐级传达到基层组织，上下任务统一、目标明确；横向上，各级团委均设有宣传部门，区/乡团支部中也有宣传干事，保证了团的组织领导力和顶层设计的执行力，促进各项任务高效、顺

① 范润生．宁化模范团是这样动员的［N］．红色中华，1933-10-9.

利完成。网格化结构保证了三明地区共青团各级组织活跃在广大苏区青年群体中开展宣传动员工作，大大增加了团在青年中的覆盖面。

在宣传动员工作中，针对性与灵活性兼具的工作方式是关键。针对性体现在两个方面，一是针对三明地区青年的活跃开放、思想观念不固化，但文化水平低、穷困潦倒等特点，制定相应的宣传动员策略。如在青年红军中，用树立先进典型的方法，发挥榜样示范的力量；对于青年工农，则密切关注他们的实际利益；尤其在面对文化水平不高的青年及儿童时，则以各种通俗有趣、喜闻乐见的方式开展宣传动员工作。二是针对时局变化确定不同的宣传内容。如围绕土地革命、反围剿、扩容红军队伍、保证苏区生产建设等主题，广泛运用标语口号、革命歌曲、各类集会、报刊故事等方式宣传动员。方式的灵活性完全适应于对象和内容的针对性，提高了宣传动员工作在时间、空间、覆盖对象上的广度和深度，有效地激发了青年的革命热情。

（3）在宣传动员中注重提高青年的思想觉悟

三明地区共青团在开展宣传动员中，注重青年革命思想的形成规律，不仅关照青年切身生活需要，还通过开展识字活动、政策教育、革命理想教育，逐步提高青年的文化水平和阶级觉悟，激发青年革命的内生动力，坚定青年革命意志。

扫盲教育为宣传动员工作奠定了文化基础。三明地区苏维埃政权成立之前，学校中基本只有富家子弟的身影，贫苦青年根本上不起学。据县志记载，泰宁县广大农村“百分之九十五以上都是没有文化的睁眼瞎”①，归化县的文盲占总人口的90%以上，三明地区其余各县的情况大致相同。三明地区共青团协助苏维埃政府的扫盲运动中，归化县扫盲率达到80%以上②，大大提高了青年的文化水平，为青年阅读红色报刊、理解革命道理、提高政治认识奠定了重要基础。

为了拥有土地、为了有饭吃有衣穿，青年站到了革命的一边，这是朴素的生存需求驱动，但是，面对残酷的斗争环境，红军队伍中年龄较小的“红小鬼”难免出现“开小差”现象。三明地区共青团宣传动员成功的经验在于，把政治教育融入对整个青年的文化教育中，让广大青年明白为什么要捍卫苏维埃政权、为什么参加革命、为什么加入红军，只有推翻了旧制度，才能从根本上翻身做

---

① 陈雄．泰宁人民革命史［M］．福建：厦门大学出版社，1992：42、61、60.

② 李桂花．明溪苏区文化宣传活动纪略［EB/OL］．http：//www. zgmxzx. com/2017－08/30/content_ 50752. htm.

主人。苏区青年能前赴后继投身革命，充分体现了三明地区共青团宣传动员的成效。

（4）在宣传动员中关注青年的现实需要

高度重视青年的现实需要是共青团宣传动员工作的一条很重要的经验。马克思指出："人们为之奋斗的一切，都同他们的利益有关"①，宣传动员工作也应当着眼于满足青年的现实需要、解决青年的实际问题。三明地区共青团始终以党的宗旨为宗旨，坚持把青年利益放在心上，赢得了广大青年的支持，成功动员青年听党话、跟党走，参加革命。

首先，三明地区共青团紧紧抓住青年农民最关心的土地问题。长期以来，在三明农村，地主阶级占有绝大部分土地，广大贫苦农民日复一日辛苦劳作，却衣不蔽体、食不果腹。"宁化三件宝，地瓜当饭饱，蓑衣当被盖，火笼当棉袄"等民谣，就是当时三明地区农民生活的真实写照。土地是青年农民生活的命脉，三明地区共青团深入青年，积极宣传党的土地政策，带领他们打土豪、分田地。祖祖辈辈受尽压迫和剥削的广大青年农民真正得到了实惠，成为耕者有其田的农民，他们真切体会到党、团、红军、苏维埃政府才能真正代表贫苦大众的利益，跟党走、闹革命是他们不二的选择。比如建宁县半源乡解决了土地问题之后，支前运动得以广泛发动起来，"土地税、收买粮食、推销经济建设公债等任务全部完成"②；宁化禾口区开展查田运动后，"十天内扩大红军三百二十余名"③；泰宁县的农民在遭受了刚分到的土地"被地主豪绅倒算回去"④的伤害之后，就更加深刻认识到自己的命运和革命事业是牢牢联系在一起的，"首先就表现在群众积极起来配合与帮助消灭刀团匪的斗争"。⑤

其次，三明地区共青团彻底改变了青年的社会地位，从根本上解放了青年。新中国成立之前，妇女生活在社会的底层。流传在建黎泰一带的《妇女解放歌》就生动描述了当时妇女的苦难情况："清早起来做到日落西，累死累活有谁知？"红军在三明建立革命根据地后，共青团积极宣传男女平等思想，带领青年妇女广泛开展废止童养媳和蓄奴养婢、禁缠足、剪发髻、争取婚姻自主的斗争，彻

① 马克思恩格斯全集（第一卷）［M］．北京：人民出版社，1995：187.

② 邵式平．闽赣省查田突击运动的总结［N］．红色中华，1934-4-28.

③ 马维祺．在查田运动中扩大红军［N］．红色中华，1933-9-18.

④ 陈雄．泰宁人民革命史［M］．福建：厦门大学出版社，1992：42，61，60.

⑤ 邵式平．闽赣省查田突击运动的总结［N］．红色中华，1934-4-28.

底改变了她们被压迫、被买卖、被奴役的命运，保障了青年妇女的人身权利。三明地区的青年还在政治上获得了参与权，三明地区共青团积极促成青年参加苏维埃选举、鼓励他们在苏区政府工作。

最后，用制度政策消解青年参加革命的后顾之忧。三明地区的青年大多是家中的壮劳力，面对共青团“扩红”的形势，他们最担忧的是家人的生活以及红军撤离后家人会遭到报复。三明地区共青团成功动员的经验是，大力宣传、积极落实党和苏维埃政府《关于优待红军家属的决定》《中国工农红军优待条例》《红军抚恤条例》等政策，扎实开展为红军家属耕田工作。制度的制定和落实，让青年解除了担忧，青年看到“有人优待他的家属，又有人欢迎和欢送他，还有很多群众慰劳他”，自然更积极地响应三明地区共青团扩大红军的动员，“异常自觉自动报名当红军”。① 同时，保障生产、支援红军工作的有效推进，也为前线提供了坚强的后盾。

中央苏区时期，共青团坚持中国共产党的领导，充分发挥党联系青年的桥梁和纽带作用，积极开展宣传动员，团结青年开展土地革命、巩固和扩大苏维埃政权、武装反抗国民党反动派的围剿，为革命事业做出了巨大的历史性贡献，应该说，这一时期在中国共产主义青年团创建发展过程中是个重要阶段。在中国共产主义青年团成立一百周年之际，系统梳理三明地区共青团在中央苏区时期开展宣传动员工作的历史，深入分析其在整个中央苏区时期的历史地位和作用，总结其在助推中国革命事业发展中的成功经验，不仅有助于总结深化共青团百年历史经验，而且对新时代继续发挥共青团党的助手和后备军作用，推进中华民族伟大复兴有着重要意义。

二、新民主主义革命时期共青团的青年动员工作考察

（一）青年动员的概念

青年动员是以青年为主体的社会动员。因动员主体的不同，对社会动员有两种不同的理解。一种是从现代化的角度，认为社会动员是在社会变迁的自然过程中，社会成员行为方式、思维方式、价值观念等方面发生的主动或被动的变化，体现了社会动员的自发性。该观点以美国学者卡尔·多伊奇、政治学家塞缪尔·亨廷顿等为代表。另一种认为，社会动员即社会发动，动员的主体多

---

① 扩大红军的宝贵经验［N］. 红色中华，1933-5-5.

为政府或政党，甚至是极具号召力的领袖人物，通过各种发动，以实现一定的政治或经济目的。这一观点更侧重于具体目标的发动过程，偏重于一种人为性的动员。

青年动员从广义上说是现代化进程中，青年在态度、价值观和行为方式等方面发生转变的过程。这一过程既可以是社会变迁中自发性的社会动员，也可以是人为的发动。对于共青团这个动员主体而言，在不同时期，为实现其历史使命，通过政治、文化、教育、活动参与等方式，影响青年的态度、价值观、行为等方面，促使青年完成既定目标的过程，就是共青团青年动员的过程。

（二）新民主主义革命时期的青年动员

1919—1949年是中国新民主主义革命时期，这一时期中国人头上压着“帝、封、官”三座大山，整个社会都处于剧烈的躁动之中，各种社会运动、革命运动层出不穷，同时也导致了社会政治和经济结构的一系列变迁。身处从近代向现代社会演进中的中国青年，时代自然地赋予了他们历史使命感，这一时期青年动员的表现有以下主要特征。

第一，青年具有强烈的反帝反封建的要求。广大青年亲身经受地主、买办阶级的剥削与压迫，目睹帝国主义列强的瓜分和掠夺，对国家的落后挨打有着切肤之痛，热血青年无不胸怀悲愤与忧虑，决心奋发自强，拯救中华。正如斯大林在1926年分析中国革命前途时所讲：“谁也不像中国青年那样深刻而敏锐地体验到帝国主义的压迫，谁也不像中国青年那样尖锐而痛楚地感觉到必须和这种压迫作斗争。”①

第二，广大青年积极探索救国救民的真理。帝国主义的侵略欺凌和封建专制政府的腐败无能，造成了20世纪初的中华民族灾难深重。成千上万的热血青年积极探索救国救民的真理和道路，试图走“实业救国”“教育救国”“科学救国”之路，结果都走不通，这一探索过程直到马克思主义传入中国、中国共产党诞生之前。然而，中国社会从近代向现代的转型中，自发性的青年动员表现出自身的局限性。

1. 狂热、摇摆和不彻底性。半殖民地半封建的旧中国，小农经济占很大优势，民族资产阶级十分软弱。处于这种社会现实中的青年，尤其是知识青年，虽在政治上有反帝反封建的革命要求，但在革命处于低潮时又容易陷入迷惘，

---

① 斯大林全集（第八卷）［M］. 北京：人民出版社，1954：333-334.

发生摇摆。毛泽东在分析这一时期的知识分子时曾说："在其未和群众的革命斗争打成一片，在其未下决心为群众利益服务并与群众相结合的时候，往往带有主观主义和个人主义的倾向，他们的思想往往是空虚的，行动往往是动摇的。"①

2. 缺乏理论指导和组织性。在探索救国救民的道路上，对于农民和工人中的青年来说，由于自身知识和信息的缺乏，斗争与反抗表现出一定的盲目性，救国只不过是一种朴素的愿景，没有科学的理论作为行动指南，更没有完善的策划与组织领导。这样，自发性的青年动员虽然有着无数热血青年的参与，但是由于其自身的局限性，在中国从近代向现代社会的转型中，并没有从根本上带领最广泛的青年实现其态度、价值观和行为方式上的现代性转变。

（三）新民主主义革命时期共青团青年动员的合法性

新民主主义革命时期，自发性青年动员的局限性给共青团青年动员提供了政治上的可能性与合法性。所谓合法性是指动员被青年认为是正当的、合乎道义的，从而自愿服从或认可的能力与属性。青年动员合法性的建立，必须依赖一套能够让青年自愿服从并认可的动员内容、动员过程和动员方式，这是共青团成功实现动员并维护政治权威和政治秩序的合法性基础。

1. 动员内容的合法性

1922 年，中国共产主义青年团的前身中国社会主义青年团成立。作为先进青年的群众性组织，青年团这一时期的最主要目标就是动员最广泛的青年走上革命道路，带领青年完成反帝反封建的历史任务。青年团一大文件中明确指出，青年团组织的明确奋斗方向和目标要与党的奋斗目标保持一致，以便更好地协助党完成民主革命任务。② 中共三大也提出，社会主义青年团对于青年学生应从普通的文化宣传进而变为对主义的宣传，应从一般的学生运动引导青年学生到反对军阀、反对帝国主义的革命运动。③ 这些政策成为青年团在新民主主义革命时期奋斗目标的指南，得到了团员和青年的普遍认同，顺应了从近代向现代社会转型中青年的政治诉求。

整个新民主主义革命时期，共青团根据每一阶段历史任务的不同，其动员的内容也在不断变化。大革命时期，青年团以发动团员和青年积极投身工人运

① 毛泽东选集（第二卷）［M］．北京：人民出版社，1952：635-636.

② 李玉琦．中国共青团史稿 1922—2008［M］．北京：中国青年出版社，2009：40.

③ 李玉琦主编．中国共青团团史简编［M］．北京：中国青年出版社，1997：77-78.

动为主要内容。通过组织工人运动和学生运动，引导青年反抗军阀统治和帝国主义的剥削，契合了青年工人的革命愿望。

土地革命时期，共青团动员青年积极响应中国共产党的领导，拿起枪杆子参加革命，武装反抗国民党的统治，这既符合党武装夺取政权的革命路线的要求，又满足了青年农民的经济利益。抗日战争时期，共青团成为群众性的青年抗日救亡组织，在中国共产党的领导下，动员青年同日本侵略者和国内卖国投降势力做斗争，团结各界青年，建立抗日民族统一战线。解放战争时期，共青团青年动员的任务是把解放区的进步青年组织起来，用他们的革命热情和觉悟去引导和带动广大一般青年，为争取全国革命的胜利积蓄力量。

实现新民主主义革命时期的历史任务，青年的广泛参与是不可缺少的。而共青团青年动员在不同时期的主要内容紧扣革命任务，目标明确且具体，对引领思想、凝聚青年、增强青年对革命的认同、加速现代社会转型有着不可估量的推动作用。共青团对青年动员的人为性引导与组织，正是因为符合当时社会革命的期待，符合青年的政治追求，与广大人民大众利益相一致，才赢得了青年的广泛认同和自愿服从，从而为合法性的青年动员奠定了内容基础。

2. 动员过程的合法性

新民主主义革命时期，自发性的青年动员，并未有效地发动青年完成反帝反封建的历史任务。共青团用政治动员的方式，促成中国青年成为中国人民反帝反封建斗争的先锋。这一过程包括：通过各种方式向青年宣传马列主义、毛泽东思想，将革命教育、阶级教育深入具体实践中；帮助青年明确斗争的方向，形成共同的革命信仰，激发青年的斗争热情；领导并组织他们投身革命、反帝反封。这一动员过程的合法性在于以下几方面。

第一，宣传教育是人们意识形成的客观局限所迫。列宁提出“灌输论”的时候，正值俄国受伯恩施坦主义及其变种的经济主义影响。经济派迷恋工人运动的自发性，满足于分散状态和经济斗争，忽视无产阶级的政治任务，否认党的领导，导致初创期的社会民主党人思想混乱、组织涣散，使党进入一个混乱、瓦解、动摇的危机时期。

针对上述情况，列宁提出灌输革命理论的重要性。他说：“工人本来也不可能有社会民主主义的意识。这种意识只能从外面灌输进去，各国的历史都证明：

工人阶级单靠自己本身的力量，只能形成工联主义的意识。”① 因此他认为，信息渠道缺乏，工人自身没有文化，缺乏自觉吸收思想理论信息的能力，需要理论大师把社会主义思想传授到工人群众中去，使先进理论与工人运动相结合，从而提升工人运动。这从根本上阐释了宣传教育方式在革命动员中的合法性问题。中国新民主主义革命时期条件同样有限，青年亦是如此。先进的思想并不能自发地在青年头脑中形成，只有通过各种宣传引导，将马克思列宁主义、毛泽东思想灌输给青年，才能建构青年对革命思想的集体认同感。因此，宣传教育是动员过程中必不可少的重要方式。

第二，唤醒激发可以存续青年热情，建构价值认同。产生政治运动和革命的关键是如何把个体化的行为转化为群体的行为。在自发的青年动员中，往往是针对突发性事件集合起来的有志青年所表现出的激情，而这也就将其弱点暴露无遗。当刺激性的事件得到解决，大规模的激情就会消失，集体爆发出来的激情又会回归原始状态。青年不可能在自发的动员中保持持久的激情，因此，共青团在动员青年的过程中，就必须解决把少数的、刺激性的激情凝结为集体的、持久性的激情问题。这就需要通过对青年灌输革命思想，通过阶级意识增强青年对剥削阶级的仇恨，引导他们认识到要改变生存危机乃至国家危机，不是日常反抗，也不是简单的学生运动，而是凝聚起来加入革命，切实构建起广泛而统一的革命认同感。

第三，组织参与凝聚了青年的革命力量。宣传教育与唤醒激发仅仅形成了革命情绪高涨的状态，还需要有人来把高涨的情绪引向实际的革命行动。共青团的青年动员与自发的青年动员最大的不同就在于其有一个强有力的领导组织，能够将知识青年和学生青年结成各种团体，并指导青年动员的整个进程。如通过“新民学会”“少年中国学会”“觉悟社”“学生救国会”等社团，共青团有效地组织广大青年参与革命斗争，有计划地实现革命目标。

动员过程是动员主体与客体互动的必要途径，直接关系着动员的广泛性和有效性。共青团青年动员的过程，启迪了当时懵懂的青年，建构了青年对革命思想的集体认同感，存续了青年的革命热情，组织参与凝聚了青年的革命力量，为合法性的青年动员奠定了过程基础。

---

① 列宁选集（第一卷）［M］．北京：人民出版社，1995：317.

3. 动员方式的合法性

合法性中的权威总是源自于民众的服从、信任与支持，所以合法性理论一般都致力于探讨一种秩序、规范或行动是否以及如何能够赢得民众。由此可见，共青团青年动员的合法性不仅包含内容的合法性、过程的合法性，还应包括方式方法的合法性。一种动员其内容即使完全符合民意，符合社会发展的要求，其过程也合乎逻辑，但如果动员的方式方法有问题，这种社会发动最终也会因为难以将权威内化为社会成员内在的信仰和服从而失去其正当性。

新民主主义革命时期，共青团通过文件、通告传达中国共产党的声音，具有权威性和号召性；通过标语传单、街头演讲启蒙处于懵懂状态的青年，具有感染性和鼓动性。通过文化娱乐相结合的方式引导青年，具有潜移默化的作用和渲染性。这些动员方式适合当时千百万青年，使动员目标内化为青年参与革命的自觉性。

（1）文件、报刊、通告等成为当时青年动员最有力的武器

这一时期中国正处于各种斗争和战争的环境中，客观条件很差，利用文件、报刊、通告的发行，传递党政各种公文成为一时之选。19 世纪 30 年代的党中央机关报《红色中华》，是党、政府、军队以及中国共青团刊发重要文件的重要渠道。其先后出刊 240 期，至少刊发了各级、各类公文 473 则，内容涉及各种命令、条例、指示、宣言、总结、布告等。① 这对于动员青年参加革命，宣传共产党的政治主张，传播马克思主义理论起到了积极作用。

这一时期，文件、报刊成为新民主主义革命时期共青团动员青年的重要途径。1923 年，中国社会主义青年团创办《中国青年》，就青年关心的学习、组织活动、婚姻恋爱、失学、失业等问题开展讨论，批评不健康的思想和风气，指导青年学习马列著作，培养青年的革命人生观。在编排上，文字流畅，笔锋尖锐犀利，并配有漫画，成为最受青年欢迎的刊物。共青团在新民主主义革命时期出版的各种刊物，既承担了战时的宣传和动员工作，也总结了青年运动的实践和组织建设理论，为教育和引导青年发挥了巨大作用。

（2）标语传单、街头演讲、宣传队是启蒙青年的有效方式

由于当时客观条件的限制，标语传单和街头演讲作为直观、醒目、通俗易懂的方式，是启蒙对革命还处于懵懂状态的青年最有效的途径。特别是面对突

---

① 韩云.《红色中华》的组织传播与大众传播［J］. 青年记者，2011（05）：72-73.

发事件时，共青团组织进步青年分发传单、街头演讲，通过激昂的语言、亲切的称呼，不仅对青年学生面对国难所产生的激愤给予正面引导，而且鼓舞各界青年的抗战热情，使他们自愿加入共青团组织领导的各种形式的革命运动之中，从而保证了青年动员的持续性和深入性。

上海“五卅”惨案后，青年学生冒雨上街游行演讲，散发《泣告书》、《同胞们，赶快罢市罢工抵抗》、《告中国巡捕》和《上海市民速起反抗外人残暴》等动员“三罢”斗争的传单五六十万张。这些让人热血沸腾的语言，唤醒了民众，促成上海20余万工人罢工，5万学生罢课，大部分商人罢市的景象。①

（3）文化与娱乐相结合，传播文化知识，宣传革命道理，提高革命热情

斯诺认为，为了有效地动员群众，需要在大多数场合将动员主体所持有的意识形态和话语体系进行改造，将其与动员对象的直接利益或情感联系起来。②共青团为了能使青年动员不断深入，将宣传革命思想与提高青少年文化水平结合起来，使青年在潜移默化中接受党的革命纲领，接受抗战教育。抗日战争时期，共青团创办了青年夜校、冬学、识字班等，编写了许多通俗且富有鼓动性的识字课本，把识字和政治、娱乐结合起来，通过开展识字先锋员和模范识字组活动，在青少年中掀起学习文化的热潮。共青团还通过举办歌咏、秧歌、游戏等娱乐活动，以及组织时事研究小组、开办图书室、流动图书馆等形式，把进步文化带到农村，有效地推动了农村根据地移风易俗、破除迷信的新风气的形成。

（4）注重组织建设

有效的组织建设培养了开展青年动员的领袖和骨干，为青年动员的合法性奠定必要的人才基础。共青团作为先进青年的群众性组织，通过培养领袖和骨干，保证了在革命道路上团员的模范带头作用。土地革命时期，为了配合国民革命运动的深入发展，各级共青团组织根据党的相关文件和指示，积极发动团员青年到黄埔军校学习，培养青年军事骨干。

据不完全统计，黄埔军校学员中就有共产党员和共青团员五六十人，约占学生总数的1/10。在国共合作时期，先后到黄埔军校学习的青年团员达500余人。共青团还号召他们参加广州农民运动讲习所，在举办的六届讲习所中，培

① 李玉琦．中国共青团史稿1922—2008［M］．北京：中国青年出版社，2009：74.

② 赵鼎新．社会与政治运动讲义［M］．北京：社会科学文献出版社，2006：212.

养了721名毕业生和25名旁听生，全都是18~28岁的青年，其中许多人是共产党员或青年团员。① 这些经过培训的团员，成为国民革命的骨干力量，在巩固广东革命根据地和夺取北伐战争胜利的斗争中，发挥了重要作用。

共青团在新民主主义革命时期政治动员所采用的方式，符合这一时期青年的特点和社会现实，唤醒了处于迷茫状态的青年，引导他们将革命信念转化为革命行为，自发地投身到新民主主义革命中去。

4. 结语

新民主主义革命时期，共青团青年动员是具有合法性的青年动员，它拥有让青年自愿服从、认可的动员内容、过程（机制）、方式的合法性基础，赢得了青年的普遍认同和追随。共青团青年动员弥补了自发性社会动员的缺陷，成功地将新民主主义革命的目标与青年的发展目标相结合，通过政治动员，不断宣传中国共产党的革命纲领及路线，形成了青年自觉的革命理想，从而影响了青年的思想观念和行为方式的转变，为中国社会的现代性转型发挥了重要的作用。

三、新时代共青团青年动员的智慧

智慧动员是信息时代充分运用互联网、大数据、云计算、人工智能等“智慧”技术手段精准掌握动员潜力、对接动员需求的新型动员方式，是对包含政治动员在内的各种传统动员方式的继承和超越。这种方式能够适应时代发展，深化思想认识，坚持问题牵引，使动员客体对主体产生组织认同，并激发、鼓动、促使动员客体采取行动，去实现特定的组织目标。共青团肩负动员青年广泛参与战“疫”的政治责任，向社会展示了一幅波澜壮阔的战“疫”画卷。自新冠疫情发生以来，共青团利用智慧动员快速精准、广泛协同的特点，快速传播党的声音、国家行动部署，整合供需信息进行组织动员。智慧动员在此次青年动员中发挥了关键效力，其组织动员力、青年凝聚力和向心力，充分显示出共青团发挥组织优势提升在国家治理中的贡献度的现实力量。

（一）共青团智慧动员的内外因剖析

1. 内因：共青团组织所具备的基础条件

首先“互联网+共青团”格局的稳步实施夯实了共青团智慧动员的硬件条件，为其提供丰富且成熟的平台基础。2013年至今，共青团工作与互联网充分

① 李玉琦．中国共青团史稿1922—2008［M］．北京：中国青年出版社，2009：20.

融合，进军青年聚集的网络空间，唱响引领青年的网络旋律。目前共青团在“互联网+”语境下搭建七大平台进行实际工作，例如“双微一乎”（微博、微信公众号、知乎）、“抖音B站”（哔哩哔哩）、“青年之声”云平台、“智慧团建”O2O工作体系等，在网上逐步构建了“以数据支撑服务、以服务拉动传播、以传播反哺服务、以服务丰富数据”的生态链。

其次，建团以来的青年动员积累了丰富的历史经验，为不断巩固和扩大党的青年群众基础做出巨大贡献。“动员”是描述团青关系的高频词汇，在革命战争时期，共青团与青年互动采取以宣传、动员为主的关系模式，青年团重建时期和社会主义建设时期是以组织、领导为主的关系模式；在拨乱反正时期，采用以教育、引导为主的关系模式；在改革开放时期，主要是组织、引导、服务、维权并重的关系模式。①

2. 外因：特殊时空背景及社会现实需求

首先，突发疫情及隔离管制对传统动员方式提出了更高的要求。2019年末至2020年初，新冠疫情成为新中国成立以来传播速度最快、感染范围最广、防控难度最大的重大突发公共卫生事件。疫情的突发性以及快速传染性使得隔人流、隔交通成为疫情防控的有效手段，在时间和空间上对传统的动员方式提出了更高的要求，特殊时期采用超越传统模式的智慧动员显得十分必要。

其次，封闭环境接收信息以及疫区人力物力资源调配的社会需要都对传统的动员方式提出了挑战。在网络社会，信息需要已经是人民群众对美好生活需要的一个有机组成部分，青年渴望得到透明、及时、准确的疫情相关信息，既是客观认知需要，也是社会性、心理性需要。② 共青团要及时、完整、人性地披露疫情信息，正确解释中央传递的防控信息，这都急需智慧手段的介入。针对各地疫情防控物资紧缺问题，在医疗卫生战线、重点防疫项目建设和重要物资生产任务以及公安、交通、通信、物流、服务保障等方面的人力物力资源调配和供应也不得不依靠智慧手段及时解决。

---

① 胡献忠．九十年青年动员结构的变迁与启示——基于中国共青团的视角［J］．中国青年研究，2012（5）：12-19.

② 吕小康．在疫情“大考”中完善网络空间治理机制［EB/OL］．http：//www.rmlt.com.cn/2020/0220/569617.shtml.

(二)共青团智慧动员的机制环节

1. 动员发布环节

真正的智慧动员需要一个具有互联互通、信息实时交互和自组织功能的智能网络作为支撑。共青团运用智慧手段的信息发布包含以下几个方面:

第一,传播党和国家的整体部署、号召和政策。国家建立了传染病疫情信息公布制度和突发事件的信息发布制度。团中央发出《关于立即行动起来投身新型冠状病毒感染肺炎疫情防控工作的通知》,并陆续下发若干工作指引。2020年1月31日,通过官微、官博下发共青团中央动员令《关于坚持党的领导,全团动员,在防控疫情阻击战中充分发挥共青团生力军和突击队作用的通知》,浏览量100000+、点赞量1.4W、转发评论量3000+,随后陆续下发若干文件,共招募志愿者170.4万人,上岗志愿者137.1万人,共动员5.2万余支青年突击队111.8万余名团员青年参与。

第二,整合供需信息发布,着力形成体系化青年战斗力量。共青团动员令中强调要依规有序地募集社会资源。一方面,疫区基层团组织通过互联网渠道发布物资需求信息,打通了物资捐赠渠道,节约了周转时间,并将捐赠要求、捐赠途径、物资流向跟踪发布,随时接受监督;另一方面,利用“青年突击队”这一历久弥新的金字品牌,承担起医疗救护、物资生产、物流配送、项目施工、运行保障、群防群控等重点领域“急、难、险、重、新”的任务,同时各级共青团、青年志愿者组织通过微信、抖音、短视频等新媒体手段,面向全社会广泛招募志愿者,解决各类岗位人手不足的状况。

2. 动员组织环节

共青团抓紧建立青年力量参与疫情应对工作的网络平台,畅通信息沟通渠道。疫情始发初期,青年力量参与救助的最大困难就是对需求信息不清楚,对有关救助工作的动态信息不能及时了解,出现一定程度的盲目和无序。为此,共青团组织迅速与网络企业沟通合作,抓紧通过共青团线上矩阵式平台建立起疫情防控的组织动员机制,及时准确地为青年力量参与救助提供精准的、高质量的信息组织动员。

第一,在动员内容的表达形式方面,共青团借助互联网思维搭建了多个使虚拟空间的用户可以互相交流与感知的平台,方便对青年群体进行情感动员,这样的虚拟环境更容易产生“结构性诱因”,激发群体行为的产生。抖音、B站等平台所采用的图片和视频形式比单纯的文字更具有冲击力,更加容易触动青年受众。各基层团组织形成“市级抓乡级、县级抓村级，一级抓两级”的扁平化工作局面，使人们可以更为直观地了解到疫情发展和防控中的真实情况，并积极投入防范和救援工作。

第二，建立动员信息与社会资源进行有效整合的互联网转化渠道。共青团通过建立动员信息和社会资源间的有效匹配渠道，使人力物力的动员信息与所需要的社会资源进行有效整合，推动产生可行的、有针对性的专项行动。如团中央青年志愿者行动指导中心与青协发起“与抗疫一线医务人员家庭手拉手志愿服务”，并与高校对接开展网络“一对一”帮扶。

3. 动员扩散环节

共青团“双微一乎”（微信、微博、知乎）、“抖音 B 站”等网络社区都是其进行动员的线上平台，普通用户在信息扩散过程中既是接收者也是扩散者，大大增加了信息接收和扩散的广度和速度。

第一，在信息流向方面，组织信息自上而下纵向流动、逐级传播的同时，信息也呈横向互动式扩散。① 广大青年通过点赞和评论的方式对动员信息表示认可和发表意见，提升原始信息的受关注度。而信息热度的增强将继续作用于动员效能，吸引更多人群关注，使得信息再度扩散。

第二，在互动参与层面，青年群体也可以将原始信息加上自己的见解，使其转化为新的动员信息。② 原本为动员对象的青年群体在此过程中越阶成为动员主体，实现了身份的转化。无论是轻量级的点赞和评论行为，还是更为深入地直接响应团组织号召的一次动员和将信息加工转发的二次动员行为，③ 都将促使广大青年理解接受团组织的动员初衷，实现团组织对团员青年在网络上的有效凝聚和正确引导的动员效果。

4. 动员响应环节

共青团动员各下设团组织在当地响应，积极支持各基层团组织响应本地疫情，通过各省具有一定组织协调和行动能力的社会组织，分享行动信息、管理志愿者、开展疫情需求评估、进行公众健康知识传播以及相关能力建设支持。在各类动员的具体实施过程中，依然要依托互联网平台以及大数据等技术手段。

---

① 陈宇，郭剑飞．共青团网络动员影响机理理论研究［J］．中国报业，2018（8）：81-82.

② 高芸．网络场域中的青年动员研究［J］．中国青年研究，2010（8）：38-42.

③ 马强．网络媒介在社会动员中的作用研究［M］．北京：光明日报出版社，2016：64.

第一，依托网络信息平台、12355热线等开展线上志愿服务。组织专业医务和心理疏导志愿服务团队，向社会公众提供疫情咨询及指引、心理疏导等志愿服务，普及相关知识，稳定公众情绪。要充分运用好网络新媒体开展志愿者的动员招募培训管理，协助做好信息沟通、舆论引导和氛围营造等工作。

第二，在信息协同和行动链接方面，通过地区团委协调组织和一线行动机构的行动信息、资助信息和被资助信息，在协作网络中进行分享，为资助机构和一线行动机构提供决策支持，为共青团组织提供合作机会和资源对接的分享网络。① 各地团委制定地方工作实施方案，通过志愿汇App和下设矩阵式相关账号，成立疫情防控工作青年志愿服务队。联合省志愿者协会，通过电子商务、在线图片交互等转换平台进行实体资源交易与调配。

第三，共青团各工作环节与相关智慧手段协作，在应急管理、志愿者管理、快速需求评估、民间医疗援助、心理援助、特殊人群服务、民众生活支持等专业领域，在技术平台的支持下，通过线上培训和答疑、相关的线上日报告等形式，提升共青团网络组织在疫情这一特殊时期的动员水平和动员能力，有效应对疫情。

（三）共青团智慧动员的优势和特点

与传统的组织动员和社会动员方式相比，智慧动员最大的优势在于，互联网媒介为动员所提供的媒介平台和丰富的软件工具，在资源和信息内容、时效性、互动性和高度参与性等方面具有的特质以及大数据技术为资源整合、信息公开、供需对接等潜在动员需求所提供的快速精准的数据，整体表现出快速、精准、广泛、协同等具体特点。

1. 快速：变常规互动为实时研判

动员的效果在某种程度上取决于动员信息的传播速度。数字技术模糊了时间与空间的差异感，组织与人之间的联系变得更为紧密，人与人之间的互动变得更为便捷。智慧动员具有数据传播的即时性和数据监测的实时性，使组织迅速掌握资源的供需情况，同时使用户快速接收组织的动员信息。互联网互联互通的特质决定了网络用户可以随时随地接收信息并发表自己的态度和观点，其开放共享的特质决定了用户可以进行信息的整合、转载与分享，瞬间就可以将

---

① 王怡，梁循，付虹蛟，等. 社会网络中信息的扩散机理及其定量建模［J］. 中国管理科学，2017（12）：147-157.

信息传送到其他用户手中，在数据的实时更新掌握、重要动员信息的应急发布和动员客体的信息接收与传播等方面都十分快速及时。像微博、微信这类工具的基本功能改变了群体行为的原有模式，从“先集中再分享”到“先分享再集中”。共青团组织通过平台建设发布信息，从而覆盖和对接受众、建立联系、展开互动，甚至结成群体共同行动。

2. 精准：变概略供给为精准供给

智慧动员将使动员内容、动员地点、动员周期、动员生产和输送方式等一系列问题都能清晰把握和实时调控，从而确保动员的精准。共青团在拥有海量、权威的数据资源优势的基础上，借助先进的信息技术手段，通过整合疫情期间各基层组织的业务流、信息流来优化流程，为用户提供精准、优质、集约的供需服务。短消息服务、社群交流、网络短视频及大数据检测等智慧渠道多管齐下，不仅具有冲击力和真实感，还为青年提供了一些精准化的空间位置、时间等服务，动员效果明显。

3. 广泛：变惯例工作为广泛集约

共青团利用网络作为载体进行动员，不仅有众多权威及时的信息披露，也有各种直观、浅显的短视频、图片展现，能使团组织内成员以至各界广大社会青年群体都成为动员的受众。首先，智慧动员的覆盖面广泛。共青团互联网媒体平台通过设置疫情议题、聚焦问题原因、表达利益观点等，对青年群体的思想和行为进行潜意识的引导、催化、诱发，直接推动了青年在疫情特殊条件下某种意识的形成和行为的产生，促成了对青年群体的广泛动员。① 丰富多彩的信息表现形式使智慧动员能为最广泛的人群接纳，能使蕴藏在青年群体中的巨大潜力得到充分的发挥。其次，智慧动员的涉及面广泛。共青团组织的智慧动员形态广泛应用于疫情期间的人员选派、物资招募、心理疏导、人文关怀、志愿服务等具体方面。通过网络进行情感动员来疏解青年群体在网络互动仪式的发展过程中产生的情绪合力；通过网络平台矩阵开展青年志愿者服务工作，重心进一步下沉到城乡社区，努力在联防联控、便民服务、心理疏导方面发挥积极作用。

4. 协同：变各自为战为整体协同

协同作用是指组织从资源配置和辐射范围的动员中所能寻求到的各种共同

---

① 马强．网络媒介在社会动员中的作用研究［M］．北京：光明日报出版社，2016：64.

努力的效果，也就是说“1+1>2”的效果。目前，共青团在网上逐步构建了“以数据支撑服务、以服务拉动传播、以传播反哺服务、以服务丰富数据”的生态链。各级组织部门和平台之间打破数据壁垒，最大限度地实现数据流动和资源共享，通过大数据搜集网络信息、用户访问行为特征和规律，以预见性和创新型的角度，将联防联控中跨部门、跨地区、跨层级的信息进行系统的筛选和整合，形成首尾相接、完整连贯的整合性动员流程。借助共青团以外的社会力量，成立疫情防控工作青年志愿服务队，并联合省志愿者协会，动员指导各级志愿者参与疫情防控中的各个环节，帮助开展防疫检测等志愿服务工作。

（四）结语

此次新冠疫情应急处置实战，使共青团得到了前所未有的高强度考验与历练，使青年受到了深刻而生动的爱国主义教育与理想信念教育，同时也凸显了以移动互联网技术与大数据云计算技术为主要支撑的信息化建设的重要性。当前云计算技术成熟且普及，大数据时代已然来临，互联网各大平台的建设和应用已家喻户晓，人工智能取得了突破进展。各行各业“智慧”理念已经深入人心，可以说网络无处不在、信息无时不在、服务无所不在。① 但在共青团工作的改革创新领域，一定程度上还限于固有思维和传统手段，以致效能不高。积极应对大数据、人工智能时代的机遇与挑战，以疫情大考中共青团智慧动员的实践经验为例，加快推进共青团青年动员方式的创新，开启“智慧动员”建设模式，已经时机成熟、势在必行。未来，共青团也必将结合青年接纳并追求潮流科技的特点将实际工作向信息领域拓展，智慧动员将成为当前和今后共青团进行青年动员的一条必由之路。

四、共青团工作互联网战略转型的实践

战略转型，指组织在成长过程中为应对复杂动态环境的变化，寻求未来生存与发展的竞争优势，结合自身的资源和优势，使组织战略内容或组织形态发生根本变革的过程。共青团工作互联网战略转型的实质就是在互联网时代，共青团组织运用“思维创新+边界融合”重构组织管理流程，做强组织基层建设，实现原子化、碎片化、青年群体再组织化的转型过程。组织形态方面，把怎么利用好、整合好现实社群网络和虚拟空间网络资源作为共青团工作互联网战略

① 令狐亚军．关于构建“智慧动员”指挥体系：的思考［J］．国防，2019（10）：841.

转型的重要命题；工作方式方面，把如何建立体系完善、个性张扬、作风优良的“开放式”同伴发展格局作为共青团互联网战略转型的价值指向；制度机制方面，将怎样搭建党的领导与独立工作有机结合的制度框架作为互联网战略转型的逻辑革新。

（一）共青团工作互联网战略转型的价值意蕴

党对青年的领导是中国青年存在的政治基础和组织前提，共青团作为八大群团组织之一，共青团工作的互联网战略转型是共青团制度的重要安排．是国家治理体系的重要组成部分，与国家、青年的整体发展同频共振。时代背景、党的政策及青年新形态都对传统的共青团工作提出新的更高的要求，也加速了共青团工作的互联网战略转型。

1. 巩固和扩大党执政的青年群众基础的现实需要

做好青年的服务工作是共青团的主责主业，也是共青团巩固党执政的青年群众基础的现实要求。群团组织如果不能服务群众，不能为所联系对象排忧解难，群众就不会跟着走，所以既要做到围绕青年这一中心搞好“自转”，也要围绕党和国家的大局搞好“公转”。① 网络战场显示出不可比拟的优越性和青年化，互联网的迅猛发展对共青团提出了面向“无形的对象”扩大有效覆盖面的问题。也就是说，团的有效覆盖面不仅要看到有形的对象，而且要看到无形的对象。共青团必须牢固树立“做青年友、不做青年官”的意识，转变机关工作方式和运行机制，健全团干部联系青年的长效机制，落实好常态化下沉基层、直接联系青年、向基层服务对象报到等制度，畅通密切联系青年的渠道，真正让团的工作最大限度地落实到团的每一个层级、每一条战线、每一个支部，尽可能多地覆盖、影响和带动广大普通青年。

2. 提升组织自身事业改革发展战略高度的题中之义

“事业发展没有止境，深化改革没有穷期”，共青团改革也一直在路上。不断提升共青团改革发展的战略高度，就要落实其改革的系统性、整体性和协同性。切实转观念、转方式、转作风，重视全团联动，真正在改革创新中发挥共青团作为全国性组织的整体功能。共青团改革是回归对团的根本定位，系紧党团关系，修补团青关系。团组织要完成带领团员青年听党话、跟党走的目标，

① 中共中央文献研究室．习近平关于青少年和共青团工作论述摘编［M］．北京：中央文献出版社，2017.

核心是增强凝聚力和吸引力，而凝聚力和吸引力的基础是青年利益，为青年谋利应该成为共青团改革在基层组织中最鲜明的体现。转观念，树立以青年为本、开放、协同、务实的理念；转方式，更加广泛自觉地用好组织化、扁平化、网络化方式，适应现代组织要求和信息化技术发展，克服机关化、行政化的倾向，全面打捞网上的青年声音，借助网络渠道直接联系青年，优化团内资源配置，帮助青年解决实际困难，提升共青团自身事业改革发展的战略高度。

3. 增强组织自身治理能力现代化的必然之举

2019 年 10 月召开的十九届四中全会强调构建基层社会治理新格局，要发挥群团组织的作用，推行网格化管理和服务。党的十八大以来习近平总书记做出关于运用大数据提升国家治理现代化水平的重要论断，明确指出在推进国家治理体系和治理能力现代化的过程中，要懂得大数据、用好大数据，让大数据赋能“中国之治”。团中央在十九届四中全会精神第二次学习交流中也强调提升共青团对国家治理体系和治理能力现代化的贡献度，建设更加充满活力、更加坚强有力的共青团。深刻领会党的十九届四中全会的重大意义和精神实质，把握共青团在国家治理体系和治理能力现代化进程中的责任和作用。到 2035 年共青团必须不断增强责任感、使命感、紧迫感。目标一致，齐心协力，脚踏实地，聚焦主责主业抓落实，面向基层青年抓落实。① 在奋发务实进取的目标下，共青团互联网战略转型中构建“新媒体+思政”模式、“大数据平台+第二课堂成绩单”模式等增强团对青年的思想政治引领，团结带领广大团员青年在坚持和完善中国特色社会主义制度、推进国家治理体系和治理能力现代化的进程中做出积极贡献、展现青春担当。

4. 落实新兴青年群体工作的关键一环

共青团中央印发的《关于切实做好新兴青年群体工作的意见》中指出，做好新时代新兴青年群体工作，是党交给共青团的重要政治任务。要以深化改革为动力，以扩大联系覆盖、加强思想引领、服务成长发展、促进建功立业为重点，加大工作力度、创新工作方式、优化工作协同、完善工作格局、提升工作

---

① 共青团中央. 共青团深入学习贯彻党的十九届四中全会精神团结引领广大团员青年为坚持和完善中国特色社会主义制度推进国家治理体系和治理能力现代化作贡献的行动纲要［J］. 中国共青团，2020（3）：27-36.

实效，切实做好新兴青年群体工作。① 新兴青年群体是随着经济社会快速转型而出现的“体制外”青年知识分子群体，是新时代青年的重要组成部分。新兴青年群体人数众多、结构复杂、思想活跃，具有价值取向多元化和网络生存化的特点。对于当代青年来说，网络化生存已成为生活新常态，是以数字化信息网络为主要依托的一种崭新的生活方式或者生活态度。共青团的互联网战略转型充分尊重青年的主体地位，发挥青年的积极性、主动性、创造性，创设一大批导向正、质量好、人气高的网络文化作品，把党的政策部署转化为青年的行动自觉，把青年的所思所想转化为党的关心关切，形成团青命运共同体，变团找青年为青年找团，更好地增强共青团凝聚力，引领青年听党话、跟党走。

（二）共青团工作互联网战略转型的思维运用

新型理念作为一种先进的观念和思维方式，是事物内性的外在表征，能在快速发展变化的环境中不断发展壮大。当前，互联网、新媒体技术的发展和运用促使国家与社会关系发生转变，更使青年从集体的约束中走向自由。在新时代，如何有效组织青年开展活动，如何增强共青团组织的凝聚力，成为时代使命向共青团提出的重大挑战。这种挑战促使共青团组织拓宽网络场域的实践工作，强化多种互联网思维，推动共青团自我变革。

1. 强化大数据思维是共青团工作互联网战略转型的核心内涵

大数据思维是指对大数据的认识，从字面理解就是用数字说话、用数字展示，为了体现与时俱进，各行各业各组织都在积极组建属于自己的数据库，未来有价值的组织，一定是数据驱动的组织。具体到共青团工作，大数据是对共青团资源及其关键竞争要素有益的新型思维模式。结合中央群团工作改革要求，“大数据思维”与共青团的改革发展同向同行。二者存在诸多“共同语言”和“结合点”。简而言之，共青团改革需要深度融入“大数据思维”。“大数据思维”的引入能驱动共青团工作的程序化和规范化。

当前，共青团工作中的团员有效覆盖面不足。例如，共青团年度报告中包含有关团员基础情况的海量数据，部分基层团组织仅仅将年度报告上报后就结束工作，致使大量基础数据被闲置，也未对数据进行深度分析和挖掘。在“大数据思维”的驱动下，建立团员基本信息的大数据库。方可促进共青团组织的

① 共青团中央办公厅．关于切实做好新兴青年群体工作的意见［N］．中国青年报，2019-10-21（01）．

精准高效运营。大数据带来团组织的变革管理。大数据服务驱动团组织的品牌特色发展为个性化与人性化相结合。共青团中央打造的“全国共青团干部在线学习网”及“智慧团建”就可以对每个基层团组织和学员进行个性化管理，相关数据一目了然，根据团干部和团员青年设计的“青年大学习”课程会更受欢迎。

2. 坚持用户思维是共青团工作互联网战略转型的内在动力

用户思维是共青团互联网转型过程中最重要也是最基础的思维，在网络平台建设的各环节都要以用户为中心去思考问题。将运用用户思维当作一种确定组织竞争优势的必备思维。历史和现实告诉我们，只有青年一代有理想、有担当，国家才能有前途，民族才能有希望，这是达成我们发展目标源源不断的强大动力。共青团作为党领导的先进青年的群团组织，在具体工作中要善于运用用户思维，了解青年实际需求，注重与青年的沟通效度，关注青年参与的活动量和活动形式，要善于运用正念、正语和正能量，让青年受众感受真心、真爱和真情怀。

当前，共青团依然面临密切团青关系的问题。共青团了解青年特征、掌握青年信息、有效沟通青年的程度是检验共青团工作的“试金石”。现代青年是网络的“原住民”，网络已经成为青年生活中不可或缺的内容。网络场域渗透到学习、社交、娱乐、购物等方方面面。随着网络社会的崛起，青年现象、青年文化、青年问题等青年研究的主要议题发生了时空变迁。因此，共青团坚持用户思维，抓住青年这一目标群体，密切团青关系要从现实社会场域转向网络场域。

3. 善用平台思维是共青团工作互联网战略转型的重要体现

互联网平台思维是开放、共享、共赢的思维。共青团要善于利用平台思维进行多元化资源整合，形成不同要素之间的互动与整合，打造要素积累平台，提升整体服务能力。发挥团组织的核心作用，连接各种资源，挖掘内部潜力，促进深度整合，实现事半功倍。搭建联系青年的载体平台，形成青年的凝聚合力。坚持高标点定位、高标准规划、高效率推广，着力打造集学习教育、活动开发、组织生活等功能于一体，深度融合线上线下活动的青年载体平台。

共青团网上共青团建设进驻“双微一乎”，主打轻松愉快的言论基调，打造V4.0“青年之声”云平台，构建全团互动协同共享新体系，进驻哔哩哔哩、抖音，结合流行元素塑造新形象。各平台建设呈现政治立场鲜明化、内容设置时代话、语言表达年轻化、人设塑造亲民化的显性特点。团内利用学联青联、青年企业协会、青年商会，团外充分利用其他团体和组织的力量，共同成长、共享、共赢。搭建青年共建平台，整合团内外各类资源，有效汇聚青年智慧；注入青春元素，贡献青春力量，展示青春风采。

综上所述，共青团要用互联网思维，大胆颠覆式创新。从大数据思维、用户思维、平台思维出发，主动跨界融合，在共青团的工作框架下不断用新思维转化共青团工作理念，实现把线下工作内容变为线上的数字化转场。

（三）共青团工作互联网战略转型的路径选择

中共中央办公厅印发的《共青团中央改革方案》中指出：“建设工作网、联系网、服务网三网合一的网上共青团，形成互联网+共青团格局，实现团网深度融合、团青充分互动、线上线下一体运行。”① 共青团互联网战略转型拓宽工作阵地，找准青年需求、聚焦青年“痛点”以问题为导向，切实解决党政所盼、青年所需、共青团所能的现实问题。共青团互联网战略转型路径抉择的核心是关注增长点，即“如何扩大覆盖面”的问题。

1. 扎实推进“智慧团建”和“青年之声”建设

团建的核心在于“找人”和“留人”。找人即团对青年的全面覆盖，而留人即团对青年的有效覆盖，那么，如何“找到人”如何“留住人”成为共青团互联网转型应解决的关键问题。共青团中央将打造“青年之声”及“智慧团建”作为共青团运用互联网思维推动转型发展的探索，发挥团组织的核心作用，连接各种资源，挖掘内部潜力，搭建联系青年的载体平台，形成青年的凝聚合力，把不断增强青年对共青团组织的归属感放在突出位置，紧紧抓住竭诚服务青年是提高共青团组织吸引力和凝聚力的根本。“智慧团建”以数据库为核心，建立青少年服务 O2O 工作体系。第一是建立线上互联平台，包含一库、一平台、多终端。第二是建立适应运营的组织集群，实行“六中心+B2B2C”运行模式。第三是建立基于 PDCA 循环的服务矩阵，内设 3 个服务黄页、一个标准体系。② 将线上线下电商的商业模式融入传统的线下工作流程，推广多元化、具体化的青年服务产品，力求完美实现线上的便捷交流，满足线下群体生活的社交需求。“青年之声”构建全团互动协同共享新体系。第一是形成团青命运共同体，变

① 新华社．中共中央办公厅印发《共青团中央改革方案》［EB/OL］，（2016-08-02）［2020-8-20］．http：/www. xinhuanet. com//politics/2016-08/02/c_ 1119325051. htm.

② 魏国华．智慧团建：互联网思维下共青团转型发展［J］．中国青年研究，2014（5）：46-50.

"团找青年"为"青年找团"。第二是进行整体资源整合，开设"8+1+1"专项服务。第三是寓引导于服务，开通"四大板块"及"品牌活动"。① 有效提升共青团工作的科学化、精细化水平，形成组织育人、实践育人、文化育人、网络育人、服务育人的工作合力，切实提升共青团思想政治工作的针对性、实效性和有效覆盖面。②

2. 构建纵横交织的网络化组织体系

共青团巩固已有的组织基础，加快新领域、新阶层的组织建设，形成完善的组织体系，在网络上以不同的方式陪伴青年，积极构建新媒体矩阵，建立"网上共青团"，积极履行好引领凝聚青年、组织动员青年、联系服务青年的基本职责。网络团建更加注重交互、多元、开放，不仅是一个自上而下"构"的过程，也是一个自下而上"建"的过程。共青团互联网战略转型的基础和出发点归根到底是团建的发展问题。互联网的即时件、交互性倒逼共青团与互联网的融合创新。第一是打破"单位"界限。团内利用学联青联、青年企业协公，青年商会，团外充分利用其他团体和组织的力量，共同成长、共享、共赢。搭建青年共建平台，整合团内外各类资源，有效汇聚青年智慧，注入青春元素，贡献青春力量，展示青春风采。第二是坚持"固本""培新"。各级团组织开始探索立足青年空间分布、职业聚集、日常交往等特点，努力构建纵横交织的网络化组织体系。③ 充分发挥共青团的组织联络优势，整合"青"字号品牌网站，搭建基层共青团工作网站集群，搞好青年网络建设的系统工程。各级团组织要切实做好相关学习平台的推广和使用，基层团干部要带头用、带头学，掀起崇尚学习、乐于学习的热潮，真正用党的创新理论武装头脑、指导实践。

3. 积极进驻青年聚集的网络空间开展网络舆论引导

青年在哪里，团的建设和工作就延伸到哪里。共青团中央先后进驻微博、微信、知乎、今日头条、网易云音乐、空间、抖音、哔哩哔哩等热门平台，根据不同平台特点积极发表观点，在网络上积极打造青年领袖的形象。一要用网

---

① 黄建平．"智慧团建"：大数据时代共青团工作的应对策略［J］．青年探索，2013（5）：93-96.

② 高翩翩．高校共青团工作与"青年之声"网络互动社交平台全面融合机制探索与实践［J］．智库时代，2019（4）：54-54.

③ 郑长忠，沈大伟，许莞璐，等．网络重塑组织——"青年之声"建设与共青团发展研究［J］．中国青年研究，2018（11）：50-55.

络亲民化的人设“团团”增进与青年群体最直接的互动，了解心声，创新活动，深谙青年偶像具有极高的宣传价值，借助明星效应的运营策略为青少年树立青年偶像榜样，并借助偶像的一言一行引导其粉丝或潜在粉丝效仿偶像的言行举止，规范思想，使之符合主流意识形态的标准，帮助青年在精神层面汲取正能量。二是在处理共青团通过网络进行意识形态教育和青年更多使用网络满足娱乐需求之间的矛盾时，采用多媒体手段提高意识形态教育的趣味性，引导青年树立正确的网络价值观。在平衡共青团工作时应更关注其政治功能的实现、服务功能和维权功能的实现，在利用互联网为青年提供各项服务、反映青年愿望的同时，也要增强青年对党的信任，提升工作站位，实现“互联网+共青团”的政治功能。三是旗帜鲜明地开展舆论斗争。针对攻击党的领导、诋毁现行制度、虚无革命历史、宣扬“台独”“港独”的歪风邪气要坚决发声亮剑。各大平台在建设上呈现政治立场鲜明化、内容设置时代化、语言表达年轻化、人设塑造亲民化的显性特点，切实巩固和壮大主流思想舆论。

第二节　青年马克思主义者培养的探索与实践

团十八大以来，共青团将青年马克思主义者培养工程（以下简称“青马工程”）作为履行根本任务和政治职责的重要载体，以科学化培养青年政治人才为目标，突出培养培训并重，着力提质扩面。自 2007 年项目启动实施以来，十余载时间，各级“青马工程”育英百万并形成常态培养模式及经验，在推动马克思主义理论在青年中广泛传播、加强青年政治骨干培养的实践探索等方面取得了积极成效。2020 年，团中央联合相关部委印发《关于深入实施青年马克思主义者培养工程的意见》（以下简称《意见》），① 对新时代深入实施“青马工程”作出新的部署，将“青马工程”项目再次放到突出的战略高度。

一、青年马克思主义者培养的价值向度

《意见》提出，要逐步构建覆盖高校、国企、农村、社会组织等各领域优秀

① 共青团中央．深入实施青年马克思主义者培养工程［N］．中国青年报，2020-06-10（1）．

青年的分层分类培养体系。高校作为国家整体教育序列的最后一环，是青年成长成才的主阵地。培养担当民族复兴大任的时代新人，是当前高校一切工作的出发点和落脚点，是新时代高等教育的战略任务。“青马工程”是落实新时代高校思想政治工作创新发展的关键环节。各省具有不同省情，“青马工程”的深度创新实施应结合地区特色，培养服务地区的复合型人才，依托区域优势，创新实施方略。

（一）事关福建高校立德树人的育人成效

“青马工程”旨在培养造就一大批对党忠诚、信仰坚定、素质优良、作风过硬的高校青年政治骨干，确保党的事业薪火相传、后继有人。福建省高校包括39所本科院校以及50所专科院校，在校大学生规模庞大，民族多样，闽籍学生占比较高，毕业生留闽比例持续上升。不可否认，福建高校学生是建设“机制活、产业优、百姓富、生态美”的新福建的后备力量。中共福建省委教育工委多次围绕习近平总书记关于高校立德树人工作的重要论述，提出福建省要构建“三全十育人”工作格局推动立德树人落到实处。“青马工程”的创设旨归决定了其具有立德树人的特殊性质。福建高校应通过加大“青马工程”培养宣传力度、创新培训内容体系，以明确其目标定位，瞄准立德树人的核心要求；通过关注时政、传承经典，从而增强学生获得感，紧随立德树人的时代要求；强调动态跟进和个性化、长效化育人，推进培养机制规范化建设；通过理论结合实践、深入社会调研，以创新“青马工程”培养方式，坚守立德树人的使命。

（二）事关福建高校港澳台及海外统战工作

福建省具有地域特殊性，地处东南海滨、海峡西岸，背山面海，面对台湾且毗邻港澳。闽台地缘相近，血缘相亲，在交流方面有着天然的区位优势。八闽大地同时是全国著名的侨乡，有华侨华人近2000万人，约占全球华侨华人总数的25%，分布在世界上百个国家和地区，在福建经济社会发展中发挥着重要而独特的作用，是福建的独特优势和宝贵资源。新时代福建高校深入创新开展“青马工程”应深入学习习近平总书记关于对台工作的重要思想和对港澳同胞工作的重要讲话精神，进一步加强福建与港澳台地区青少年的交流，开展以国情教育为重点的闽港澳台教育合作交流品牌活动，组织港澳台地区学生积极参加以了解国情和中华传统文化为主题的各类联谊活动，让福建及港澳台地区的青少年在活动中加强了解、增进友情，同时树立起“同宗同族一家亲”的正确家国观念，以此夯实福建省高校统一战线的思想政治基础。

(三)事关福建地区经济文化发展和社会进步

福建文化因地域局限有其特色元素，并且区域之间还有各自的特点。福建在当前国家实施“一带一路”倡议和区域经济发展战略中承担桥头堡式的重要角色，同时承担建设“两岸人民交流合作先行区”的重要使命。在推进产业优化升级、促进特色文化共融共通的进程中，如果相关的具有政治意识的青年人才支撑不足，将直接影响到产业转型升级和经济社会发展。在当前条件下，通过大力加强“青马工程”的建设和实施，培养大批更具理论意识、实践能力的社会主义建设者和接班人是福建高校提升自身综合实力，更好落实立德树人的有效途径；也是为福建地区的经济文化发展与社会进步提供大量青年马克思主义人才的重要政策支持。

二、青年马克思主义者培养工作的现状分析

“青马工程”的设立旨在用马克思主义中国化的最新理论成果武装和培养青年，使广大青年能适应改革开放后的市场经济环境发展，在各类思潮文化冲击中坚定政治立场。2007年，共青团中央启动了该人才培养项目，2013年“青马工程”又被纳入中央马克思主义理论研究和建设工程，2017年党中央和国务院发布《中长期青年发展规划（2016—2025年）》，将其列为重点项目之首。2020年6月，包括共青团中央、教育部在内的五部委联合印发《关于深入实施青年马克思主义者培养工程的意见》，进一步对青年政治骨干人才培养发展提出规划意见。“青马工程”建设与党的接班人培养、国家和民族未来建设以及青年成长息息相关。“青马工程”启动至今已有14年，对相关研究进行回顾和梳理，不仅可以系统地对相关经验进行总结，探索不足之处，而且对新时代背景下的青年政治骨干人才培养也有不可替代的现实意义和价值。

(一)“青马工程”研究概况及分析

本书采用CiteSpace可视化分析软件，以中国知网中的文献作为数据来源。由于“青马工程”于2007年启动后相关研究始于2008年，因此，筛选2008—2020年的研究样本建立数据库，通过主题检索和篇名检索相结合的方式，将文献转化为可视化的知识图谱，全面呈现“青马工程”实施以来的发展脉络、研究现状，探寻各个建设阶段的研究重点、热点，预测未来青年政治骨干人才的培养重点和趋势。

1. 总体研究成果数量呈上升趋势

最早的研究成果是2008年12月发表的一篇关于高校“青马工程”实施情况的调查报告①，之后研究成果数量总体呈上升趋势。十多年间相关研究出现了两个小高峰，一个出现在2012年被列入中央马克思主义理论研究和建设工程后，另一个是2017年，党的十九大报告中习近平总书记强调青年对国家兴旺发达、民族未来发展的重要性，而后党中央和国务院又把“青马工程”列为《中长期青年发展规划（2016—2025年）》的重点项目之首，如何培育和锻造新时代的马克思主义者，对这个问题的思考进一步提升了“青马工程”的关注度，研究成果的数量和质量远超前期。

图2 “青马工程”实施以来发文情况折线图

2. 高校是“青马工程”研究的主要场域

“青马工程”以培育具有坚定理想信念和政治信仰的青年接班人为目的，如何在青年中选拔优秀代表开展培养研究，通过什么样的模式提高培训成效，以及怎样对青年政治骨干人才开展思想政治教育，都是“青马工程”实施以来的研究热点。从关键词共现图谱来看，2008—2020年这个阶段“思想政治教育”“培养模式”“长效机制”等词出现频次较高，也反映了这一研究状况。尽管“青马工程”是针对广大青年开展的人才培养工程，但从实际研究情况来看，这一培养工程的主要实施场域在高校，重点研究群体集中在高校学生骨干，具体培养环节也主要由高校共青团负责规划和开展，培养内容主要是对高校学生骨干进行思想政治教育，使其成长为党和国家需要的人才。

① 杜兰晓，吕媛媛．高校“青年马克思主义者培养工程”调查报告［J］．中国青年研究，2008（12）：43-47.

3. 成果数量和质量与国家重视程度存在差距

“青马工程”启动后不断受到重视，先后被纳入中央马克思主义理论研究和建设工程、中长期青年发展规划的重点项目之首、五部委联合发布实施意见，上升到国家战略高度。围绕这一战略取得了一定的研究成果，但是从整体研究成果来看，发文数量偏少，十多年来公开发表论文不到350篇，最高峰时期也不过一年57篇，这与国家对“青马工程”的重视，以及青年的发展需求是有差距的。上述现象反映出“青马工程”的研究力量相对薄弱，主要原因可能与以下因素有关：第一，从事“青马工程”培训工作的具体人员多为高校共青团的老师和辅导员，他们日常行政工作的特点是碎片化，大部分时间都用在服务学生和处理学生工作的事务上，一方面没有足够的余力开展科学研究；另一方面，长期脱离科研也导致他们中多数人员缺乏研究的意识和理论功底。第二，从事思想政治教育专业研究的主要力量集中在高校马克思主义学院，但是，思政课教师并不直接参与“青马工程”的实际工作，所以开展过程中出现的问题很难被关注。“青马工程”是国家人才战略的重要组成部分，在培育党的接班人和未来社会主义建设者上发挥着重要的作用。2017 年的中长期青年发展规划以及2020 年五部委联合下发的关于“青马工程”的实施意见，都是针对新形势和新要求做出的具体部署。如何贯彻落实好相关文件精神，亟须进一步加强“青马工程”培养项目的深入研究。

（二）“青马工程”实施十余年研究热点的演进

“青马工程”自启动以来，围绕这一专题的研究热点一直和国家的战略方针政策紧紧相随。为了更客观地呈现这一变化，一方面，笔者在观察分析关键词共现情况的同时，回溯到原始文本。因为关键词是对论文内容的核心概括，一个文献集合中所有文章关键词共同出现的情况，一定程度上是该领域研究热点关键词的集中体现，然而热点的具体内容及形成原因难以在共现中直接体现。文章以“青马工程”研究中出现的两个小高峰为节点，进行阶段划分，生成CiteSpace 关键词共现图谱作为分析的依据之一。另一方面，梳理各时间段国家及部委出台的相关文件精神，回归研究文献文本，作为分析的依据。通过对共现图谱的分析发现，“青马工程”的研究热点演进具有一定的阶段性特点。

1. 2008—2011 年研究热点围绕“青马工程”的战略意义和培训路径展开

这一阶段的研究成果中，共现较高的关键词有：强国之路、使命、战略意义、建设者、接班人、十七大、科学发展观、坚定信仰、培养路径等，归纳后发现，对其战略意义和培训路径是这一时期研究的重点。

重点形成的原因主要有两个方面，第一，“青马工程”是在改革开放30年后，市场经济飞速发展和思想观念深刻变化的大环境下启动的。党的十六届六中全会报告专门谈道，要在青年中培养坚定的马克思主义者，时任总书记的胡锦涛做了重要指示，同年他还对学生干部培养和实践锻炼做出批示。为了落实好重要批示和讲话精神，共青团中央于2007年启动了“青马工程”项目建设。项目的实施，对推动用马克思主义理论武装青年，形成广泛的政治认同，引领青年学生成长为党和国家所需要的后备人才具有重要意义。“青马工程”启动初期，主要以十七大精神为指导，通过开展理论教育和实践教育等方式，对政治骨干人才加强思想引导。第二，2007年10月《“青年马克思主义者培养工程”实施纲要》发布，对培育对象做了具体分类，并根据不同的对象设置了相对应的培育方式，为青年政治人才培养提供了遵循，同时也激发了各高校探索培养途径的热情。

这一阶段，关于培养方式和路径的探索成果较为丰富，主要表现在以下几个方面。

一是在“青马工程”培养中大力开展理论学习教育活动。有研究认为，应该引导大学生研读马克思主义经典著作，深刻领悟马克思主义理论的精髓，真正实现用马克思主义理论武装青年。① 除了强调研读原著外，这一阶段还特别强调加强对党的十七大报告精神的理解。共青团十五届六中全会明确指出，要借助“青马工程”帮助广大团员青年全面准确地领会党的十七大会议精神，坚定道路自信，增强实现十七大目标任务的信心和决心。有研究者提到部分高校的培养课程涵盖中国特色社会主义理论、思想道德修养和业务理论三个部分，内容涉及十七大精神学习、时事政策教育、党章学习、法制教育、大型活动组织等。也有不少高校创办“十七大精神学习班”和宣讲团，开展各类宣讲活动和实践活动，把理论学习和实践锻炼完美结合。②

二是在“青马工程”培养中探索实践育人的途径，强调引导大学生骨干在实践中锻炼成才。注重实践是马克思主义理论的优势之处，因此培养党的后备

① 陈立力．研读原著与青年马克思主义者的培养［J］．中国青年研究，2010（10）：104-107.

② 杜兰晓，吕媛媛．高校“青年马克思主义者培养工程”调查报告［J］．中国青年研究，2008（12）：43-47.

人才更需要在社会实践锻炼中接受培养和检验。有研究指出，青年政治人才的培养应该放在高等教育办学理念和育人实践体系中，① 充分发挥实践育人的作用，探索分层次、立体式、综合交叉的育人形式，② 有研究提出通过开展学雷锋活动、参观考察红色资源等途径培养青年学员。③

三是在“青马工程”培养中使用互联网、新媒体等新型网络载体，拓展培养途径。新媒体利用互联网技术给传统信息传播方式带来了巨大挑战，对青年而言，他们既是互联网的受益者又是互联网的推动力。有学者提出“互联网+传统”的教育模式，通过网络、广播、报纸、课堂等平台，实现潜移默化的马克思主义、社会主义理想信念教育。④ 一些高校通过建立专题网站、QQ 群、BBS 等，拓宽培养途径，构建新的动态、远程培训平台，帮助青年学子在网络上可以实现自如的交流讨论。⑤ 在培养过程中也出现了一些问题。有研究者通过调研发现，各高校的培养规模虽逐渐扩大，但师资、课程等资源却没有及时跟上；许多高校都强化了理论和实践培养，但在志愿服务、对外交流等培养项目上都相对比较弱化；许多高校采取集中授课形式对青年学员进行培养，缺乏长期性培养规划。⑥ 在培养机制上，许多学者提出关于“青马工程”建设的相关建议，如运用系统思维对培养格局、形式、途径与培养方案进行统筹规划，推动这一建设工程达到最优效果。⑦ 也有学者提出要改变短期集中的培养模式，拓展培养载体，建立科学有效的评价体系。⑧

---

① 王向阳．高校实施“青年马克思主义者培养工程”的若干思考［J］．煤炭高等教育，2009（4）：86-89.

② 凌日飞，辛立章，曾丽萍．高校青年马克思主义者培养模式浅析：基于大学生实践视角下的思考［J］．佳木斯大学社会科学学报，2012（5）：70-72.

③ 陈立力．“红船精神”与高校青年马克思主义者的培育［J］．思想教育研究，2011（5）：81-84.

④ 马珺．关于高校积极实施“青年马克思主义者培养工程”的研究［J］．教育与职业，2009（6）：77-78.

⑤ 杜兰晓，吕媛媛．高校“青年马克思主义者培养工程”调查报告［J］．中国青年研究，2008（12）：43-47.

⑥ 杜兰晓，吕媛媛．高校“青年马克思主义者培养工程”调查报告［J］．中国青年研究，2008（12）：43-47.

⑦ 郭超，李廷宪．系统思维：推进实施“青马工程”的思维方式［J］．思想政治教育研究，2009，（6）：34-37.

⑧ 刘媛，李纯．高校“青年马克思主义者培养工程”的实施及探索［J］．现代教育科学，2009（7）：126-128.

2. 2012—2016 年研究侧重于党的十八大精神为指引的分级分类培养的实践探索

观察这一阶段研究成果的关键词共现情况，出现频次较多的有：社会主义核心价值观、五大发展理念、信仰教育、意识形态以及反映培养模式的校镇合作、社会工作、体系优化、实效性等，反映出“青马工程”在该阶段培养中突出党的十八大精神的指引；除此以外，这一阶段研究还表现在对分级分类培养的关注。

党的十八大后，共青团中央积极响应党的号召，引导广大青年学习习近平总书记系列重要讲话精神。在“青马工程”培养内容上，研究显示，这一阶段一是更加侧重开展以党的十八大精神为指引的中国特色社会主义理论教育。有学者认为学习马克思主义理论，用马克思主义理论武装青年，使他们成为马克思主义坚定的追随者和实践者是“青马工程”的政治使命。① 也有学者认为推进“青马工程”建设应当从政治性、先进性和群众性三个方面入手。② 二是更加注重理想信念教育。党的十八大后，在接班人培养上中央更加注重理想信念教育，接见团中央新一届领导班子时，习近平总书记强调理想信念教育是青年教育的核心，要引导增强责任感和紧迫感，毫不动摇地紧跟党走中国特色社会主义道路。有学者认为“青马工程”为青年学员提供了政治信仰教育的有效平台，可以帮助青年完善三观，坚定政治信仰，夯实政治立场。③ 三是加强青年学员的社会主义核心价值观的培养教育。有学者认为社会主义核心价值观也是高校人才培养的重点，青马学员作为高校中的优秀人才，更应带头积极践行。④

除此以外，该阶段的成果也体现了对“青马工程”分级分类建设的经验总结。2014 年共青团中央印发了《关于进一步加强团干部教育培训工作的意见》，提出根据共青团干部不同层级、类别的特点，分为团中央、省、地市、其他基层团干“分级管理，下跨一级”的原则开展培训。这一阶段分级培训的研究集

① 宁晓明. 高校实施“青马工程”的短板及应对策略［J］. 学校党建与思想教育，2013（6）：39-40.

② 万资姿，舒乙钉. 新时期青年马克思主义者培养研究［J］. 中国青年社会科学，2016（5）：29-33.

③ 武俊峰，杨群. 当代大学生的政治信仰建设：以推动“青年马克思主义者培养工程”实施为视角［J］. 学习与探索，2014（7）：71-73.

④ 赵瑞杰. 高校青马学员践行社会主义核心价值观的必要性及途径［J］. 教育与职业，2016（16）：43-45.

中对高校经验进行总结。如唐锐等学者以中山大学为例，总结培养过程中形成的五项机制，如在组织机制建设中注重全面覆盖与重点关注相结合、在培养机制建设中注重显性教育与潜移默化相结合等。① 长春师范大学形成了“二二三七”培养体系，② 把导师指导与自主学习结合起来。中央民族大学根据民族大学学生的特点，总结“青马工程”在民族大学中的实践经验和学生干部培养机制。③ 新疆地区的高校从地区现实环境入手，探索本土化的“青马工程”建设路径。④ 研究显示，作为基层团干的培训，高校团委和辅导员在“青马工程”建设中发挥了重要作用。高校团委通过搭建理论平台、组织学生实践活动等方式，在资金、组织领导方面有力推动了“青马工程”建设。⑤ 辅导员在优秀青年骨干的选拔、培养方案的设计等具体实践中发挥了不可替代的作用。⑥

另外，这一阶段的研究逐渐深入，出现了对“青马工程”建设的评价、评估体系相关成果。有学者引入社会综合评价法，拟从社会实践与社会观察成效角度建立青年政治骨干人才培养的评估体系。⑦ 也有学者引入欧美广泛流行的柯式评估模型，对青年政治骨干人才进行政治素质评估。⑧

虽然“青马工程”的实施在推进青年政治骨干人才培养方面取得了一定的成果，但研究结果显示仍然存在一些不足之处，如培养方式以教学授课为主忽视交流讨论，对理论教育的重视度远超实践教育等，有学者提出可以从选拔机

① 唐锐，谭彬，郑嘉茵．“青年马克思主义者培养工程”机制建设探究：以中山大学“青马工程·中大100”计划为例［J］．青年探索，2014（2）：89-92.

② 陈爱梅，张兴海．实施“百优青马工程”开创大学生信仰教育新路［J］．中国高等教育，2014（4）：45-46+78

③ 徐晓鹃，黄泰博，黄基鑫，等．民族高校“青马”工程的学生干部培养机制探索：以中央民族大学为例［J］．民族教育研究，2015（1）：41-44.

④ 亚里坤·买买提亚尔．新疆高校实施“青马工程”的经验与现实思考［J］．中南民族大学学报（人文社会科学版），2016（1）：97-100.

⑤ 潘业旺．高校团委在推动“青马工程”建设中的作用及途径［J］．长春师范大学学报，2015（1）：27-29.

⑥ 纪旭，杨志华，刘中廷．关于辅导员构建“青马工程”学生骨干遴选及方案设计工作的思考［J］．宿州学院学报，2014（1）：101-120.

⑦ 周巍，林晶晶，等．基于社会综合评价法的“青马工程”大学生骨干培养的社会实践与观察成效评估［J］．中国青年研究，2013（12）：64-67.

⑧ 李杰，张锦高，陈华文．柯式模型在大学生“青马工程”政治素质评估中的运用［J］．学校党建与思想教育，2013（3）：29-31.

制、考核机制、保障机制等方面逐渐建立标准化的培养模式。①

3. 2017—2020 年研究侧于重大思政格局下系统育人机制的建设

这一阶段，从关键词共现情况看，“习近平新时代中国特色社会主义思想”“思想引领”“人才培养体系”“大思政”“第二课堂”“协同创新”“红船精神”“模式创新”等出现频次较高，凸显了“青马工程”在大思政格局下的育人机制探索。

2017 年发布的《关于加强和改进新形势下高校共青团思想政治工作的意见》强调共青团要努力成为大学生的引路人，要在高校思想政治工作体系的大格局中发挥强有力的作用，不断打牢党执政的青年群众基础。有学者认为“青马工程”是高校共青团融入“大思政”工作格局的重要载体，可以从体制机制、培养模式、工作方式等方面进行实践创新。②

首先，大思政格局下突出组织育人的探索。主要表现在：第一，结合高校党建工作探索内在联动培养模式。《共青团推优入党工作实施办法（试行）》中提出，要加大对“青马工程”学员的培养力度，积极推荐优秀学员作为党员发展对象。有学者认为“青马工程”培养的青年政治骨干人才与高校发展的党员干部具有一定的相似性，可充分利用党员培养的资源，提升团组织在青年培养中理论武装的水平。③ 第二，借助院系团委间的联动机制，加强“青马工程”的组织力和凝聚力，探索组织协同培养模式。三是与社区联动，探索团干下沉基层的育人模式。有学者以社区社会工作个案为切入，拓展优秀青年实践途径，提升青年政治骨干人才培养的核心竞争力。④

其次，“大思政”下拓展文化育人路径。红色文化融入青年政治骨干人才培养是近两年研究的热点之一，多名学者认为，借助红色资源可以有效扎实推进信仰教育，青年学员从革命先烈身上能够更深刻地体会，为什么以及如何坚定

① 张育广．大学生“青马工程”标准化培养模式探究［J］．黑龙江高教研究，2014（4）：106-108.

② 邱蔚．大思政格局下高校“青马工程”实践创新的路径探析［J］．福建广播电视大学学报，2019（6）：10-12.

③ 佟宇．高校学生党建工作与“青马工程”内在联动机制研究［J］．东北师范大学学报（哲学社会科学版），2019（3）：125-130.

④ 张晓庆．社会工作介入：提升“青马工程”育人实效的现实路径［J］．中国青年研究，2017（9）：114-119.

共产主义远大理想。① 还有学者提出把“青马工程”建设融入学生喜闻乐见的校园文化活动中，让青年学员在潜移默化中得到学习和成长。②

最后，在大思政格局下进一步加强互联网技术的运用也是该阶段“青马工程”创新的一个重点。一是互联网技术在培育工作中应用更加广泛。有学者认为在青年政治人才培养中加强对互联网技术、新媒体技术的运用可以增加吸引力，提高培育实效。二是加强网络文化产品的开发创新。有学者提出在少数民族地区，根据大学生特点，融入本土元素，开发具有民族特色的网络文化产品，创新“青马工程”的建设方式和培育模式。③

三、高校“青马工程”实施的经验、问题及进路思考

（一）福建高校实施“青马工程”的基本经验

“青马工程”启动十余载以来，在福建各高校落地生根，在广大青年学生中具有普遍的认知度，也使马克思主义在大学生骨干中具有自觉的认同度。既为党的事业培养出一批掌握有马克思主义理论知识的青年人才，又在一定程度上推动了高校思想政治工作的效果实现，具有良好的宣传和品牌效应。福建高校在实践探索中形成突出核心目标、注重实践导向和尊重育人规律的常态经验。

1. 突出核心目标：逐级选拔与分级培养相结合

福建省“青马工程”已逐步形成“省—高校—院系”一体化分层的三级培养格局，并建立了逐级选拔、分级培养的工作体系。按照团中央《关于印发〈“青年马克思主义者培养工程”实施纲要〉的通知》及《大学生骨干培养工作实施细则》④⑤，2007 年福建高校陆续启动“青马工程”建设并于 2010 年在各省高校全面启动。该项目自启动以来，高校共青团（校、院两级团委）积极探

---

① 张畅．红色资源在高校“青马工程”中的应用研究［J］．开封教育学院学报，2017（10）：211-213.

② 王娜．高校“青马工程”怎么抓［J］．人民论坛，2017（24）：118-119.

③ 周海琦，吴杰，赵剑光．少数民族地区高校“青马工程”网络文化产品的设计和开发探析［J］．教育观察，2018（5）：135-137.

④ 共青团中央．“青年马克思主义者培养工程”实施纲要的通知（中青发〔2007〕27 号）号）　［EB/OL］．［2020 - 12 - 22］．http：//www. gqt. org. cn/documents/zqf/200710/t20071024_ 48674. htm.

⑤ 共青团中央．关于印发《大学生骨干培养工作实施细则》的通知（中青办发〔2009〕23 号）［EB/OL］．［2020-12-22］．http：//www. hngqt. cn/index. php.

索建立学生干部分层培育体系，初步建成校、院两个层次，校级大学生骨干培训班、校新生团干部培训班和院学生骨干培训班三个层级的骨干培养体系。

截至2020年底，福建省已有70余所普通高校持续开展“青马工程”并设立相应培养平台，基本实现全覆盖。各高校青马培训班多数以一年为一期，逐年开展，每期学员包括来自各院系的主要学生干部，人数60人到80人不等。部分高校在实施过程中取得了阶段性成果，例如福建农林大学“青马工程”获团中央学校共青团重点工作创新试点项目立项，厦门大学被列为首批“青马工程”全国研究培训基地（高校）之一。青马人才班、“青马工程”学生宣讲团、“铸匠工程”学生骨干培训营、“青锋论坛”、星火培训班、青年铁军卓越班、学生干部理论培训班等，都成为福建高校培养青年马克思主义者的有形载体和有效途径。

2. 注重实践导向：理论学习与实践教育相结合

福建高校“青马工程”培训班的师资力量以校内专家为主体，邀请、选聘省内外具有较深马克思主义理论功底和丰富实践经验的专家，组建完善教师资源库，进行阶段性集中专题授课，基本构建了全方位、立体化的理论教育体系。后期重点强调将理论教育融入实践锻炼中，利用得天独厚的优秀传统文化和红色革命传统教育优势，依托福建省红色教育基地，切实提升高校“青马工程”实施的实际效果。

一是学习马列经典，内化政治引领。高校依托校内马克思主义学院理论读书社的资源和平台，与时俱进，紧密围绕马克思主义中国化时代化的最新成果开展经典原著导读、主题思想沙龙、名师专题辅导等，从而在理论层面加强高校大学生骨干、共青团干部的政治认同和思想认同。二是打造品牌活动，形成实践特色。各高校品牌活动主要分为社会实践、学科竞赛、志愿活动和素质拓展四大类。综合福建各高校“青马工程”实施现状，社会实践与“青马工程”挂钩而形成具有红色精髓的实践教育，从而在实践层面引领大学生骨干、共青团干部的行动逻辑。三是建立示范群体，强化榜样作用。着力抓好青年示范群体的建设就是要重点抓好大学生骨干、共青团干部和青年知识分子群体。着力构建以青年科技人才、青年拔尖人才、十大杰出青年等青年中的先锋人物为主体的示范群体，使学习示范群体的活动变得亲近青年、贴近生活、贴合实际。福建高校将示范群体的先进典型融入“青马工程”的建设。

3. 尊重育人规律：目标管理与过程监督相结合

2010年《福建省推进高校青年马克思主义者培养工程的实施意见（试行）》明确指出，今后一个阶段各地、各高校要深入实施“青马工程”，进一步深化以大学生骨干培养学校作为实行“青马工程”重要载体的建设。文件的出台为福建省高校实施“青马工程”提供了理论指导，并从实际操作层面指出高校培养青年马克思主义者的六大重点。高校作为具体的实施者，在十年的建设中形成了目标管理与过程监督相结合的培养机制。

目标管理，即以目标为导向，以人为中心，以成果为尺度，而使组织和个人获得最佳业绩的现代管理方法。运用于高校实施“青马工程”的过程，即以培养中国特色社会主义合格建设者和可靠接班人为该工程的目标导向，以参与主体（大学生骨干、团干部、青年知识分子等青年群体）为中心，以培养对象课程结束后的实际成效为标准，使参与主体个人和青马培训班共同达到既定目标。一方面，福建高校“青马工程”在《福建省推进高校青年马克思主义者培养工程的实施意见》总目标的框架下，实施以逐年培养、与人才梯队相适应的科学合理的计划和阶段性培养目标的设计。阶段性目标为总目标服务，为党培养中国特色社会主义事业接班人的青年力量。另一方面，在培养过程中引入适当的激励机制来调动培养对象的积极性、主动性和创造性，充分激发培养对象的潜力，自觉形成奋发向上的精神状态，把“青马工程”实施过程打造成为其激励机制中主客体之间良性的、动态的和规律性的信息交流与互动过程，改变了试行阶段单纯强调“自上而下”的单向教育与灌输方式。

（二）福建省高校“青马工程”存在的主要问题

通过分析目前福建省内高校青年马克思主义者培养工程的总体情况（文献分析和实践调查），随着福建省“青马工程”持续推进深入，部分高校“青马工程”的培养已走上规范化的轨道，并形成了自己的特色发展，培养了一批理想信念坚定的青年马克思主义者，促进了马克思主义在高校的传播。但在取得一些可喜成绩的同时，我们也要注意到，由于各种因素的制约使得省内许多高校在推进青马工程的过程中还存在一些不足。总的来说，表现在以下几方面：

1. 对象选拔机制不健全，组织机制建设不完备

据团中央《“青年马克思主义者培养工程”实施纲要》的说明，“青年马克思主义者培养工程”的重点培养对象是大学生骨干、共青团干部和青年知识分子。大学生骨干主要包括各级各类学生干部、学生社团干部、学生党员和入党

积极分子、理论学习骨干及在学术科技、文化体育等方面成绩突出的优秀学生。

首先，福建省在“青马工程”的培养对象选择上，均为团委副书记（学生）、学生会主席等有一定工作经验的各级各类大学生干部，对于文件中所指出的在学术科技、文化体育等方面成绩突出的优秀学生基本排除在外。现行选拔体系之下，某方面较突出的学生并不符合参训“青马工程”的人员要求，那些对马克思主义有着浓厚兴趣的大学生也同样被排除在外，覆盖面和影响力都十分有限。同时，普遍性与特殊性的问题未得到很好的兼顾，普通青年学生对于“青马工程”知之甚少，难以触及并影响更广泛的群体。

其次，一直以来福建省“青马工程”的培养对象都是面向本科生开展的，长期以来缺乏“在研究生中着力培养青年马克思主义者”这样一个明确、清晰的目标，文件和实践层面更是未明确将研究生群体纳入“青马工程”的培养范围，研究生是未来夺取中国特色社会主义建设事业伟大胜利的中坚力量，对这一群体的日常培养工作中，思想政治教育导向也发挥着越来越重要的作用，所以，青年马克思主义者的培养应当也必须包含这一群体。

最后，尽管十年来福建省高校“青马工程”已形成“省—高校—院系”一体化分层的三级培养格局，但除高校“青马工程”主管部门简单混同于思想政治教育、技能教育或社会实践的问题，致使整体培养架构缺乏，各部门间缺乏有效衔接。学校的整体协作功能也未能得以有效发挥，难以形成协同育人、协同创新的有效合力。当前，虽然省内已有个别高校团组织开始探索与其他部门合作培养的新模式，但绝大多数高校仍是团委唱独角戏，全面开展培养工作的各个方面。

2. 培养模式固化单一，难以适应“青马工程”的培养目标

首先，省内各高校“青马工程”培训的模式和内容基本按照有关文件要求，固定地围绕理论学习、社会实践、志愿服务、对外交流及课题研讨等几方面开展。以理论教育和社会实践为主，具体培养方案有着强烈的一元性和同质性，未能很好地结合学校优势或专业特点。培训过程中普遍沿用传统简单的理论灌输方法，相应社会实践的质量深度也有待进一步增强，不注重创新思想政治教育方法，学生的个性和想法得不到发挥，主动参与性不强。单一固定的培养模式，让受训学生将其视作一种评优评先的任务去完成，被动机械式吸收，思想和能力提升十分有限。

其次，目前“青年马克思主义者培养工程”还没有形成固定的教材体系和

内容，福建省内多数高校在实际做法当中，师资队伍主要为聘请校领导或有关专家学者开展专题讲座，缺少专任教师团体。教学内容往往由受邀学者或者高校共青团自行安排，或涉及学习中国特色社会主义理论体系的根本立场、基本观点、科学方法等理论性知识，致使一部分学生认为只是公修思政课的简单重复，① 对学生综合素养提升的内容设置较少，基本处于忽视的状态。

最后，由于教师群体的不固定及讲教学内容的不确定性，使得最终育人效果无法把控。很多专家学者所讲授的内容，多偏向于自己所研究的专业领域，过于"高端"，难"接地气"，与"青马人才"的培养融合度不够，与时代性结合不密切，缺乏吸引力和实效性。师资队伍是"青马工程"实施成功与否的关键，但教师群体的选择与教师个人"青马工程"的岗前培训工作往往被各高校遗忘或忽视。

3. 考核评价体系不健全，部分学生较为侧重荣誉取得

"青马工程"要把好质量关，坚持严进严出双向度。由于未设定培养质量的终端检测评价标准，导致现实中难以评价"青马工程"培养的实际结果，也未能用培养质量的评价结果来指导下一步的培养方案。

首先，目前省内高校"青马工程"各自的评价体系尚未完全构建起来，侧重日常目标管理而非真正的教育效果，缺少日常定期评估环节，也未把最终考核放在突出位置，更没有严格的考核制度。考核评价方式停留在结课论文、结业汇报或调查报告等层面。不可否认，考试在一定范围内具有一定的合理性，但也有诸多缺点，很多层面的能力素养是无法单纯用考试来衡量的。如仅仅以考试作为评价体系，就无法客观、全面地看到"青马工程"的真正效果。一方面，"青马工程"主要采用"理论培训"与"社会实践"两大环节。实践创新考核难度较大，难以衡量，往往只评价学员理论学习情况，由此所造成培训学员"重理论学习、轻实践创新"的不良现象特别需要关注。② 另一方面，每期"青马工程"培训期限一般为三个月或一年，且大部分采取集中培训的模式，一期培训结束之后，同受训学员的联系基本就此中断，培训与反馈之间出现断层，培训效果究竟有没有发挥，后续发挥到什么程度都不可而知，往往会导致培训

① 秦书生．新时代高校思想政治理论课改革创新的重要遵循［J］．现代教育管理，2020，(6)：20-27.

② 褚辉，高向辉，曲洪波，于莹莹．习近平关于"时代新人"培养问题论述的三重逻辑解析［J］．现代教育管理，2020，(11)：21-28.

效果的不可持续。

其次，“青马工程”的受训对象虽为优秀学生代表，先锋示范作用较为突出。但通过对省内“青马工程”学员动机的调查分析，我们发现，部分青马学员对“青马工程”的深远意义认识不清，学习动机不纯，有的为了荣誉面子、工作、学分或图新鲜等目的而参加马克思主义者培训班，根本没有意识到马克思主义对于自身道德修养、能力水平提升的重要作用。他们学习和工作中求功用、重实惠，更看重个人获得的实现，淡化了大学生的远大理想，淡化了青年一代人的社会责任感。部分学生干部功利主义思想严重，追求“学生官”的优越感，官本位意识严重，出现学生干部污名化等不和谐现象。① 这样的受训学生，不仅无法真心实意为广大普通学生服务，起不到应有的示范作用，反而会让大学生群体对“青马工程”产生抵触情绪。

最后，对于参训学生的选择出现问题。部分学生干部由于受各种因素的影响，属于“赶鸭子上架”“被培训”。对所参加培训的认识欠缺，缺乏应有的热情和认真的态度，被动性很强，甚至在某种程度上存在排斥心理，认为和自己的发展没有太大的关系，常常是人在心不在，对为什么参加培训、如何参加培训的认识还很不到位，非主动非自发的学习，培训效果自然大打折扣。

（三）福建“青马工程”提质增效的创新逻辑

新时代团中央进行新的政策部署，各地方需闻令而动，因地制宜。在分析福建高校“青马工程”十余载的实施概况和总结常态经验的过程中得出，福建高校“青马工程”存在培养模式固定单一、教育实践不深入、地方特色较欠缺、跟踪管理相对薄弱等典型问题。因此，福建高校在当前和今后青年马克思主义者培养的过程中，应在内容、形式等方面充分开发和利用地方特色。建设具有福建特色的“青马工程”是福建高校亟待深化的顶层设计思路。

1. 理论铸魂：发挥地方文化特色强化“青马工程”内容建设

地方文化是中华优秀传统文化的重要组成部分，也是涵养社会主义核心价值观的重要源泉，为提升地方文化自信提供源源不断的精神力量。文化可以潜移默化地为培养地方人才提供根基。福建文化内在地包含了爱国爱乡、海纳百川、乐善好施、敢拼会赢的福建精神，特色海洋文明所孕育的蓝色文化，革命

① 屈晓婷．让理想照进现实——以青年马克思主义者为目标的研究生党员培养研究［M］．北京：北京交通大学出版社，2014：79-80+47.

老区中所传承的红色文化以及生态建设先行的绿色文化等。

福建精神既属于中华优秀传统文化，也是民族文化在福建特定地域的创造性实现。一是以继承和传播儒家思想为己任的闽学文化中所强调的以人为本、天人合一、正心诚意、舍生取义、自强不息、见利思义、推己及人、与人为善、诚信待人等这些中华民族的传统美德，在中华民族伟大复兴的进程中仍然具有增强民族凝聚力、振奋民族精神、整合社会力量、协调利益矛盾的重要作用。二是谱写中国共产党光辉革命篇章的红色文化对弘扬爱国主义和奋斗精神具有重要价值；福建省自然植被覆盖率全国第一，其中生态文明建设理念、“尊重自然、顺应自然、保护自然”的基本原则以及“绿水青山就是金山银山”的生态意识都是青年大学生必须树立的生态责任感；福建是海上丝绸之路的重要起点和发祥地，是中国面向亚太地区的主要开放窗口之一，历史辉煌，文化独特，在建设 21 世纪海上丝绸之路中具有不可替代的重要地位。海上丝绸之路和福建文化铸就的“丝路精神”，彰显着沿海地区率先对外开放的开放意识以及“一带一路”的国际视野，都是青年政治人才所应具备的格局和素养。这些具有福建地域特色的文化无一不蕴含正确的政治导向，与社会主义核心价值观念具有内在契合。将具有福建特色的优秀文化融入“青马工程”的培养体系中，作为理论学习的教学素材，有利于福建高校更好地弘扬和传播福建文化和福建精神，同时作用于福建高校“青马工程”的培养和实施，以充盈且富有地方特色的教学内容助力新时代“青马工程”新部署的落实。

2. 实践强基：依托地方实体资源丰富“青马”实践形式

各高校在培养过程中要遵循夯实基础、逐级提升、分层实施的原则，完善“省—校—院（系）”三级统一规划、联动育人的培养体系，打造“以院（系）‘青马工程’培养班为塔基、校级‘青马工程’培养班为塔身、省级‘青马工程’培养班为塔尖”的金字塔结构，推动高校“青马工程”提质增效。“青马工程”的具体实践包括深入农村、社区、企业等基层一线进行实践锻炼。增强历史使命感和社会责任感，培养对党、对人民的朴素感情。在城市社区、农村基层参加理论宣讲、扶危济困、支教支医、文艺下乡、政策宣传等公益活动，不断增强服务他人、贡献社会的责任感；列席党政机关有关脱贫攻坚、生态环保、经济建设等会议，帮助学员在见习实践中坚定理想信念、提升政治素养、锤炼过硬本领、培养良好作风。

拓宽社会实践领域，构建马克思主义理论教育的实践教学体系，有力增进培养对象对马克思主义基本理论的理解和把握，对国情省情社情民情的了解，有效提高理论知识水平和辨别分析能力。组织学员走进省内红色教育基地、政府机关、基层一线开展社会调研、见习实践，引导青年骨干有序政治参与、参加实践锻炼、接受制度自信教育，不断巩固理论教育和实践锻炼成果。充分依托福建地方实体资源，如谷文昌纪念馆、闽台缘博物馆和古田会议会址、建宁红军第207团旧址、泰宁红军街等红色资源开展实践教育。引导学员增强对革命传统精神的理解，实现爱国主义精神的升华；增强"先锋"意识，坚定在党的领导下建设中国特色社会主义的信念。引导学员把谷文昌精神、丝绸之路精神、敢拼会赢精神转化成锻炼干事创业能力的实际行动，转化成勇于迎接风险挑战的坚强意志，转化成更大的责任担当和更高的目标要求。

3. 智慧助力：运用数字科技手段辅助"青马工程"载体创新

高速发达的互联网为我们获取知识提供便利服务，也为"青马工程"的实施带来新的机遇。衡量高校"青马工程"的培养质量，最终要落脚于大学生的思想政治素养水平。但由于大学生思想成长的曲折性、复杂性，如何科学开展考核评价以及跟踪培养一直是难点问题。解决这一问题，"数字青马"要借助当前数字化时代大数据分析的有利条件，搭建"云数据"分析跟踪平台，科学设计网上评估、跟踪框架以及各单位的交流沟通机制。

要科学利用互联网、大数据融入"青马工程"建设体系，真实反映"青马工程"学员的实际信息、跟踪培养，具体要抓住三个环节。一是基于"互联网+"的特性，建立良好的校际沟通机制，促进各高校之间的交流，协同制定"青马工程"的有效实施方案。对于导师来说，要充分利用"互联网+"的优势，深入马克思主义理论与实践的发展前沿，不断吸取先进经验，并在实践中探索反思，了解"互联网+青马工程"的价值意义，以培养乐为、敢为、有为的青年政治人才作为首要任务，打造良好的项目氛围和校园文化，实现高校"青马工程"的创设价值。二是做好科学评估并网上存档。综合运用定向评估、定量评估、横纵双向评估等多种方法，坚持最大化地进行客观公正的综合评估，将定期考核与不定期考核结果留档上网，以便分析总结规律、及时提出工作整改方案。三是各机构协同配合建设"云数据"共建共享平台。只有多部门、各高校协同互动发展，才能实现资源共享，为国家提升高校"青马工程"质量提供科学基础与决策依据。

（四）加强和改进福建省高校“青马工程”建设思考

1. 强化校级设计，构建全覆盖型对象选拔机制

高校“青马工程”作为一项伟大而系统的战略工程、铸魂工程，意义重大，任务艰巨。仅靠校级院级团委的力量很难达到理想的效果。一是共青团省委、市委、高校党委，要从“讲政治”的高度，把实施“青马工程”列入重要议事日程，列入“党建”工作中。思政课教师、辅导员要把握好利用好思想政治教育这一前沿阵地，引导学生先明先知何为“青马工程”，使学生形成对于“青马工程”正确的先知认识。二是校内各部门要科学规划，统筹布局，校外密切联系兄弟院校、企业，社会组织、社区等部门。共、教学资源等方面的持续有效供给。三是将研究生群体的青年马克思主义者选拔与培养提上日程。研究生群体研究功底深厚，有坚定的理想信念做支撑，能够更好地调动他们的研究积极性。培养过程中更要重视内容和形式的创新，以充分调动该群体的主动性和积极性。此外，青年马克思主义者对象应当广泛，除学生干部外，还应包括专业成绩优秀、社会实践优秀或在某一方面表现突出的学生。选拔机制采取“一般培养”与“精英塑造”相结合的方式，以点带面、以面成片，这种全方位的人才培养模式不仅突出重点，且兼顾了一般学生。通过他们不遗余力地发挥影响，带给更多学生积极的影响，使“青马工程”在学生中奠定深厚的基础，坚定广大学生马克思主义理想与科学信念，最终在全校形成良好风气。

2. 灵活培养模式，探索师生协同发展道路

2017 年，中共中央、国务院印发的《中长期青年发展规划（2016—2025 年）》指出，“青年思想教育的时代性、实效性有待增强，用共产主义和中国特色社会主义引领青年，用中国梦和社会主义核心价值观凝聚共识、汇聚力量的任务尤为紧迫”。青年马克思主义者培养工程的培养目标是培养出具有示范性和引领性的优秀学生，并通过他们良好的表现，带给更多学生积极的影响，从而奠定深厚的学生基础。一方面，思想政治教育的灌输不是生硬的灌输，而要成为体验式、参与式与感悟式的，理论学习与实践教育相结合一直是我省“青马工程”的重要经验。青年学生呼唤时代，追赶时代，他们所关注的是未来现实的生存状态和职业发展的前景，更需要实用价值的知识和成果，迫切希望用自己学习的知识解决问题，摆脱思想困惑。所以，培训内容要体现出时代性和生命力，建立与各类学生个性特点相匹配的专业知识培训体系，最大限度地满足培养目标的个性化需求。要借助新媒体技术手段辐射青年学生，线上线下动态

结合，抓住线上“虚拟现实”空间环境的教育刻不容缓。当前，省内只有闽南师范大学在青马培育工程当中，一定程度上引入新媒体，使网络宣传引导培育工作真正活了起来。另一方面，严格“青马工程”教师准入制度，配齐配强师资队伍，贯穿并无缝衔接“青马工程”培养始终。前期，由于聘任专家学者的临时性和不确定性，且没有相应的教师激励和考核政策，使其对于“青马工程”培育的重视程度、积极性都没有得到充分发挥，没有充分认识到自己在青年马克思主义培养工作中的地位和作用。① 此外，根植于本地本校的文化历史资源，构建地区型特色型教材体系。质量是教材的生命，要充分论述，反复研讨。探索“理论培训”与“社会实践”的新模式，注重学生主体性作用的发挥。

3. 完善考核体制，锻造优秀青年知识分子队伍

《中长期青年发展规划（2016—2025 年）》指出，“青马工程”要切实加强后续跟踪培养，动态调整培养方式，为他们的成才发展提供帮助。一方面，要构建完善一体化的考核评价制度体系，制度建设是保障“青马工程”秩序化、规范化开展的必要前提，是“青马工程”质量的重要保障。聚焦培养过程的具体细节，扩展评价的内容和项目，例如关注青年马克思主义者联系普通学生的情况如何等，确保将考核细化到培养过程每一部分并可量化操作。鼓励第三方教师参与考核评定，以更客观更全面地反映培养成果。为结业的学员建立人才成长库，由专人长期跟踪其成长发展过程，做好对评价结果的运用。对不合格学员要及时成立师徒帮扶体制，持续强化培养。另一方面，要使青年马克思主义者做到真学、真懂、真信、真用，第一步是意识先行，其次才是具体方法的运用。大学生或对于“青马工程”一知半解或对“青马工程”没有正确认识，根源在于没有真正了解。校院两级团委及思政课教师辅导员要做好“青马工程”的宣传阐释工作，既要高瞻远瞩，提高政治站位，从落实立德树人根本任务的高度予以阐释，又要注重学生学习生活实际，从细从小向学生阐释。切实提升“青马工程”对于学生的吸引力。具体方法方面，定期邀请优秀青马学员回归进行经验分享，建立合理的青马学员反馈机制为培养模式以提供新参考，针对不同学生特点灵活组合培训内容形成多元化培养方案等，共同绘制高校“青马工程”锻造优秀青年知识分子队伍“大图景”。

---

① 葛建伟．新时代高校“青马工程”培养标的及质量评价体系研究［J］．高校共青团研究，2018，(02)：64-68.

时代正发生着日益深刻的变化，高校青年马克思主义者的培养面临着难得的机遇和挑战。如何在当代社会思潮之变，媒体融合之势，青年话语形式与内容之新这些变化着的内容入手，顺势而为，呼应青年需求，引导健康成长。说到底是我们一直要思考的问题。在“变”与“不变”中明确目标，保持初心，在理论教育与实践教育的过程中不断弥补不足、改革探索，才能切实增强“青马工程”人才培养的实效性。

四、做新时代的青年马克思主义者

中国特色社会主义进入新时代，我国社会主要矛盾、所处的社会背景和时代定位等都发生了巨大的变化。新时代对青年马克思主义者培养提出了新的要求，国家近几年也密集出台相关文件，明确了“青马工程”建设的顶层设计、战略布局、具体实施意见。文章结合文件精神和关键词共现图谱，预测下一步“青马工程”研究的趋势。

（一）聚焦新时代的背景

新时代是党对我国发展历史方位的新判断。为新时代培养一大批坚定的马克思主义者，就需要准确把握和辩证看待这一时代特征和内涵。2017 年习近平总书记在中央政治局民主生活会上曾经从国内和国外环境、发展阶段和任务、工作的对象和条件等几个方面谈到这个新变化。新变化意味着机遇和挑战并存，在此背景下，青年政治骨干人才培养如何适应新时代变化，人才培养标准、人才培养模式如何创新，都是“青马工程”面临和必须解决的问题。

新时代背景下新技术日新月异，人工智能、大数据等新兴技术迅猛发展，这一方面丰富了青年政治骨干培养的载体；另一方面，多元社会思潮、各种热点和突发事件通过新兴媒体技术发酵成的负面舆论，也会影响甚至动摇青年人的政治信仰。“青马工程”作为政治骨干人才培育平台，肩负着为党和国家育人的重任。如何结合青年特点，充分利用网络、人工智能等新兴技术优势，增强“青马工程”在人才培养上的吸引力，强化政治引领，使青年骨干人才能够成长为政治立场过硬、理想信念坚定、立志为党和国家事业奋斗的建设者和接班人，将会成为未来研究和探索的热点。

（二）突出培养机制的研究

“青马工程”作为青年政治骨干培养高地，培养什么样的骨干、如何培养骨干，都有赖于对建立科学长效的培养机制。2020 年共青团中央等五部委联发的意见中充分肯定了12年来“青马工程”在培养青年政治骨干人才方面取得的成就，与此同时，意见也指出在当前形势背景下的人才培养要求，“青马工程”还存在覆盖范围不够广、规范化水平不高、工作机制不完善等问题。未来“青马工程”培养机制的探索势必成为热点，其中以下五点是亟须研究的。第一，培养对象从过去只关注高校青年骨干，将扩展到企业青年骨干、农村青年骨干、社会青年骨干等；第二，如何建构分工合理、责任明确的分级分类培养机制；第三，如何建立科学的青年政治骨干的选拔标准、程序和考核退出机制；第四，“青马工程”的人才培养与国家发展需要的人才举荐的对接机制；第五，青年政治骨干培训的支持保障机制建立等。

（三）深化培养内容标准化研究

我们党是用马克思主义理论武装起来的执政党，马克思主义理论是我们党活的灵魂。“青马工程”承担着用马克思主义理论武装青年、为党和国家培育选拔政治骨干的重任。随着培育对象各领域的覆盖，培育任务加重，要想保证培养质量，研究制定标准化的培养模块和必修内容将成为规范化工作机制的抓手，也将会成为进一步深化研究的热点。具体涉及：

一是在青年政治骨干人才培养中加强马克思主义及中国化理论的教育。“青马工程”建设的定位与党的接班人培养、国家和民族未来建设以及青年成长息息相关。如何传播好党的创新理论，尤其是习近平新时代中国特色社会主义思想，如何讲好“四史”，将成为青年政治骨干人才培养内容研究的重要部分。

二是在青年政治骨干人才培养中深入实践开展四个自信教育。共青团中央2020年的工作要点中提到要“广泛深入开展青少年制度自信教育，把制度自信的种子播撒进青少年心灵，切实打牢全面建成小康社会在青少年中的思想基础和群众基础”。如何挖掘青年中榜样的教育功能，形成青年对党的领导和国家制度的认同相关研究也会进一步升温。

三是在青年政治骨干人才培养中加强社会主义核心价值观培养教育。社会主义核心价值观反映了当代的中国精神，也是全体中国人民的共同价值追求。作为党和国家未来的接班人，青年一代的价值观导向直接影响国家和民族未来的导向。深化青年骨干人才社会主义核心价值观培育，才能更好地为党的千秋伟业和民族伟大复兴保驾护航。

四是在青年政治骨干人才培养中加强理想信念教育。理想是个体三观在人生追求目标上的集中反映，信念是理想追求的精神动力。习近平总书记把理想信念比喻成共产党人在精神上的“钙”，提出如果共产党员理想信念缺失或动摇，就会像得了“软骨病”一样，精神上就会“缺钙”。党的十八大以后，在青年人才培养问题上，党和国家更加注重理想信念教育工作，共青团中央也多次发文强调理想信念在青年一代身上的重要性，因此，理想信念教育也可能成为下一阶段的研究热点。

第四章

乡村振兴视域下农民价值观教育研究

第一节　农村社会主义核心价值观的培育主体再认识研究

2012年11月，党的十八大报告明确指出“三个倡导”，“要倡导富强、民主、文明、和谐，倡导自由、平等、公正、法治，倡导爱国、敬业、诚信、友善，积极培育社会主义核心价值观”，凝练为短短24字的社会主义核心价值观，是我党凝聚全党全社会价值共识的重要论断，分别对国家、社会和个人三大主体标定了正确的价值判断和行为选择。与此同时，三大主体间密切配合、不可分割，三层面的倡导都是社会主义核心价值观传播与建设的重要着力点。自社会主义核心价值观提出以来，培育工作始终是我党关注的命题，也是理论界研究的重要时代课题。

从理论上看，现有研究成果十分丰硕，从思想政治教育理论角度来看，大量成果集中于学校和军队核心价值观研究，表现在价值观内涵、新载体运用和路径选择等方面。而对核心价值观农村的培育或农村思想政治教育文章较少，文献图书也较少，农村思想政治教育理论与实践研究相对处于薄弱状态。国外关于农民核心价值观的研究尚未出现，在我国，有对农村文化建设和核心价值观两者进行分别研究，亦有少数将二者结合起来研究，分析逻辑多为困境对策式，而对社会主义核心价值观培育中传播主体的认识研究鲜有所见。当然在这一过程中，也存在对传播主体认识不清晰，界定模糊等现象，值得进一步纵深，与时俱进地给予时代回答。这也正是本书致力于研究的问题和努力的方向。

从现实来看，作为农业大国，第六次全国人口普查数据显示：大陆31个省、自治区、直辖市和现役军人中，居住乡村人口为674149546人，占50.32%。

同以往相比，城镇人口增加207137093人，乡村人口减少133237289人，城镇人口比重上升13.46个百分点。① 尽管农村人口持续减少，逐渐进入相对缓慢、动态平衡的过程，但农村人口总量大、占比多的现实未变。历史和实践证明，中国发展的前途命运始终与农民息息相关，伴随社会主义新农村建设不断推进，核心价值观的培育及农村思想政治教育，绝对是不容忽视的一环。

习近平总书记指出，“一种价值观要真正发挥作用，必须融入社会生活，让人们在实践中感知它、领悟它。要注意把我们所提倡的与人们的日常生活紧密联系起来，在落细、落小、落实上下功夫”。所以，培育社会主义核心价值观，要把理论讲清楚，落实为实在具体的生活实践，使人们认同细化到心，成为日常具体行为习惯，才能为价值观践行提供有力保障。不然只是空中楼阁，无法发挥力量。思想政治教育是指导人思想观念和行为方式的活动，而社会主义核心价值观的培育本就是工作的重点内容。所以，社会主义核心价值观与思想政治教育二者是理论与实践的关系，二者相互依存，不可分割，相互促进。发挥社会主义核心价值观在农村的重要作用，对新时代农村思想政治教育开展和全面建成小康社会的宏伟目标具有重要的时代意义和深远影响。

一、在农村社会主义核心价值观培育中再认识传播主体的意义

农村思想政治教育工作是党在农村工作的生命线，价值观培育是工作重点，培育和践行核心价值观在实际工作中仍存在诸多问题。我们所立足的农村思想政治教育中传播主体的视野，不同于长期以往的刻板印象，认为只有（村两委）村党支部及村委会，尤其是村干部才承担农村思想政治教育工作和弘扬核心价值观的任务。主体不仅限于此，还可包括乡村教师、青年大学生、赤脚医生、退伍军人及农村中的民间组织人员，他们都是可能的和潜在的传播培育主体。他们要么相对有科学文化素养要么很有号召力影响力。因此，急需团结起这些有益力量，补充传播主体，在新农村社会主义核心价值观培育和文化建设中贡献自己的力量。

（一）有利于农民摒弃陋习，改善精神风貌

农村陈规陋习由来已久，同时很多陈规陋习随着时代发展又有了新变化。

---

① 马建堂，张为民，冯乃林，等．中国2010年人口普查资料［EB/OL］．http：//www.stats.gov.cn/tjsj/pcsj/rkpc/6rp/indexch.htm，2011-04-28.

2019年中央一号文件《中共中央国务院关于坚持农业农村优先发展做好“三农”工作的若干意见》在乡村治理方面，在加强农村精神文明建设特别提到，“要对婚丧陋习、天价彩礼、孝道式微、老无所养等不良社会风气进行治理”。这些陈规陋习严重污染农民思想文化的纯净，影响新农村文明乡风建设。破除农村陋习，要重视利用核心价值观的引领作用，紧抓科学文化抓手，革除陈规陋习，建设文明乡风。

（二）有利于构建良好人际关系，促进农村社会稳定

在农村社会，稳定健康的发展以和谐良好的人际关系为基础。核心价值观落地生根，能够指导农民做出正确的价值判断价值选择。通过挖掘主体借助多主体优势，能有效缓解农村社会冲突矛盾，引导社会朝着平衡、协调、有序的方向发展。乡村教师、赤脚医生等新主体身上完整展现了核心价值观在个人层面的基本规范，发挥其强有力的引领示范作用，能够进一步使核心价值观深深扎根于农民心里。

（三）有利于实现农村转型，推动小康社会全面建成

新时代农村转型和城镇化建设在持续推进，面临着文化建设与经济发展不相适应的矛盾，敌对势力多元价值思潮带来的重重挑战和公众突发事件带来的价值选择困惑。尤其需要核心价值观引领多元价值观。社会主义核心价值观凝聚了全国人民的思想共识，将其扎根贯彻于乡村治理、经济发展，必将形成一股强大的精神力量推动新农村文化建设、现代化建设、加快推进全面建成小康社会步伐，最终推动中华民族伟大复兴。①

二、传统传播主体在价值观培育工作中存在的问题

（一）基层干部行为失范，不作为，违反价值观行为时有发生

核心价值观主要发挥规范协调行为的功能。要使村民真正认同遵循，作为传播主体的基层干部，引导示范作用极其重要。但现实中带动较弱，表现为部分基层干部理想信念淡化，重利轻义，不关心农民实际思想需求；部分基层干部优亲厚友，滋生腐败，丧失应有的垂范作用。基于9634份公众样本的调查结果显示：现实中各类贪腐事件，“小官贪腐”占七成以上（76.17%），且发生在

---

① 武婷．论社会主义核心价值观与大学生思想政治教育的关系［J］．赤子（上中旬），2015（10）：83-84.

区县基层干部和村干部身上较多。① 己不正，焉能正人，广大农民对核心价值观的认同，来自对基层干部最直接的言行观察，言传身教相悖，必将导致后期价值观培育工作的两难，损害党在人民心目中的形象，消解党在农村社会的认同基础。

（二）宣传方式单一，不讲实效，公共文化产品作用未发挥

"培育"有培养教育两重含义，价值观作为一种价值理念，要想引领社会思潮凝聚社会共识，必须让人们对其的认同上升为一种情感，并使这种情感在培养过程中不断确定和继续深化。随着城镇化进程加快，农村社会内部凝聚力和精神生态一定程度上遭到破坏，人们间的连接持续趋弱。核心价值观如何有效传播并入脑入心，方式方法的选择很重要。村两委的传播方式多限于单纯说教灌输，多为自上而下式的固守内容，展现为宣传栏标语及广播等。与农民的精神文化需求不相匹配，亦无法解决自身现实问题，农民无关注不参与，长期以来还会产生厌恶心理。

（三）基层干部精力有限，事务千头万绪，一己之力难以完成任务

一方面，我们常规认识中村两委是推进主流价值观建设的重要场所，村两委人员是宣传培育主体，他们直接面临的是广大农村群众，但并无具体文件规定；另一方面，现实中农村思想政治教育工作者承担着这一工作，但由于数量少，在宣传工作队伍中多表现为"兼职"，并无专职人员。且工作任务十分繁重，致使没有充裕的时间、精力、人力、财力进行专门的宣传教育，"上头千条线，下面一根针"，所以，单依靠一己之力难以完成价值观培育任务，不得不重新思考传播主体问题。

（四）价值观学习培训不够，理论水平不足，理解不深入

不少村干部文化程度较低，理解能力相对较弱，他们虽赞同价值观内容，但理解尚在表面，同现实存在一定偏差，难以理解其深刻内涵。此外，一些地方以会议、文件等方式进行的核心价值观学习，多针对较高层级干部，没有兼顾到广大农村干部。村干部是政府和村民间的纽带，起上传下达作用。国家政策多需要通过村干部向村民传达，村干部带领村民积极响应国家政策并且完成相关工作。而忽视了这一重要传播主体自身的学习，也是导致核心价值观培育

① 贾立政，陈阳波，魏爱云，马静，刘建，李祥峰，周素丽，刘瑞一，谭峰，栾大鹏，袁静，严俊．小官贪腐现象调查［J］．人民论坛，2014（33）：10-11.

不能很好地向下入脑入心，取得良好效果的实际原因。

三、农村社会主义核心价值观培育主体再认识的解决路径

（一）重视基层干部培训，发挥率先垂范作用

基层干部对核心价值观的准确理解和实践是向下传播的基础，也能最大限度减少自身行为失范、违反价值观行为。① 首先，培训过程从源溯本，充分展示新时代背景下社会主义核心价值观的丰富内涵和系统的逻辑性合理性，使其真信真学真懂，透彻准确理解其中要义，最大限度地产生价值认同，将其作为干部的常态化考核重点，并成为实际工作中的硬性考核指标；其次，要积极引进优秀理论人员，如马克思主义理论专业的师生力量，有益补充基层干部理论的不足，助力广大农民的吸收与接受能力；最后，注重基层干部的作风建设常态化，开展经常性党风廉政建设活动，深化自律警醒意识，以自觉抵制失范，同时畅通村民外部监督机制。

（二）创新宣传手段方法，优化培育环境

核心价值观是对提升国家文化软实力的战略思考，站位高，叙事宏大，面向农民群体，方式方法的呈现尤为重要，要多维度构建信任和谐的培育环境，贴近实际、生活和群众。做好调查研究，从村民切身关注的利益问题入手，了解思想需求。宣传重点转化到贴近农村生产生活实际与满足现实需要上，体现生活化、人文关怀和地方性特征；整合现有文化资源，借助民俗故事风俗习惯及技能课堂等载体，使核心价值观内涵具有现实意义与可操作性。举办丰富多彩的主题文化活动，在歌谣说唱漫画中嵌入核心价值观内容，引导村民心态向积极健康的方向发展，潜移默化巩固其核心价值观认同。②

（三）全面挖掘优秀榜样，多主体联动影响群众

榜样力量无穷，向上驱动力明显，可发挥潜在的教育启发功能。在培育核心价值观的过程中，要积极挖掘并发挥多主体的协同合力，如乡村教师、青年大学生、赤脚医生、退伍军人以及农村民间组织等。乡村生活中被村民标榜的榜样与我们所提及的其他传播主体具有高度重合性，可发挥其双方面作用。乡村教师为农村基层教育先行者，为农村教育事业和文化氛围做出巨大贡献，在

---

① 杨建辽．近年农村思想政治教育研究述评［J］．世纪桥，2018（03）：91-92.

② 武瑞芝．新农村建设过程中社会主义核心价值观培育探析［D］．大连海事大学硕士学位论文，2016.

乡村社会具有号召力和引领力；青年大学生对未来抱有美好理想，期盼投身家乡建设；以乡贤为代表的农村民间组织，根植于中华优秀传统文化中的乡贤文化，具备文明教化作用。乡贤群体当中，有一心为民、公道正派的老党员、老干部，又有热心公益、扶危济困的热心人、好心人。普遍乡民邻里间威望高、口碑好的优势，可以聘请担任价值观培育的主体，这些“草根性质”榜样可以很好弥补单一主体的不足，细化为身边可触摸到的实实在在的榜样模范，可以引导农民向榜样靠拢，引领农民的思想与行为。多主体密切配合，可以真正促进核心价值观在农村落细、落小、落实。①

（四）基础教育先行，以基础教育启发价值观教育

提高农民素质根本要依靠教育，对后代而言，系统规范的价值观教育场所是学校，其次是家庭。首先，坚持价值观教育从娃娃抓起，从学校抓起。把核心价值观具体内容渗透到学校教育的方方面面，搭建本校本地区价值观教育资源平台，对不同年段针对性地灌输，重视互动方式，在实践中与学生讨论、辨别并选择，潜移默化融入其思想及行动。其次，充分利用“学校+家庭+社区”模式，发挥孩子对家长的正向带动力量，因为家庭教化的影响力是无穷的。孩子与父母的价值选择与行为方式趋向一致，人人都是倡导者、维护者和践行者，这种价值观才会真正成为“核心”“主流”，越来越接近于“理论一经掌握群众，也会变成物质力量”的目标。

第二节　农村培育和践行社会主义核心价值观的载体研究

培育和践行核心价值观，是现阶段我国思想政治工作的首要建设任务。党的十八大从国家、社会、个人三个层面明确了社会主义核心价值观的具体价值诉求，这对培育和践行社会主义核心价值观具有指导意义。我国是一个农耕文明源远流长的农业大国，在广博的乡土社会广泛进行社会主义核心价值观的思想培育和实践动员，既是消解城镇化进程中农村现实困境的呼唤，也是传承和创新我国新时期乡村价值世界的重要理路。

---

① 满昌学，陈松青．以乡贤文化涵养农村社会主义核心价值观培育［J］．学术论坛，2016，39（11）：43-46.

一、城镇化的现代性因子冲击着村庄原有的价值世界

改革开放后，伴随着经济体制的转轨，中国农村形成了两种迥异的形态。一类选择了家庭联产承包责任制，村民个人潜能被激发，实现了家庭富裕，但一定程度上消解了村庄集体的联结基础。特别是城镇化进程中，大量青壮年人口外流，农村集体经济尤其是村级经济实力衰退，由此引发农民分散化状态升级，农民个体化、“原子化”状态日益凸显，集体主义意识日渐式微。① 乡土社会的价值世界发生剧烈的变动。一些与社会核心价值观背道而驰的个人主义、拜金主义、去道德化的致富观侵蚀着原本淳朴的乡村精神文明。另一类村庄选择了传统集体主义制度，这些村庄不仅避免前者的人口、土地的空心化，而且随着经济体的发展壮大，外来人口涌入，村庄集体财富剧增，村民共同致富，集体凝聚力不降反强，成为“明星乡村”。但是发展中也出现了另外一种乱象：外来人员利益表达梗阻，与原村民矛盾冲突，社会治安、环境治理紊乱，一些村落随着集体财富的剧增，内部治理的民主气息逐渐淡化，少数人的决策代替了集体选择，异化的价值观和不合理利益诉求破坏了村庄原有的和谐。

社会变迁下复杂的现代性因子，无论对于哪一种形态的乡村，都极大地改变了其原有的家庭、社会结构和乡村秩序，在一定程度上瓦解了村民原有的价值观念和村庄原有的治理结构，支撑乡村共同体的观念的消解，加剧了社会主义核心价值观在农村培育与践行的难度。而激增的村事村务，超出了农村传统基层组织自我调适的范围，村庄精神文明建设成了无暇顾及的务虚领域。② 仅仅依靠农村基层组织力量，创新社会核心价值观培育的有效载体明显乏力，在农村思想政治工作领域，更需吸纳民间力量。

笔者在对“明星村”S村的调查中发现，我国乡村存在一些民间志愿组织，它们在参与乡村社会主义核心价观培育与践行中具有无可比拟的优势。这些组织源于村庄内在需求而发起成立，以异于城市志愿组织的独特运作方式，有效地整合了乡村各方面的力量和资源，在乡村发展的决策建议、协调村民矛盾、开展留守儿童帮扶教育、互助养老、心理疏导等方面发挥着积极的作用，具备成为乡土社会培育与践行社会核心价值观有效载体的基本条件。笔者在田野调

---

① 费孝通．乡土中国［M］．北京：北京大学出版社，2012：22-32.

② 何显明．政府转型与现代国家治理体系的建构——60 年来政府体制演变的内在逻辑［J］．浙江社会科学，2013，(3)．

查的基础上，拟就乡土社会内生型志愿组织与社会主义核心价值观培育与践行之间的关系进行深入探究，寻求内生型志愿组织推进农村社会主义核心价值观培育与践行的可行性条件与有效性方式。

二、城镇化进程中志愿组织在乡土社会的生成

S 村位于城郊接合部，2003 年，在城镇化村庄规模调整中，由两个村庄合村并组而成。全村区域面积 2.5 平方公里，下辖 17 个村民小组，常住人口 4982 人，有党员 222 人，下设 13 个支部。流动人口在册登记 4.2 万人。目前，该村剩余耕地 684 亩，是个典型的人多地少型村庄。S 村形成之前并不富有，并组后在村党委书记的带领下，抓住城区小企业外迁的机遇，通过“集体供地，业主投资，共同管理，共同致富”的模式，建造标准厂房，创办省级中小企业创业基地，发展现代物业租赁经营集体经济。经过 10 年发展，村集体经济翻了 22 倍。2013 年，村级集体可支配收入约 2113 万元，村民人均纯收入超过 3 万元。

（一）S 村志愿服务站生成的现实动因

S 村诞生于城镇化建设的时代背景中，依托城镇化进程中各种机遇得以繁荣发展。但同时，城镇化也极大刺激了村内潜藏的各类不和谐因素，这些复杂因子不仅给 S 村带来了发展的新困境，更成为社会主义核心价值观在 S 村培育和践行的阻碍。突出表现为以下四个方面：

第一，非主流价值观入侵，农民价值信仰迷失。S 村依托村集体对外租赁厂房和农民个人出租房屋，实现了村庄和村民的共富。在这一过程中，物质利益的最大化不仅成为农民经济领域所遵循的原则，也渐渐成为 S 村社会网络各类关系调节的杠杆。S 村发展初期，个人主义、实用主义、享乐主义盛行。伴随着现代传媒在村庄的普及，各类庸俗价值观快速蔓延，麻将、六合彩、聚赌等各种赌博方式遍地，而集体之事无人问津，村民陷入庸俗精神享乐而不自知。

第二，外来人员利益表达梗阻，公正和法治遭遇挑战。随着中小企业的迁入，S 村成了外来务工人员的聚居地，外来人口与本地人口达到 10：1 的比例。经济发展初期，由于部分工厂效益低下，企业主出逃，劳资矛盾频现。外来务工人员组织化程度较低，拥有的资源相对短缺，遭受侵害却无力维权，成为权益捍卫的弱势群体。初遇此纠纷，S 村村委束手无策，而一些外来务工人员因正常维权无果，产生了极端心理，采取非法暴力手段。劳资纠纷不但加剧了村庄气氛的紧张感，也让乡村的公正与法治备受外来务工者的诟病。

第三，空巢老人、留守儿童问题凸显，降低了村庄整体现代文明度。S村经济发展进程中出现了令人忧心的现象：一方面，部分村民整日忙于生计，疏于对老人的照顾，家庭养老问题开始显现，有关老年人居住、赡养的纠纷也时有发生；另一方面，繁忙的工作让外来务工人员无暇照顾儿女，外来子女在城里遭遇再度“留守”。天性好动的儿童不甘留于家中，私自外出游玩、沉迷网吧、参与老虎机赌博等，不良习惯滋生，危险隐患潜藏，儿童假期安全成忧。

第四，环境紊乱，治安乱象不断，破坏了村庄的和谐。中小型企业的汇聚和外来人口的激增，村庄的环境越来越不和谐。由于缺乏规划管理，村庄脏乱不堪，污水外排，污染严重，噪声轰隆，外来人员生活条件恶劣，美丽的村庄失去了往昔的宁静整洁。同时，由于村中人员混杂，一些外来人员谋生不顺，心生邪念，策划参与偷盗、抢劫等恶性事件，严重影响村庄的安全。本地村民与外来人口时有摩擦，加剧了村庄的紧张感。

城镇化进程中，各种治理乱象极大地超越了S村基层组织的管理能力。传统的治理不再适应S村的变迁。为了化解村庄治理难题，提升治理能力，S村开始探寻新的治理模式。S村村党委领导在日常村庄走访时无意中发现村庄零散地存在一些由纯朴的村民自发组织的志愿活动，如邻里照顾孤寡老人、义诊、免费修理家具，等等。受此启发，村党委意识到民间志愿服务具有优化乡村治理的重要作用。为此，2012年底，S村村党委牵头建立了志愿服务站，旨在整合S村民间志愿资源，推动乡村志愿服务的有效开展，进而培育民间志愿组织为新型的有效治理载体，促进村庄治理的优化。

（二）S村志愿服务站的运作特点

第一，村党委、村委孕育催生内生型志愿服务机制。志愿服务站成立后，村党委将志愿服务纳入党员考核事项，村领导干部、党员以身作则，带头加入志愿服务队伍。同时村党委协助志愿服务站联动工青妇组织，广泛吸纳工青妇成员成为志愿者。村干部还积极动员村民代表、退休回乡的教师和官员加入志愿服务队。在村党委的号召下，官方力量、党员、退休回乡人员构成了志愿者队伍的主体，志愿服务站的345名志愿者中，党员占了168人。此外，志愿服务站进入门槛低，村民在自愿自主的情况下，只要填写递交申请表，参加完志愿者推介会，就可根据自身能力、兴趣自主选择加入志愿服务队。

第二，雄厚的集体经济为志愿服务站提供了坚实的物质基础。由于有雄厚的集体资产作支撑，S村党委每年都划拨几百万元的资金用于志愿服务站的运营及志愿活动的开展。一方面，村庄每月按时发放志愿服务站管理人员工资，同时开辟了70多平方米的场地，配备多台电脑、桌椅等办公设备支持志愿服务站有效运作；另一方面，充裕的资金提升了志愿活动的实效性。以“银龄互助”志愿服务队为例，村庄每年为其提供专项管理服务费用100万元。有了充裕的资金，银龄志愿服务队对老年人服务目标才不会流于形式。村里每月给758位60周岁以上老人送去生活补贴，老人感受到了老有所养的幸福；重阳节、春节等传统节日，银龄志愿服务队组织慰问困难、孤寡老人，并为其送去慰问金，让孤寡老人脆弱孤单的心灵得到了精神慰藉。

第三，精英主导、村民参与志愿服务成为时尚。S村精英资源丰富。集体致富不仅留住了本村的精英，他们主要担任着村党委、村委职务，还吸引了退休回乡的干部、教师以及外来就业的能人。由于志愿服务站最早由官方孕育，所以村党委主要领导大部分是志愿服务站的组织者。志愿服务站内部组织分工明确，结构清晰。村党委书记担任服务站的理事长，从整体上把握志愿服务站的发展方向，审批志愿服务站经费的使用。多位村党委委员担任服务站的副理事长，参与具体志愿活动的指导。此外，村党委还特别委任一位大学生村官负责管理志愿服务站内部的日常工作，参与志愿活动的策划、动员村民等。民间精英主要担任志愿服务站的每个专业志愿服务队的队长，他们或是村里有威望的老者，或是专业技能高超的达人，或是能力出众的青年才俊。志愿服务队实现领队负责制，队长负责志愿服务队内部日常联络、交流和记录志愿者服务情况，活动时以短信的形式通知，志愿者因故不能参加的要履行请假手续。每次活动，志愿者须佩戴工作证，穿上工作服。年底，表现出众的志愿者会被授予荣誉称号。村民参与志愿服务成为时尚。

目前，该志愿服务站已有345名志愿者、15支专业志愿服务队，开展雏鹰、雷霆、玫瑰飘香、美丽家园四大行动，服务于村公益事业、助残扶弱、心理疏导、爱心捐赠、便民服务等各方面。

三、志愿服务载体有效推进乡村社会主义核心价值观的培育与践行

S村志愿服务内生于乡村，紧密贴近乡村实际，找准群众思想的共鸣点与利益的交汇点，成为培育村民责任、凝聚乡村治理共识、传递社会正价值观和正能量的有效媒介。一方面，这种形式开辟了村民乐于参与公共生活的多元渠道，增进了村民、干部、外来人员之间的沟通、交流、融入和认同；另一方面，志

愿服务的过程也有力推进了社会主义核心价值观在农村的落地生根。作为新生的载体，S村志愿服务在推进乡土社会主义核心价值观践行与培育的过程中，产生了巨大效益，发挥了独特作用。

（一）践行仁爱，传递社会正能量

S村组建之初，即使本村村民遇到了困难，除了家族间之外，也难有相互间帮忙的情况，有难处的村民因“怕人笑话”而不愿声张；旁人则居身局外，充当看客。社会人情冷漠，信任危机蔓延。村民之间往往因一件很小的偶然事件，或一两句口角就会引爆一场“战争”或心中更大的“恶”。加之社会上各种负面报道频频进入公众视野，放大了社会问题，村民的仁爱之心蒙上了层灰。

在志愿服务站的推动下，S村经常开展各类关爱他人、回馈社会的义行活动，传递了社会正能量，彰显了大爱无疆的人间真情，践行了传统“仁爱”美德。2014年7月，当地电视台官方微博发布了一条求助信息：为尿毒症患者筹看病钱，买箱爱心蜜梨吧。S村志愿服务站负责人立即深入了解事情始末，原来是本辖区的一名梨农不幸患上尿毒症，急需凑齐做血透的钱，正好家中有1000箱梨待售。确认了求助信息的真实性后，志愿服务站在自己的官方微博转发该消息，并积极倡议。部分村民了解情况后，慷慨解囊相助，最终志愿服务站收到预订蜜梨135箱的款项，并送到患者家属手中。S村的志愿服务激发了村民间的互助友爱，推介他们积极参与更大范围的各类义行。

（二）尊老爱幼，弘扬中华传统美德

针对S村近年来凸显的空巢老人赡养问题，志愿服务站组建了一支由本村老年人组成的“银龄互助”志愿服务队，在调查之后，确定9户空巢老年家庭为帮助对象。在征得受助老人与志愿者一致同意后，以性格相近、爱好相似、住地相近为原则，将低龄老年志愿者与孤寡老人结成帮扶对子。志愿者定期上门照顾孤寡老人，提供陪聊、代购、清扫、洗衣、做饭等居家养老服务，时刻关注老人精神状态。出现异常情况时，及时通知老人家属和村委干部。“银龄互助”志愿服务使空巢老人生活得到保障，精神得以慰藉，弘扬了尊老敬老的传统美德。

暑假是外来务工人员子女及本村留守儿童聚集的期间，家长没空照顾儿童，孩子们聚众打架、沉迷网吧、抽烟喝酒时有发生，有的孤单地宅在家里。S村志愿服务站开办假日公益学校，免费招生，组织本村大学生、老教师、退休老干部等组成“关爱小候鸟”志愿服务队进行义务辅导。根据志愿者自身的能力与学生的需求，假日公益学校设置了丰富多彩的课程，不仅有知识课，还有舞蹈、手工、魔术、游戏、美术等，寓教于乐，满足孩子多元需求，促进其健康发展。志愿服务站发挥公益性职能，关注民生，弘扬尊老敬老、孝悌仁义的传统美德，以最有效的志愿行动有力践行尊老爱幼的优良道德，践行社会主义核心价值观。

（三）关注弱势群体，维护社会公正

S村是一个外来务工人员聚集地，劳资纠纷时有发生，外来务工者作为弱势群体，往往维权无门。针对这一情况，S村志愿服务站成立了纠纷调解志愿服务队，志愿者与村劳资纠纷调解委员会共同合作，关注外来人员诉求，要求企业主事先签订诚信协议，缴纳工资支付保证金。由村委监管，在劳资纠纷发生时，村委从企业主缴纳的保证金中直接支付。S村纠纷调解志愿服务队协同村劳资纠纷调解委员会，每年解决纠纷近百起，为民工追讨工资100多万元。

志愿服务站推进建立完备的劳资纠纷预防机制，引导外来人员理智诉求，通过说服、协商、行政等多种手段，依法合理解决外来务工人员的诉求，减少矛盾引起的暴力冲突，彰显了社会公正法制。“公正”作为社会主义核心价值观重要的价值诉求，反映了社会主义的本质。S村志愿服务站关注弱势群体，维护社会公正，增强村庄的凝聚力与向心力，不仅缓解了城镇化中村庄出现的治安隐患，而且让社会主义核心价值观深入村民心里。

（四）优化环境，推进农村生态文明建设

中小企业的汇聚和外来人口的激增给往昔宁静、美丽的村庄环境带来了巨大冲击，之前由于缺乏规划，村庄垃圾乱堆、污水外排、噪声轰隆、污染严重。为了解决S村发展中产生的各类治理乱象，优化村庄环境，营造文明和谐的良好村庄氛围，志愿服务站策划开展一系列志愿服务，探索现代农村环境治理的新方法。一方面，志愿服务站成立一支美丽家园志愿服务队，定期开展植物绿化、庭院整治、村庄清扫活动，同时向村民宣传生态文明的政策法规，整体提升了村庄的整洁度；另一方面，志愿服务站还专门成立文明劝导志愿服务队，定期开展文明礼仪的宣传，制止村民不文明行为，参与家庭纠纷的调解，优化村庄人文环境，促进和谐、融洽、文明村庄氛围的形成。

四、志愿服务推进乡村核心价值观培育与践行的现实启示

在推进城镇化的进程中，乡村社会变迁剧烈，机遇与挑战并存，其中隐含着许多不稳定的因素，如利益分配、征地赔偿，加剧了政府与村民之间的矛盾；

"去道德致富"、养老困难甚至虐老、赌博、攀比成风，侵蚀着原本淳朴的民风。以第三方的健康载体培育和践行社会主义核心价值观，引领乡村价值世界，是时代赋予乡村的一项崭新而紧迫的任务。然而，中国目前农村缺乏志愿服务载体是个不争的事实。S村志愿服务站的宝贵经验为农村社会主义核心价值观的培育与践行提供了有益的现实启示。

（一）村党委引领乡村志愿服务有利于孕育核心价值观培育的志愿服务载体

目前，乡村志愿服务主要来源于外生型组织：一是沿海发达地区的农村受港澳台或回乡青年志愿服务的影响，具有良好的经济文化基础，普遍建立了志愿服务站；二是国外、港台志愿者进入贫困的农村地区开展扶贫、助学、帮扶妇女活动；三是大学生志愿者"西部计划"。后两者在带给贫困地区农民志愿服务的同时，也带动了其志愿服务队伍建设。① 但不少普通农村地区，志愿服务外来资源缺乏，也不具备内生型的志愿服务组织生成的土壤。

S村的经验证明，自上而下孕育志愿服务组织的道路在中国的广大农村是可行的。作为乡村治理主心骨的村党委，往往具有强大的社会动员和资源调配能力，在农村是决定志愿服务组织能否发育生成的关键力量。村党委介入志愿服务组织后，也能更好地推进核心价值观在乡村的培育与践行。

首先，村党委是乡村能人的聚集地，具备引领乡村志愿服务、培育核心价值观的有力条件。随着城镇化的推进，农村人口空心化，多数青壮年外出奔波生计，老人、儿童留守。留守村民志愿服务认识模糊、能力欠缺、号召力不足，在全村发起志愿服务，通过志愿服务践行社会主义核心价值观的可能性低。相反，村党委内部能人汇聚，党员干部思想较先进，志愿服务认识深入，能力出众，能够有力策划、组织各类志愿服务。此外，村党委能深刻领会社会主义核心价值观的精髓，能够将社会主义核心价值观内涵融入志愿服务之中，潜移默化地培育乡民的社会主义核心价值观。

其次，村党委能够增强村民践行社会主义核心价值观的力度。村党委有利于打破村民对志愿服务的疑虑，更好地参与其中。此外，党员参与志愿服务，带头践行社会主义核心价值观，能为普通村民起到良好榜样示范作用，进而启发民智，带动更多人践行社会主义核心价值观。

---

① 谭建光．中国农村志愿服务调查报告［J］．中国青年研究，2010，(3)．

（二）强大的集体经济能有效增强核心价值观培育与践行的力度

农业税费改革取消农村提留，农民负担在减轻的同时，农村村级财力的内生资源实际上随之削弱。农村自发的社会力量无法有效支撑志愿服务组织的生存和发展，村党委、村委也无力顾及志愿组织的发展，更没有能力在资金上给予支持。

志愿服务组织能够传递社会正能量，但志愿服务组织生存窘迫，很多组织难逃动力不足，甚至失败的命运。有调查显示，能生存 2 年以上的民间公益组织不足 30%。① 其中资金困难是主要原因之一。

要突破乡村志愿服务组织的困境，除了要有领头人之外，最根本问题就是在于壮大乡村集体经济。因为农村和城市相比，志愿服务组织获取资源的途径更为有限。为什么要强调壮大集体经济？其实，中国有些农村的富裕程度不亚于明星村，只是这些富裕村没有实行集体主义治理模式，也没有实现共同富裕。只有实现大多数人共同富裕的同时，村集体也富裕，乡村才有条件发展社会第三方的健康力量，才有实力为志愿服务组织提供资金、场地、办公设备等支持，乡村公益事业也才会有力支撑共同体的价值认同，社会主义核心价值观的培育和践行才能落到实处。

（三）找准村民思想的共鸣点与利益的交汇点，促进核心价值观的内心认同

市场经济教会了人们用经济杠杆来衡量和调节人的思想行为，在思想政治工作领域，用利益观念来审视思想政治工作的合法性基础，也自然符合人们的正常思维逻辑。因此，志愿服务应立足于乡村实际，聚焦村民的利益、冲突、困境，渗透于村民民主自治、各类帮扶互助活动、为弱势群体维权等，通过生活化的志愿活动，为村民办实事，解困难，实现惠民利民，从而获得村民内在、积极的志愿认同，引导村民感受志愿服务所呈现的正向价值观，这有利于推进社会主义核心价值观在乡村的培育。

此外，农村整体现代文化素养偏低，社会主义核心价值观的凝练相对比较抽象，这在一定程度上影响了农村对其接受度。因此，乡村志愿服务组织参与社会主义核心价值观的培育时，应通过志愿活动把社会主义核心价值观具象化、简单化、乡土化。在帮扶弱势群体、尊老敬老的志愿活动中，弘扬中华民族的

---

① 魏婧．民间公益组织生存日益窘迫不足 30%能生存超 2 年［EB/OL］．http：//news.daynews.com.cn/sxxww/xwpd/gnxw/3556624.shtml.

优秀美德，让乡民清楚地认识到践行社会主义核心价值观，就是从孝悌做起、从友善做起。在普法的志愿服务中，让村民认识到公正、法治是社会主义核心价值观的首要要义。在清扫庭院、美化村庄环境的志愿参与中，认识到社会主义核心价值观提倡的是一个和谐文明的社会。社会主义核心价值观就扎实建立在村民的心里。

第三节　乡村良性价值生态培育的制度伦理路径研究

乡村价值生态是一个复杂的系统，从现象上看，它反映的是乡村道德价值的现状；从深层次上看，其包含制度伦理、道德文化、个体的价值判断和价值行为等。其中，制度伦理对道德文化以及个体的价值判断及行为有着重要影响。制度伦理一方面体现在制度本身所蕴含的伦理追求和道德价值理想，即制度的合伦理性、合道德性；另一方面将社会的一些伦理原则和道德要求提升、规定为制度，并强调伦理的制度化、规范化和法律化。① 一个公正、平等的制度伦理的确立与运行，必然会为个体追求公正竞争、平等地位等创造条件，引导形成良好的社会道德文化；同时，也会对个体伦理，尤其是对个体道德产生外部的约束力，直接影响个体的价值认识、价值判断，规范个体的价值行为。可以说，良性的制度伦理是道德的主要“生产者”和“提供者”，滋养并支撑价值生态的平衡。当乡村的价值建设寻求制度伦理思维去探索新举措和策略时，特定的伦理价值就能凝结和沉淀在制度中。在完善的制度的持续作用下，农民价值观念的预设和引导能在潜移默化中实现。因此，推进农村价值观建设，必须加强制度伦理建设，为乡土社会培育良性的价值生态环境。

一、建构村民价值认同的共同利益基础

村民价值认同需要依赖村庄公共利益的激励作用。当前，在我国农民物质生活水平还比较低、思想文化素质相对落后的现实境况下，希冀于农民自觉形成对乡村价值观的认同是不可能的，也是不现实的。而村庄公共利益则可以成为激励村民形成村庄价值观认同的重要动力，正如马克思所说，“人们奋斗所争

---

① 何颖．制度伦理及其价值诉求［J］．社会科学战线，2007（04）：37-41.

取的一切，都同他们的利益有关”。① 目前，乡村社会的公共利益存在短期化现象。如近年来我国新农村建设中公共利益的涌现依赖于特定的治理项目，尤其是国家支农资金的投入，具有临时性和短期性。随着公共利益问题的解决，村民的需要一旦得到满足，其公共参与的热情就会降低，进而造成村民价值观认同的公共利益基础断裂。

破解上述难题，需要从村庄自身着手，因为内因是影响、制约事物发展的根本原因，需要发现、激活和建构乡村社会可持续发展的公共利益，如有的村庄存在大量集体资源处于未开发状态，有的村庄还存在历史遗留的利益纠纷等，而发展壮大乡村集体经济是建构公共利益的根本途径。只有发展壮大村庄集体经济，为农村公共品供给提供厚实的物质基础，才能激发村民参与村庄公共事务的积极性，为村民价值认同建构共同利益基础。

二、树立良性行政价值观

农村基层政权组织对乡土价值观建设起着示范性作用，农民内心往往对乡村的政治精英有着较高的道德预期。基层政权制度安排中包含着众多伦理要素，彰显着基层政府价值观的走向，对于乡土价值观具有引领和表率的作用。农村基层政权对于农村价值重建起着不可估量的作用。但是，在现实的基层政权实践中，农村“两委”影响力减弱，乡村价值引导能力弱化，少数基层领导干部行政价值观异化，甚至极少数从“群众的服务者”变为“农民利益的侵害者”。这些不正之风侵害了农村的价值生态，从深层次侵蚀了农村的价值体系。因此，重塑农村的价值体系，加强基层政权制度建设，推进良性行政价值观建立必不可少。

加强基层政权的制度建设，应从以下 3 个方面入手：（1）加强基层组织管理制度的建设，促进基层干部良性行政价值观的树立。对“压力型”行政体制进行改革，明确乡（镇）政府、村委会、村党委等基层组织自身的定位，将它们从完全依赖、只对上级组织负责的附属地位中解放出来，推进基层组织不仅对上级负责，更要对群众负责。规范基层组织的日常工作，切实要求基层干部入驻乡村，经常性走访群众，在农村第一线深入了解村庄的基本情况，清晰把握群众生产生活遭遇的困境难题。让乡镇干部在实际工作中切实感受到群众与

① 马克思恩格斯选集（第二卷）［M］．北京：人民出版社，1995：82，100.

基层政权的密切关系，进而树立正确的权力观，端正行政价值观，全心全意为人民服务，切实当好村庄领头人、服务者、标杆角色。（2）健全基层组织的监督制度，切实实现村务公开，让村庄的运行在阳光下进行，让权力寻租、贪污腐败无处躲藏。（3）改进村干部的教育培训机制，多一点实质性的学习，督促村干部加强自身道德素养的修炼，做到严以自律、严以修身，端正自身的世界观、人生观和价值观，发挥道德表率作用。

三、明晰乡村价值观的标准

与城市社区相比，乡土社会的人情关系羁绊与伦理道德规约的作用更明显。传统的乡土社会，在人情、舆论、道德等软性规约的长期作用下，农民“求荣避辱”的道德心理被不断强化。有了这样的道德心理环境条件，农村的乡规民约便具有了可实现的现实基础。然而，随着城镇化的演进，一些农民“离土离乡”，村庄的乡规民约日渐为人们遗忘。在复杂多变的生活环境中，乡村权威的价值导向不复存在，一些农民的价值标准日渐模糊，对错甄别能力不断下降，价值失范、“去道德”行为时有发生。不得不说，这对于乡土价值世界是一场严峻考验。

传统乡规民约是在运用某一个利益相近、身份相同、地域相邻、习性相亲的集体意志来实现相互间的约束和调整。① 在传统乡土社会，传统乡规民约是乡土道德建设的重要力量。尽管在城镇化的影响下，农村的社会组织形态、内部环境、权利结构、生活方式较之传统已经有了质的区别，但是村庄千年累积的文化传统、治理基础，以及农民个体的独特特征并未完全褪去，从某种意义上说，它仍然具有费孝通所描述的“乡土社会”性质，这就为乡规民约的重新建立提供了基础性条件。在新时期，要重建乡土价值体系，必须高度重视乡规民约的建设，结合时代特征、村庄的新变化，赋予乡规民约新的内涵，为农民提供一套明确、科学、具体的价值标准，进而切实实现乡土价值观的引导。

在订立新型乡规民约的过程中，应当坚持民主协商的原则，以塑造新型农民、建立新型乡里人际关系、促进乡风文明、构建富裕民主文明和谐的社会主义新农村为目标，制定出符合村民意愿、切合村庄实际、可操作性强的新型乡规民约。在乡规民约确定后，村庄要善于结合传统村域媒介（如村务公开栏、

① 陈振亮. 乡规民约与新农村伦理道德建设［J］. 科学社会主义，2013（01）：92-95.

村庄广播、横幅等）与现代新兴传媒（如村庄网站、村庄 QQ 群、微博、微信等），在村庄内进行大力宣传，让农民熟知价值准则，进而使其在生产、生活实践中不断增强对新型乡规民约的认同感，真正实现乡规民约的深入人心。

四、建立科学道德赏罚机制

农民的价值观发展多数不是在“软性”的思想教育之中，它的最终成熟一般发生在生活实践中，尤其是处理现实具体利益纠葛时，对于价值观的调整作用尤其突出。因此，在乡土价值观引导过程中，不仅要重视道德教育的内在约束，而且要建立一套完善的道德奖惩机制，通过有效的奖惩，平衡利益与情感之间的关系，因势利导地实现对于农民价值行为的规约。

道德奖惩机制主要是通过惩恶扬善、褒善贬恶的做法，让个体重新反思自己的行为，进而作出行为上的调整。道德奖惩机制一般要包括两个方面：（1）对于主流正向的价值观给予大力的宣扬和赞赏，赋予道德高尚者更多的利益，肯定其行为的合理性，进而能够弘扬正确的价值取向和道德规范。在农村切实可行的举措有，评选“五好家庭”“先进人物”“道德模范”等，树立村庄内的人物模范；广泛宣传先进事迹；召开村民大会对先进人物进行物质和精神的表彰；在村庄生活中给予道德高尚者更多的政策优惠，肯定他们行为的合理性，引导村民以其为榜样。（2）对于违法乱纪、道德败坏的行为，法律的硬性处罚手段要强制剥夺非法的利益，加大惩处力度，增加越轨行为的违法违德的利益成本。强化村庄舆论、人情圈子等软性规约对不道德者的排斥，增加其在村庄生活的利益成本。通过舆论谴责与法律惩戒双重并行，威慑不义之举，彻底否定其行为的合理性，彰显道德权威的严肃性和规范性。

第五章

中华优秀传统文化融入思想政治教育的创新性研究

第一节　道家“无为而治”思想融入思想政治教育研究

一、“无为而治”思想产生的背景

任何思想的产生都不是无源之水、无本之木，都是源于现实实践的需要，需要解决人类某个历史发展阶段面临的亟待解决的社会问题，都是在人类社会出现重大变革的历史时期产生、发展和形成的。那道家“无为而治”思想是怎么产生的呢？春秋战国时期是中国历史上一段社会大动荡时期，各诸侯国混战不休，群雄纷争。在这样一个大变革时代，各诸侯国为了变得强大，采取各种改革和接连不断的变法，并积极吸纳当时社会知识精英提出的治国思想。面对动荡不安的社会，不同学派的思想家纷纷提出自己的治国安邦之策，出现了“百家争鸣”现象。春秋末期，道家老子提出了“无为而治”的治国思想。

（一）经济上井田制崩溃，封建经济正在形成

在西周王朝，普天之下，莫非王土，天下所有的土地都归周王室所有。而到了春秋战国时期，随着社会生产力的不断发展，铁器开始出现，特别是战国中叶以后铁工具在农业的使用及牛耕的推广，使人们可以开垦出更多的土地。平民开始以极大的热情去开垦土地，成为自己的私田，而原有的公田逐渐荒芜。在此情形下，诸侯、奴隶主贵族、士大夫等纷纷将公田变为私田，怀着占有土地的强烈愿望，他们之间“争田”“夺田”的斗争不断上演。土地私有逐渐形成，原有的奴隶制经济秩序“井田制”遭到很大瓦解，封建经济逐渐形成。公元前594年，鲁国开始实行“初税亩”制改革，开始按田亩收税，承认私田的

合法性。土地由国有向私有转变。之后，各诸侯大臣开始圈地，列国也紧随其后进行改革，以井田制为基础的奴隶制生产关系崩溃，封建地主生产关系逐渐形成。

（二）政治上分封制瓦解，新兴封建阶级正在形成

原来的周天子统一号令天下，分封诸侯。随着周王室衰微，诸侯开始不听周天子号令，他们争相发展自己的封地，并成立各自为政的诸侯国。随着势力的增强，各大国互相兼并、夺权、争霸。一些大国凭借自己的实力“挟天子以令诸侯”争取盟主地位。在王室衰败、诸侯强盛、战乱频繁的情况下，权利关系开始发生变化，一批称之为士的底层边缘贵族以武士、官吏、国家政府和贵族家庭的监管者等身份开始崛起，逐渐形成卿大夫这股主要的政治势力。这些政治势力之间为了自己的利益和要求，不断争战，权力更迭。司马迁在《史记》中曾这样记录：“春秋之中，弑君三十六、亡国五十二，诸侯奔走不得保其社稷者不可胜数。”① 在种种政治斗争中，上至天子诸侯，下至黎民百姓，无一能安。上位者时刻担心自己的权力和利益被剥夺，下位者则想着在权利更迭中提升自己的政治地位和获取利益。

（三）文化上礼贤下士，私学在民间兴起

经济政治的变动造成文化下移。原来学校都是设在官府里的，学习相关的文献典籍也被官府所垄断，这就是所谓的“学在官府”。春秋战国以后，随着政局的跌宕起伏和权力的交相更替，官学败坏，许多原来掌管官府的官员和有学之士流落民间。一些人开始兴办私学，传授知识。随着私学的兴起，文化下移，下层阶级的人开始通过学习形成自己的思想，并逐渐成为“士”这一新的社会阶层。由于士的出身和立场都不同，所以他们提出的政治主张和要求也不一样。他们著书立说、高谈阔论、争辩不休、广收门徒，出现了百家争鸣的局面，主要代表流派有道家、墨家、法家、儒家。

二、“无为而治”思想的内涵

“无为而治”出自《道德经》，是老子提出的治国理念。无为而治，是老子对君王的告诫，不与民争。“无为而治”并不是放任自流、什么也不管，而是不乱干预瞎指挥、充分发挥人民群众的创造力，做到自我管理。笔者认为“无为

① 司马迁．史记［M］．长沙：岳麓书社，1995：944.

而治”思想主要包含以下三层意思。第一，尊重客观规律，科学管理。《道德经》的思想核心是“道”，是万事万物必须遵循的客观规律。老子认为“孰能损有余补不足，唯有道者”①，所以统治者不要乱指挥、瞎指挥，按照客观发展规律治理国家即可。第二，有所为有所不为。统治者要在大事上有所为，而在小事上有所不为，主抓识人用人的工作，让下属去完成具体的事务，实现“君无为而臣有为”的管理思想。第三，万民的自为。老子劝诫统治者要相信人民有“自治”的能力，靠万民的自治实现无为之道。老子说“我无为，而民自化；我好静，而民自正；我无事，而民自富；我无欲，而民自朴”②。

三、“无为而治”思想的当代意义

道家的“无为而治”思想已经被众多政治家和学者引用，广泛用在国家治理、企业管理和教育领域。本书主要从治国理政的角度研究无为而治思想在当代的意义。习近平总书记曾提到“治大国若烹小鲜”③，将老子的治国理念广泛应用在治理中国这样一个 14 多亿人口的大国。

（一）在生态文明建设上，要尊重自然、顺应自然、保护自然

老子认为“人法地，地法天，天法道，道法自然”④，从中我们可以理解他主张尊重自然客观规律，顺其自然，不要以人为中心，抱定人定胜天的观念，不顾自然规律盲目开发自然资源，最后破坏自然。改革开放以来，我国以经济建设为中心，一些地方以高投入、高消耗、高污染、低效益的粗放型经济发展模式换取国内生产总值的高速增长，给生态环境带来了破坏。在这样的形势下，党的十八大报告明确提出必须树立尊重自然、顺应自然、保护自然的生态文明理念，将生态文明建设纳入政治建设、经济建设、文化建设和社会建设中去，形成“五位一体”总体布局，首次把建设“美丽中国”作为生态文明建设的宏伟目标。习近平总书记后来针对生态文明建设提出一系列新论断，比如“既要金山银山，也要绿水青山，绿水青山就是金山银山”“生态环境保护是功在当代、立在千秋的事业”“小康全面不全面，生态环境质量是关键”“良好生态环境是最公平的公共产品，是最普惠的民生福祉”。党的十九大报告再次强调要加

---

① 陈鼓应．老子今注今译［M］．北京：商务印书馆，2008：336.

② 陈鼓应．老子今注今译［M］．北京：商务印书馆，2008：280.

③ 老子．道德经［M］．北京：中华书局，2021.

④ 陈鼓应．老子今注今译［M］．北京：商务印书馆，2008：280.

快生态文明体制改革，建设美丽中国。

（二）在经济建设上，让市场在资源配置中起决定性作用

道家思想的核心是顺乎规律的前提下有所作为，而不是什么都不干。新中国成立后，我国采取计划经济体制，生产分配都靠计划指令，忽视了经济运行自身的规律，制约了生产力的发展。我国在走过许多弯路和付出巨大代价后，开始认识到市场在资源配置中的基础性作用，党的十四大明确提出建设社会主义市场经济体制。此后又经过20多年的实践和认识的深化，我国认识到市场配置资源是最有效率的形式，解决目前存在的市场体系不完善等问题，必须让市场决定资源配置，所以十八届三中全会公报中明确提出“使市场在资源配置中起决定性作用”这一重要论断。

（三）在政治建设上，要简政放权、推动政府向服务型政府转变

小政府，而后才会有大社会。建设服务型政府是全面深化改革的必然要求。党的十九大报告明确指出：“转变政府职能，深化简政放权，创新监管方式，增强政府公信力和执行力，建设人民满意的服务型政府。”建设人民满意的服务型政府，关键是有所为、有所不为，做到“放管服”。第一，“放”是转变政府职能的“当头炮”。政府要把“该放的权力放掉”，将没有法律授权和法律依据的行政权还给社会、市场和企业，厘清整合部门之前的重复管理权限，提高审批效率，疏通“最后一公里”，增强市场和企业活力，让广大人民群众享受到改革红利。第二，“管”是转变政府职能的“防火墙”。简政放权要做到放而不乱，就需要政府这只“看得见的手”公正监管市场这只“看不见的手”，促进公平竞争。第三，“服”是转变政府职能的目的。取消和下放各种审批权后，政府部门要从管理者向服务者转变，从“向社会端菜”转变为“由社会点菜”。政府部门特别是基层单位要优化服务流程，提供更加人性化的服务，为人民群众办事提供便利。

（四）坚持以人民为中心的执政理念

从陕北梁家河的党支部书记到党的总书记，习近平总书记完美诠释了以人民为中心的执政理念。他多次强调要不忘初心、牢记使命。中国共产党的初心就是为中国人民谋幸福，这也是我党执政的基础。在梁家河任党支部书记时，习近平同志从实际出发，带领当地人民下渠挖冰打土坝、修沼气池、办铁业社、磨坊、缝纫社和代销点，解决群众的实际生活困难。在河北正定期间，习近平同志怀着“我要为人民做事情，要同人民唱一曲悠扬的‘农家乐’”的情怀，

带领当地领导班子抓党建、搞改革、促经济、兴教育、引人才。在福建宁德期间，习近平同志四下基层，密切联系群众，为人民办实事，做到了为官一场、造福一方。在浙江工作期间，习近平同志干在实处、走在前列，求真务实，认为树政绩的根本目的是为人民谋福利，把“立党为公、执政为民”的本质要求落到了实处。2012 年担任党的总书记以来，习近平总书记锲而不舍地将以人民为中心的执政理念全面推进。2013 年 3 月 19 日，习近平主席在对俄罗斯、坦桑尼亚、南非、刚果共和国进行国事访问并出席金砖国家领导人第五次会晤前夕接受采访时，在回答“领导一个 13 亿人口的大国，感受是什么”时讲道：“这样一个大国，这样多的人民，这么复杂的国情，领导者要深入了解国情，了解人民所思所盼，要有‘如履薄冰，如临深渊’的自觉，要有‘治大国若烹小鲜’的态度，丝毫不敢懈怠，丝毫不敢马虎，必须夙夜在公、勤勉工作。”① 习近平主席引用的“治大国如烹小鲜”这句话出自老子的《道德经》第六十章，形象地道出了治国之道和对执政者的要求。治理大国就像烹任小鱼一样，掌勺者不可随意翻动，否则小鱼就散了，油盐酱醋要放合适，不可太咸也不可太淡，火候也要恰到好处，不可操之过急。引申到治国理政，中央领导和地方官员都要根据社会发展规律和自然规律做决策，不可拍脑袋决定，为了政绩，大搞劳民伤财的形象工程，要密切联系群众，急人民之所急，想人民之所想，依靠人民的力量完成中华民族伟大复兴的中国梦。就像习近平总书记指出的，“人民是我们力量的源泉，只要与人民同甘共苦，与人民团结奋斗，就没有克服不了的困难，就没有完成不了的任务”②。

第二节 “仁”“礼”思想对社会主义核心价值观的启示

民族核心价值观的形成过程同时也是一个国家文化产生发展和不断稳固的过程，具有鲜明时代印记，同时深受主流优秀传统文化的影响。特别是以孔子“仁”“礼”思想为核心的儒家思想对中华民族精神和民族价值的形成有着极其

---

① 习近平谈治国理政［M］．北京：外文出版社，2014：409-410.

② 习近平谈治国理政［M］．北京：外文出版社，2014：410.

深远的影响。新时代，意识形态领域呈现出更加复杂多样的态势，为此国家提出要大力培育和弘扬社会主义核心价值观，推进国家精神的筑建。社会主义核心价值观的培育是一个逐层深入且全面推进的过程，习近平总书记指出：“培育和弘扬社会主义核心价值观必须立足中华优秀传统文化”“要认真汲取中华优秀传统文化的思想精华和道德精髓，使中华优秀传统文化成为涵养社会主义核心价值观的重要源泉”①。要充分发挥孔子“仁”“礼”思想中有益内核对培育社会主义核心价值观的推动力，用优秀传统文化厚植和涵养社会主义核心价值观。

一、社会主义核心价值观的思想内涵以及现实意义

社会主义核心价值观的形成经历了一个长期酝酿的过程，党的十八大提出了社会主义核心价值观，并于 2013 年 12 月下发了《关于培育和践行社会主义核心价值观的意见》。明确指出要把培育和践行社会主义核心价值观当作一项重要的战略任务，并从国家、社会、个人三个层面对社会主义核心价值观的内涵进行了凝练性的概括。社会主义核心价值观是新时代背景下对优秀传统文化基因的创造性的传承和转化，对当下社会思想价值观引领、社会主义核心价值体系构建、国家文化软实力提升、美好人格构建具有深刻的现实意义。

（一）社会主义核心价值观的思想内涵

1. 国家层面：富强、民主、文明、和谐

首先，“富强”一词所折射出来的价值内涵即国家经济实力的不断提升，人们享受到更高水平的生活，这是社会主义本质的体现，是“解放生产力，发展生产力，消灭剥削，消除两极分化，最终达到共同富裕”的必由之路。② 其次，民主和文明进一步从政治和精神文化层面，反映出政治民主、精神文明在社会主义现代化建设过程中的重要性。民主与文明映射出来人民群众对个人地位的规定和要求的美好诉求，以及对国家实现更加文明的发展状态的期盼。最后，和谐则体现出人与人、自然、社会和睦相处的社会状态和价值理念。

2. 社会层面：自由、平等、公正、法治

首先，“自由”是人的意志自由、存在和发展，所能达到某种“无约束”程度的状态。然而，这种“无约束”的状态在社会主义核心价值观体现为权力

---

① 习近平. 把弘扬和培育社会主义核心价值观作为凝魂聚气强基固本的基础工程［N］. 光明日报，2014-02-26（1）.

② 邓小平文选（第三卷）［M］. 北京：人民出版社，1993：373.

和责任共同作用下的自由。它强调人民在享有广泛权利的同时要担负其相应的社会责任。其次，“平等”体现的则是在同样的社会属性和社会背景下人与人之间是否拥有相同社会禀赋。这种禀赋体现为形式平等、机会平等即每个人享有相同的起点或生活机会、结果平等即事实上的平等。再次，“公正”是人实现自由和获得平等的最基本的前提，即社会的公平和正义。最后，“法治”是指制定法律制度去规范个体行为和社会行为，保障公民的根本利益，是治国理政的基本方式，实现公正的最根本的手段和形式。

3. 个人层面：爱国、敬业、诚信、友善

首先“爱国、敬业、诚信、友善”是对公民道德的基本诉求。爱国是基于个人对祖国依赖关系的深厚情感，是调节个人与祖国关系的行为准则。敬业是对公民职业行为准则的价值评价，要求公民忠于职守，克己奉公，服务人民和社会，是社会主义职业精神的体现。诚信是人类社会传承下来的优秀道德传统，是社会主义道德建设的重点内容，强调诚实劳动、信守承诺、诚恳待人。友善强调公民之间应互相尊重和关心、互相帮助和和睦，是新型的社会主义人际关系。①

（二）培育社会主义核心价值观的现实意义

1. 引领社会意识风向，构建美好人格

文化的融合过程势必导致不同文化之间的交锋与碰撞，使得国家文化的多元性不断加强，势必出现价值观的冲突，深刻影响着公平的价值认知和价值判断，造成社会意识领域的混乱。为应对这一形势，要引导人民形成正确的价值观念，防止因社会分化而造成的思路混乱与对立，使各种精神力量更加团结。增强马克思主义在社会主义意识形态领域的指导地位，明晰国家要实现一个怎样的发展、明确社会构建的方向、探析新时代公民道德要求，不断形成公民正确处理同国家及社会关系的良性认知，使每位公民形成正确的价值认知和自我追求，从而促进个人美好人格的构建。

2. 涵养社会主义价值体系，提升文化软实力

社会主义核心价值观是社会主义核心价值体系中的重要内容，习近平总书记在党的十九大报告中明确指出，坚持社会主义核心价值体系，必须培育和践

---

① 张允熠．社会主义核心价值观的中国文化要素［J］．马克思主义研究，2015（06）：74-83+160.

行社会主义核心价值观，不断巩固价值引领，强化意识形态领域主导权和话语权。社会主义核心价值观的形成是中华优秀传统文化、革命文化以及社会主义先进文化多方作用的结果，其培育过程也是中华文化进步和发展的过程。在这一过程中，其借鉴社会主义先进文化、马克思主义科学的方法论，以及马克思主义中国化时代化的优秀成果，深入推进中华优秀传统文化的创造性转化和创新性发展，提升了时代文化硬实力，增强了传统文化活力，促进了国家精神的丰富。同时文化自信度不断增强，国家文化软实力大大提升。

二、“仁”“礼”思想的内涵及时代价值

“仁”“礼”思想是孔子思想的核心内容，是儒家思想中的核心成分，孔子“仁”“礼”思想强调用道德去调节人与人之间的关系及处理所面对的事情，同时强调社会制度对行为规范的重要性，通过道德和法制双重构建，实现国家稳定及和谐社会的构建。孔子“仁”“礼”思想作为一种思想价值的引领，其道德构建下的人际关系思想、社会稳定下的和谐社会构建思想，以及国家制度规范下行为要求等思想，对当下有着十分深远的影响。这就要求发挥孔子“仁”“礼”思想有益内核对培育社会主义核心价值观的作用，因此，必须正确了解“仁”“礼”思想的内涵。

（一）“仁”“礼”思想的基本内涵

孔子“仁”思想包括三个方面：第一，仁是道德修养，是谦逊、宽容、恭敬、体谅、忠诚、博爱的自我道德修养。孔子曰：仁者爱人；己所不欲勿施于人；推己及人。人对于一切事物都保持一种恭敬肃穆的态度，[①] 从而形成良好的人际关系，达到和谐社会的状态。第二，仁是一种积极奋发的忘我的精神，体现在个人把改造世界作为自己的任务，并肩负天下道义的精神。第三，仁是舍身为仁的大义，是政治思想的最高价值，其统领着一般的道德规范。这三个方面的内容反映到人们具体的生活中则成为一种正确处理人际关系的原则及衡量自我道德修养的标准。

孔子“礼”思想即礼是制度规范和行为规范。如果我们先抛去阶级的差异性，去挖掘孔子“礼”思想中的合理内核，那么我们大致可以从三个层面去理

① 吴冬君．读《论语》看孔子政治思想中的“礼”、“仁”概念［J］．法制与社会，2016（34）：15-16.

解“礼”的内涵，首先，在国家的层面强调要构建并遵循社会秩序和政治秩序。其次，在社会层面要求将人们的行为加以规范化使其遵循道德要求，从而维护了家庭的安定和社会的有序发展。最后，在个人层面强调成人过程中要注重个人内在品质，即自身道德修养的过程。孔子强调“礼”在立国、立家、立身层面上的重要性，指出应该通过“克己”的方式，实现“礼”的要求。同时，孔子还认为“礼”是任何人在任何时期、任何情况下都必须遵循的原则和规范，是个人道德身心修养的重要形式。

（二）“仁”“礼”思想的辩证关系

《论语》对“仁”与“礼”关系的探讨，源于《诗经》子夏与孔子的一段交谈。子夏问曰：“巧笑倩兮，美目盼兮，素以为绚兮。何谓也?”子曰：“绘事后素。”曰：“礼后乎?”子曰：“起予者商也！始可与言《诗》已矣。”① 这段话中孔子指出了“礼”“仁”的内在关系，即“仁”的逻辑先在于“礼”，更为核心与关键。

“礼”是“仁”的外在表现形式，“仁”是“礼”的内在精神境界，二者互为表里。“仁”是“礼”的目的，“克己”的目的在于“复礼”，仁体现于“克己复礼”外在的过程和最终的实现。

三、“仁”“礼”思想与社会主义核心价值观内在联系

文化的产生和发展有着深刻的社会时代背景和传统文化背景，都经历了传承借鉴创新以适应时代的过程。这对社会主义核心价值观的形成也不例外，社会主义核心价值观是当下中国特色社会主义文化为适应时代发展的内在需要而提出的，其形成过程蕴含着优秀传统文化的身影，特别是与孔子“仁”“礼”思想保持着密切联系。这种联系源于孔子“仁”“礼”思想富含的丰富的思想内容、相同价值取向以及“仁”“礼”思想的可创造性。

（一）社会主义核心价值观中蕴含着“仁”“礼”思想的有益内核

社会主义核心价值观所蕴含的“仁”“礼”思想的有益内核，体现在社会主义核心价值观对孔子“仁”“礼”思想有益内核的传承上。

首先，忽略阶级差异性来看，社会主义核心价值观汲取了孔子“仁”的思想中的和谐思想。社会主义核心价值观强调通过实现国家富强、政治民主、社

① 论语·大学·中庸［M］. 陈晓芬，徐儒宗，译注. 北京：中华书局. 2011：39.

会文明来推进人与人、自然、社会和睦相处从而实现和谐社会的构建。这与孔子“仁”思想中通过正确处理人与人、人与国家以及人与自然关系，从而使社会达到一种人际和谐的状态的思想是不谋而合的，是对孔子思想中和谐思想的继承和丰富。

其次，撇开社会性质来看，社会主义核心价值观在社会层面强调社会法制建设，突出法制的权威性和法制精神的重要性，这一思想与孔子“礼”的思想中突出制度对个人行为的规范性，强调礼制的建设的基本思路和构想十分相似，是社会主义核心价值观中对孔子“礼”思想的有益内核继承的体现。最后，从淡化两个时代人民所处的状态来看，社会主义核心价值观所强调的爱国、敬业、诚信、友善的思想其实质是在强调公民思想道德建设的重要性，这与孔子“仁”的思想中强调个人道德修养和追求最高思想境界的思想是相通的，是孔子道德理念对社会主义核心价值观涵养的时代体现。

（二）社会主义核心价值观对“仁”“礼”思想进行了创新和发展

第一，社会主义核心价值观极大地丰富了孔子和谐思想的前提条件。如果忽略社会性质和阶级性质，不难看出孔子的和谐社会状态仅仅是依靠良好的道德修养下所形成的人际关系所维持的，规避了物质财富和政治文明程度对和谐社会构建的重要性。社会主义核心价值观则是从生产力水平、政治文明、精神文明提出了全面的要求，并通过实现这一过程最终实现实质上的社会和谐状态。

第二，社会主义核心价值观凸显人与法的互动性。撇开社会性质的差异性，孔子“礼”的思想所追求的社会制度对人的行为约束性和规范性是法制思想的单方面输送，忽略了人与法的双向互动性。社会主义核心价值观在社会层面所凸显的法制意识，同样也强调法的绝对权威性和约束力，但其通过对个人自由平等公正等条件的充分肯定，凸显出其法制意识的双向互动性，从而更加有利于国家法制建设和个体的法制意识培养。

四、“仁”“礼”思想对培育社会主义核心价值观的启示

（一）突出道德修养重要性

中国传统道德的形成，深受以孔子思想为核心的儒家思想的影响。这种影响深刻地体现在传统道德的形成和发展过程中，通过正确处理人与人之间、人与国家之间的种种关系。同时，正是其合理的道德品质对民族性格的培育、有序的社会氛围的形成、优良的家庭风气构建等起到了举足轻重的作用，也是历

朝历代仁人志士在国家危难时前仆后继的重要思想动力。在提倡爱国、敬业、诚信、友善的同时要认真分析孔子“仁”的思想中有益的道德内涵，对这种有益道德内涵所形成的优秀道德精神加以宣传，帮助人们更好地理解社会主义核心价值观的个人道德内涵。并通过对具体的优秀传统道德事例感受道德之美，在潜移默化的影响中说明良好道德观之重要性，增强人们树立热爱国家、敬重职业、诚信友善的价值观念，不断推进社会主义核心价值观在个人层面的培育。

（二）重视个人与法的关系

孔子“礼”的思想中明确提出要克己复礼，强调恢复礼乐制度的重要性，这种思想虽然表达出维护奴隶主统治的色彩，但从侧面也凸显出一种法制的思维。法在不同时代有着不同的内涵和定义，是一个国家不可或缺的内容。孔子“礼”的思想中强调用制度去规范个人的行为规范，要求人的行为要符合国家层面的制度要求。这一思想所反映出的问题对我们培育和践行社会主义核心价值观有着深刻的启示。首先，要注重法律法制宣传的准确性，让人们对法制的概念有一个清晰准确的理解，规避理解误区。其次，要明确人与法的关系，阐明人与法在法制社会中的不同侧重，明晰人与法的边界及法制红线。最后，注重个人自由的基础性地位。正确处理个人自由与法制的关系，在法的前提下明晰个人权利和义务，进而凸显平等、公平的价值内涵。在推动社会主义核心价值观的培育和践行的过程中规避人与法的矛盾。